(Open) Linked Data in Bibliotheken

Bibliotheks- und Informationspraxis

Herausgegeben von
Klaus Gantert und Ulrike Junger

Band 50

(Open) Linked Data in Bibliotheken

—

Herausgegeben von
Patrick Danowski und Adrian Pohl

DE GRUYTER
SAUR

ISBN 978-3-11-027634-3
e-ISBN 978-3-11-027873-6
ISSN 2191-3587

Library of Congress Cataloging-in-Publication Data
A CIP catalog record for this book has been applied for at the Library of Congress.

Bibliografische Information der Deutschen Nationalbibliothek
Die Deutsche Nationalbibliothek verzeichnet diese Publikation in der
Deutschen Nationalbibliografie; detaillierte bibliografische Daten
sind im Internet über http://dnb.dnb.de abrufbar.

© 2013 Walter de Gruyter GmbH, Berlin/Boston
Satz: Michael Peschke, Berlin
Druck und Bindung: Hubert & Co. GmbH & Co. KG, Göttingen
♾ Gedruckt auf säurefreiem Papier
Printed in Germany

www.degruyter.com

Inhalt

Adrian Pohl, Patrick Danowski

Linked Open Data in der Bibliothekswelt: Grundlagen und Überblick

1 Einleitung

Etwa fünf Jahre sind vergangen seitdem erste bibliothekarische Einrichtungen mit Linked-Data-Technologien experimentiert haben und erste bibliothekarische Daten unter offenen Lizenzen veröffentlicht wurden. Es hat sich eine Menge getan in dieser Zeit. Eine Menge Akteure in der Bibliothekswelt – darunter wichtige Institutionen wie OCLC, die Library of Congress und die Deutsche Nationalbibliothek – haben Linked-Data-Initiativen gestartet. Gleichwohl lässt sich konstatieren, dass die Entwicklung von Linked Open Data in Bibliotheken immer noch in ihren Anfängen ist.

Bedenken, dass es sich bei Linked Data in der Bibliothekswelt bloß um einen Hype handelt, erwiesen sich allerdings spätestens im Oktober 2011 als grundlos. Zu diesem Zeitpunkt gab die Library of Congress die Grundzüge ihrer Initiative „Bibliographic Framework for the Digital Age" zur Ablösung der überkommenen Standards MARC 21 und Z39.50 bekannt. Darin heißt es, dass die zu entwickelnde Infrastruktur sich auf „das Web, Linked-Data-Prinzipien und -Mechanismen und das Resource Description Framework (RDF) als ein grundlegendes Datenmodell" (Library of Congress, 2011) fokussieren würde.[1] Im allgemeinen Webkontext haben Facebook mit dem OpenGraph Protocol[2] und Google mit dem Knowledge Graph[3] gezeigt, dass verlinkte strukturierte – allerdings hier nicht unbedingt offene – Daten eine zentrale Rolle im Web spielen werden.

Allein die zunehmende Verbreitung und wachsende Akzeptanz sind sicher gute Gründe, sich mit Linked Open Data auseinanderzusetzen, um diese laufende Entwicklung zu verstehen. Darüber hinaus stellen sich Fragen nach dem Hintergrund dieser Entwicklung: Welche Vorteile verspricht Linked Data Bibliotheken? Welche Motivation treibt Individuen und Organisationen an, Ressourcen in Linked-Open-Data-Projekte zu stecken? Einige wesentliche Punkte seien hier kurz aufgeführt.

---

[1] Im englischen Original heißt es: "The new bibliographic framework project will be focused on the Web environment, Linked Data principles and mechanisms, and the Resource Description Framework (RDF) as a basic data model."
[2] The Open Graph protocol: http://ogp.me/
[3] Introducing the Knowledge Graph: things, not strings http://googleblog.blogspot.co.uk/2012/05/introducing-knowledge-graph-things-not.html

Auffindbarkeit der Daten: Bibliothekskataloge sind bis heute häufig Teil des „Deep Webs", d.h. sie können nicht von Suchmaschinen gesammelt und indexiert werden und sind damit über den gängigen Einstieg in das Web – eine Suche mit Google oder einer anderen Suchmaschine – nicht auffindbar. Linked Data sind – wie jede HTML-Seite auch – Teil des Webs und können problemlos gecrawlt und indexiert werden.

Verlinkbarkeit: Trefferlisten und Einzeltrefferanzeigen eines OPACs lassen sich häufig nicht mit anderen teilen, weil URLs sessionbasiert sind und damit nur für kurze Zeit funktionieren. Linked Data ändert dies und macht die Informationen verlinkbar.

Flexibles Datenmodell: RDF ist ein flexibles Datenmodell. Im Gegensatz zu MARC kann es beliebig erweitert und lokal ergänzt werden.

Interoperabilität: MARC 21 und Z39.50 sind opake Standards, die nur in der Bibliothekswelt bekannt sind und von wenigen Entwicklern angewendet werden. Linked Data dagegen basiert auf offenen Webstandards, die über das gesamte Web verbreitet von Menschen benutzt und verstanden werden. Werden Bibliotheksdaten im Web als Linked Open Data angeboten, können automatisch viele Menschen und Dienste diese weiterverwenden, und es können nicht nur bibliothekarisch vorgeprägte Personen damit etwas anfangen. Dies bedeutet auch, dass es leichter wird, Entwickler als Quereinsteiger in Bibliotheksprojekte zu finden, weil sie sich nicht zunächst mühsam mit bibliothekarischen Formaten vertraut machen müssen, sondern die verwendeten Standards sind ihnen bekannt.

Weiterverwendung: Interoperabilität allein reicht oft nicht aus, um Daten optimal nutzbar zu machen. Hier kommt das „Open" in Linked Open Data ins Spiel, das eben sicherstellt, dass die Daten auch von Dritten einfach weiterverwendet werden können, indem sie mit offenen Lizenzen versehen werden (vgl. Abschnitt 4).

Bibliotheken können von diesen Weiterverwendungsmöglichkeiten und der Interoperabilität von Linked Data doppelt profitieren:
1. *als Konsumenten*, die Daten aus anderen Kontexten verlinken, in ihre Angebote integrieren und diese somit anreichern;[4]

---

4 Vgl. hierzu den Beitrag von Pascal Christoph in diesem Band. Lins/Becker zeigen in ihrem Artikel sehr schön, welchen Nutzen offene Daten für die Erstellung einer Bibliographie bringen können, indem sie beschreiben, wie Open-Data-Publikationen im Kontext eines Projekts nachgenutzt werden.

2. als *Produzenten*, die Daten zur Verlinkung und Weiterverwendung publizieren und damit den Wert der Daten und das Prestige der Institution steigern.

Die Bereitstellung von Normdaten als Linked Open Data sei hier als ein Beispiel genannt. Es sind insbesondere Normdaten, deren Einsatz in nicht-bibliothekarischen Projekten und Diensten einen enormen Gewinn darstellen kann und gleichzeitig Nutzer zu den Angeboten von Bibliotheken führen können. Bereits ohne Linked Open Data hat die deutschsprachige Wikipedia einen Anwendungsfall aufgezeigt, wie Normdateien auch außerhalb von Bibliotheken sinnvoll verwendet werden können. So wird die Personennormdatei (PND), die inzwischen in die Gemeinsame Normdatei (GND) aufgegangen ist, seit 2005 verwendet, um weiterführende Literatur aus Wikipedia-Artikeln zu verlinken.[5] Durch das Vorliegen von Normdateien als Linked Open Data kann ihre Weiterverwendung in anderen Projekten und für weitere Zwecke ermöglicht werden. Viele Normdatenbereitsteller haben dies bereits verstanden und entsprechend gehandelt. Inzwischen liegen neben den Library of Congress Subject Headings (LCSH), auch die GND und weitere Normdateien als Linked Data vor. Ebenso wurden die Ergebnisse des Projekts VIAF als Linked Data veröffentlicht und unter der ODC-BY Lizenz freigeben.[6] Bruno Racine, Präsident der Bibliothèque nationale de France, sagte zur Freigabe der VIAF-Daten: „Wir erwarten, dass diese starke Erweiterung des Zugangs zu VIAF die Mehrsprachigkeit sowie die Entstehung neuer Dienste außerhalb der Bibliothekswelt, einschließlich der Unterstützung von Data Mining, Verwaltung geistiger Eigentumsrechte usw. fördern wird."[7] Interessante Nutzungsmöglichkeiten bietet Linked Data auch im Bereich der Forschungsdaten, wo sich Bibliotheken zunehmend engagieren. Wir verweisen hier auf den Beitrag von Dominique Ritze, Kai Eckert und Magnus Pfeffer in diesem Sammelband.

Im Folgenden möchten wir zunächst die grundlegenden Konzepte und geschichtlichen Entwicklungen von Linked Data und Open Data näher darstellen, wobei wir den Fokus auf die Bibliothekswelt legen. Anschließend werden die technischen Grundlagen von *Linked* Data erläutert, und sodann die rechtlichen Rahmenbedingungen einer *offenen* Lizenzierung skizziert. Abschließend werden

---

5 Vgl. Hengel/Pfeifer (2005), wo die Autorinnen bereits davon sprechen, dass „[m]it der Einführung von Webtechnologien und -standards in die Normdateien ... die Normdateien zur Basis eines semantischen Netzes für Recherche und Retrieval im Internet werden [können]." Sowie Danowski/Pfeifer (2007). Siehe auch den Beitrag von Geipel et al. in diesem Sammelband.
6 OCLC (2012a).
7 Ebd. im Original heißt es: "We expect that this broader opening of access to VIAF will encourage multilingualism and the creation of new services beyond the library world, including for data mining, intellectual property rights management, etc".

einige Herausforderungen genannt, die sich in den nächsten Jahren auf dem Weg zu einem Linked-Open-Data-Ökosystem für Bibliotheken stellen.

2 Konzepte und Entwicklungen

Dieser Abschnitt möchte zunächst die geschichtlichen Wurzeln von Linked Open Data in Bibliotheken aufzeigen und erste Erläuterungen der zugrundeliegenden Konzepte geben. Hierzu werden wir zunächst auf die Entwicklungen des Semantic Web, von Linked Data und Open Data eingehen. Danach wird der Rahmen beschrieben, vor dem die Entwicklung zu größerer Offenheit in der Bibliothekswelt stattfindet – zum einen im Hinblick auf die Dinge, die geöffnet werden, und zum anderen im Hinblick auf konkrete Open-Initiativen und -Bewegungen. Am Ende wird ein geschichtlicher Abriss der wichtigsten Entwicklungen im Hinblick auf Linked/Open Data in Bibliotheken gegeben.

2.1 Semantic Web & Linked Data

Häufig werden die Ausdrücke „Semantic Web" und „Linked Data" synonym verwendet und in der Tat sind die dahinterliegenden Konzepte und Aktivitäten eng miteinander verwoben. Gemeinsam ist beiden, dass die damit verbundenen Entwicklungen maßgeblich vom World Wide Web Consortium (W3C) – dem Standardisierungsgremium für die dem World Wide Web (WWW) zugrundeliegenden Technikstandards – und seinem Vorsitzenden Tim Berners-Lee, dem Erfinder des WWW, vorangetrieben werden. Schaut man sich den Text auf der offiziellen Semantic-Web-Webseite des W3C an, wird klar, wie eng die verschiedenen Begriffe verzahnt sind:

> „Das W3C hilft, in Ergänzung zum klassischen ‚Web der Dokumente' einen Technologiestack aufzubauen, der das ‚Web der Daten' stützt – solcher Daten, die man auch in Datenbanken findet. Das höchste Ziel ist, Computern zu ermöglichen, mehr nützliche Aufgaben zu erledigen, und Systeme zu entwickeln, die vertrauliche, netzbasierte Interaktionen unterstützen. Der Ausdruck ‚Semantic Web' bezieht sich auf die W3C-Vision eines Netzes verlinkter Daten [orig.: ‚Web of linked data']. Semantic-Web-Technologien ermöglichen es Menschen, Datenspeicher im Web aufzubauen, Vokabulare zu erstellen und Regeln für die Handhabung von Daten zu verfassen. Verlinkte Daten (orig.: ‚linked data') werden ermöglicht durch Technologien wie RDF, SPARQL, OWL und SKOS."[8]

---

[8] Semantic Web – W3C http://www.w3.org/standards/semanticweb/, im Original: „In addition to the classic 'Web of documents' W3C is helping to build a technology stack to support a 'Web

Anfangs war allein vom Semantic Web die Rede. Die Idee des *Semantic Web* wurde erstmals in Berners-Lee et al. (2001) (in dem der Ausdruck „linked data" nicht ein einziges Mal auftaucht) der breiten Öffentlichkeit vorgestellt. Der grundsätzliche Ansatz war, das zu dieser Zeit seit zehn Jahren bestehende World Wide Web als Basis für die Publikation und Vernetzung strukturierter Daten zu nutzen. Die in diesem Artikel dargestellte Vision orientiert sich noch stark an Ansätzen und Zielen der Künstlichen-Intelligenz-Forschung, die den Hintergrund für die Entwicklung des Semantic Web bildet. So gehen die Autoren in ihrem Artikel recht weit, wenn sie eine Zukunft skizzieren, in der Semantic-Web-Agenten uns ständig vollautomatisiert bei alltäglichen Aufgaben unterstützen – beispielsweise bei der Recherche nach einem passenden Arzt in einem nahegelegenen Krankenhaus, inklusive Verabreden eines Behandlungstermins.

Die Idee, alle Inhalte des World Wide Web semantisch angereichert darzustellen, stellte sich jedoch schnell als nur schwer zu realisierender Wunsch heraus, und der Hype um das Semantic Web verebbte in den Jahren nach 2001. Auch heute sind wir – nach mehr als zehn Jahren – von der in Berners-Lee et al. (2001) dargestellten Welt noch weit entfernt. Allerdings muss man sagen, dass die Zukunft mittlerweile in der Regel weniger utopisch dargestellt wird.

Mit „Linked Data" wurde 2006 ein neues Etikett geschaffen, um die Aktivitäten im Bereich Semantic Web wieder neu zu beleben und zu popularisieren. Dabei wurde auf einen pragmatischen Ansatz gesetzt, der die Publikation und Verlinkung strukturierter Daten in den Vordergrund stellte, womit Aktivitäten automatisierter Semantic-Web-Agenten aus dem Fokus rückten.

Am 27. Juli 2006 publizierte Tim Berners-Lee eine persönliche Sicht, wie mit Hilfe von Semantic-Web-Technologie Linked Data realisiert werden kann (Berners-Lee, 2006). In diesem Text finden sich auch die weithin bekannten vier „Linked-Data-Prinzipien" (vgl. Abschnitt 3). Berners-Lee fordert im Text insbesondere dazu auf, sich auf die Publikation von Daten als Linked Data zu konzentrieren, die bereits strukturiert vorliegen.

Es folgten verschiedene entsprechende Aktivitäten, Linked Data im Netz zu publizieren. Als wichtiger Meilenstein in der Frühgeschichte der Linked-Data-Bewegung kann sicherlich das Projekt DBpedia bezeichnet werden, das am 23.

---

of data,' the sort of data you find in databases. The ultimate goal of the Web of data is to enable computers to do more useful work and to develop systems that can support trusted interactions over the network. The term 'Semantic Web' refers to W3C's vision of the Web of linked data. Semantic Web technologies enable people to create data stores on the Web, build vocabularies, and write rules for handling data. Linked data are empowered by technologies such as RDF, SPARQL, OWL, and SKOS." Übersetzung von A.P. Für eine Erläuterung der technischen Grundlagen von Linked Data siehe Abschnitt 3.

Januar 2007 online ging. In diesem Projekt werden strukturierte Daten aus der Wikipedia extrahiert und als Linked Data publiziert. Da die Wikipedia eigentlich aus Fließtext besteht, konzentriert man sich im Projekt auf Daten in Infoboxen, Kategorien oder Vorlagen (Templates), da diese strukturiert sind.

Seit 2007 hat die Anzahl der Daten und Datenquellen, die als Linked Data zur Verfügung gestellt werden, stetig zugenommen. Dies illustriert die *Linking Open Data Cloud*, die im Mai 2007 in der ersten Version veröffentlicht wurde (Abbildung 1).[9]

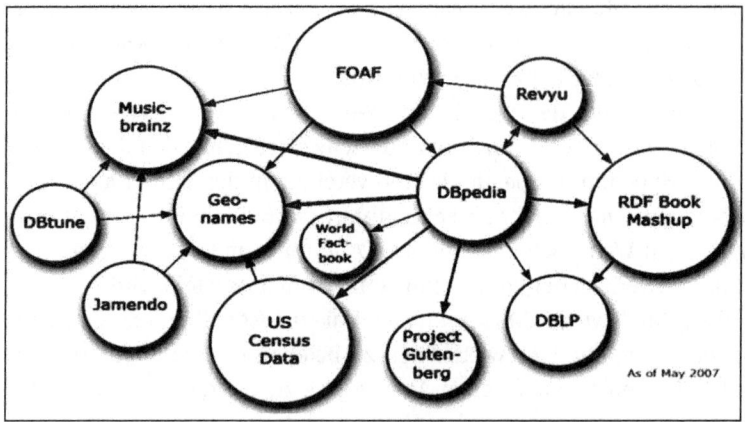

Abbildung 1: Erste Version des Linked Data Graphs.

Die letzte Version des LOD-Cloud-Diagramms ist vom September 2011 (Abbildung 2): In vier Jahren ist die Cloud so sehr gewachsen, dass sie in einem Druckwerk wie diesem nicht mehr lesbar dargestellt werden kann.

---

9 Quelle: http://lod-cloud.net/ von Richard Cyganiak und Anja Jentzsch, publiziert unter einer CC-BY-SA-Lizenz.Im wissenschaftlichen Paper Stephens et al. (2005) wurde eine ähnliche Illustration veröffentlicht, die von Tim Berners-Lee in vielen Vorträgen benutzt wurde und als Vorbild für die bekannte Linked-Data-Cloud fungierte.

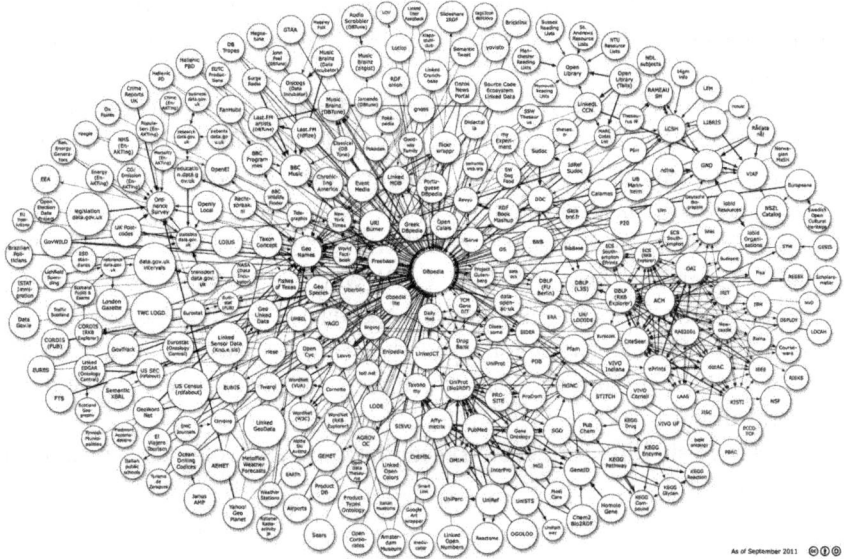

Abbildung 2: Letzte Version der Linked Data Cloud

Anfang 2013 sind bereits über 330 Projekte in der LOD-Cloud vertreten.[10]

2.2 Open Everything

Viele Akteure haben sich Offenheit[11] auf die Fahnen geschrieben und verschiedene Bewegungen lassen sich in diesem Bereich ausmachen. Manchmal scheint es für fast alles Forderungen nach und Konzepte für Offenheit zu geben, was sich in dem Ausdruck „Open Everything" widerspiegelt.

Bevor wir näher auf die historische Entwicklung eingehen, wollen wir genauer schauen, welche Arten menschlicher Artefakte unter entsprechenden Bedingungen und Lizenzen offen publiziert werden. Auch wenn sich diese Liste nicht auf digitale Artefakte beschränkt, ist Offenheit meist an Digitalisierbarkeit

---

10 Für aktuelle Zahlen siehe die der graphischen Darstellung zugrundeliegende und von Richard Cyganiak und Anja Jentzsch verwaltete "Linking Open Data Cloud"-Gruppe im Dataset-Verzeichnis *the Data Hub*: http://thedatahub.org/group/lodcloud
11 In Abschnitt 4 wird näher erläutert, was unter „Offenheit" in Bezug auf Daten und Inhalten zu verstehen ist. Eine allgemeine Kurzdefinition auch für andere Dinge lautet: Etwas ist offen, wenn es selbst bzw. seine Spezifikation/Baupläne a) frei zugänglich sind, b) in öffentlich dokumentierten Formaten vorliegen und c) es jedem erlaubt ist, es zu benutzen, weiterzuverwenden und -zuverbreiten.

gekoppelt. In Abbildung 3] werden die unterschiedlichen Arten von Artefakten genannt, die frei oder offen sein können. Es lassen sich hier grob vier Arten unterscheiden:

- *Open Standards* sind Standards, die für alle Interessierten „leicht zugänglich, weiterentwickelbar und einsetzbar sind"[12], d.h. vor allem, dass die dazugehörigen Spezifikationen – idealerweise über das Internet – für jeden zugänglich und frei verwendbar sind.
- *Open Source Hardware* oder „Freie Hardware" ist „Hardware, welche nach lizenzkostenfreien Bauplänen hergestellt wird".[13] Dabei geht es neben Computerhardware auch um die Hardware sonstiger Geräte und Maschinen.
- *Free/Open Content* sind sämtliche Produkte kreativer menschlicher Akte, die sich in digitaler Form abbilden lassen, und mit einer offenen Lizenz publiziert wurden.
- *Open Data* sind frei verfügbare Daten, die unter einer offenen Lizenz publiziert sind.

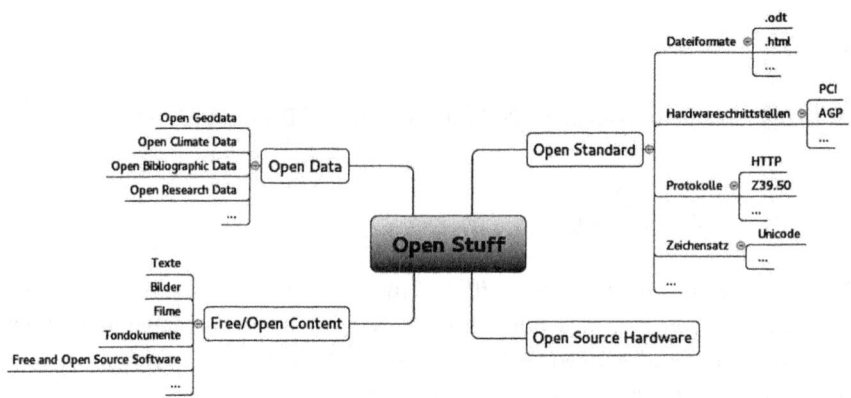

Abbildung 3: Arten freier Artefakte

12 Seite „Offener Standard". In: Wikipedia, Die freie Enzyklopädie. Bearbeitungsstand: 16. Februar 2013, 00:09 UTC. URL: http://de.wikipedia.org/w/index.php?title=Offener_Standard &oldid=114259950 (Abgerufen: 27. Februar 2013, 18:14 UTC)
13 Seite „Freie Hardware". In: Wikipedia, Die freie Enzyklopädie. Bearbeitungsstand: 3. Februar 2013, 18:25 UTC. URL: http://de.wikipedia.org/w/index.php?title=Freie_Hardware &oldid=113756493 (Abgerufen: 27. Februar 2013, 18:15 UTC)

2.3 Open Everywhere

Verschiedene *Open*-Bewegungen, die sich unter Etiketten wie „Open Culture"
oder „Open Knowledge" subsumieren lassen, entstanden etwa zur gleichen Zeit
wie die Semantic-Web-Bestrebungen. Zwischen 1999 und 2002 erwachte die
Open-Access-Bewegung in der Wissenschaft[14], die zum Ziel hat, dass „originäre
wissenschaftliche Forschungsergebnisse ebenso wie Ursprungsdaten, Metadaten, Quellenmaterial, digitale Darstellungen von Bild- und Graphik-Material und
wissenschaftliches Material in multimedialer Form" im Internet frei zugänglich
publiziert und mit entsprechenden Lizenzen versehen werden, die allen Nutzern
gewähren, die Publikationen „zu kopieren, zu nutzen, zu verbreiten, zu übertragen und öffentlich wiederzugeben sowie Bearbeitungen davon zu erstellen und
zu verbreiten".[15] In erster Linie wird Open Access jedoch mit Publikationen in
wissenschaftlichen Zeitschriften in Verbindung gebracht. Die *Open-Science*-
Bewegung setzt sich darüber hinaus dafür ein, dass neben Publikationen eben
auch Forschungsdaten, bibliographische Daten, Source Code und andere Produkte wissenschaftlicher Arbeit unter offenen Lizenzen publiziert werden.

Die Wikipedia[16] wurde 2001 gegründet. Ebenso *Creative Commons* (CC)[17], das
jedem verschiedene Lizenzmodelle bereitstellt, mit denen er seine Inhalte zur
Nachnutzung im Netz bereitstellen kann. Beide Projekte lassen sich einer *Free-
Culture*-Bewegung zurechnen, die etwa Anfang des 21. Jahrhunderts begann und
durch den Creative Commons und seinen Gründer Lawrence Lessig , die Wikipe-
dia-Community und anderen getragen wurde und wird.[18]

---

14 Seite „Open Access". In: Wikipedia, Die freie Enzyklopädie. Bearbeitungsstand: 21. Februar
2013, 15:50 UTC. URL: http://de.wikipedia.org/w/index.php?title=Open_Access&oldid=113465354
(Abgerufen: 27. Februar 2013, 18:15 UTC) Kapitel Geschichte.
15 Berliner Erklärung über den offenen Zugang zu wissenschaftlichem Wissen (2003). Deutsche
Version einsehbar unter http://oa.mpg.de/openaccess-berlin/Berliner_Erklaerung_dt_Versi-
on_07-2006.pdf. Die Berliner Erklärung wurde im Nachhinein stark verwässert, weil auch restriktiv lizenzierte Inhalte, die im Internet zum Download zur Verfügung stehen, als Open Access
bezeichnet werden.
16 Seite „Wikipedia". In: Wikipedia, Die freie Enzyklopädie. Bearbeitungsstand: 25. Februar
2013, 03:32 UTC. URL: http://de.wikipedia.org/w/index.php?title=Wikipedia&oldid=114651575
(Abgerufen: 27. Februar 2013, 18:18 UTC).
17 Seite „Creative Commons". In: Wikipedia, Die freie Enzyklopädie. Bearbeitungsstand: 20.
Februar 2013, 18:07 UTC. URL: http://de.wikipedia.org/w/index.php?title=Creative_Commons
&oldid=114463827 (Abgerufen: 27. Februar 2013, 18:19 UTC).
18 Vgl. auch das 2004 erschienene – und gleichzeitig online unter einer Creative-Commons-
Lizenz veröffentlichte – Buch Lessig (2004).

Open Data „steht für die Idee, Daten öffentlich frei verfügbar und nutzbar zu machen."[19] Open-Data-Konzepte gehen bereits auf die 50er Jahre zurück.[20] Der Ausdruck selbst fand – nach Yu/Robinson (2012), S. 189 – zum ersten Mal in den 1970er Jahren Verwendung. Allerdings kann von einer Open-Data-*Bewegung* frühestens seit Beginn des 21. Jahrhunderts die Rede sein. Open Data erstreckt sich dabei über verschiedene Bereiche. Große Fortschritte gab es vor allem bei den Daten aus Politik und Verwaltung (*Open Government Data*[21]), wo insbesondere zivilgesellschaftliche Einflussnahme einige Erfolge verzeichnen konnte. Dies zeigt sich nicht zuletzt an den verschiedenen Open-Data-Portalen, die in den letzten Jahren entstanden sind. Viele Aktivitäten gibt es in der Wissenschaft (*Open Science Data* und *Open Research Data*), aber eben auch in der Bibliothekswelt (*Open Library Data*), wo Bibliotheken, Bibliotheksverbünde und Projekte wie Europeana im Bereich der freien bibliographischen Daten (*Open Bibliographic Data*) eine wichtige Rolle neben Verlagen, Wissenschaftlern und Universitäten spielen (siehe Abschnitt 2.4).

Offene Lizenzen wurden auch im Bereich Linked Data explizit eingefordert, nachdem Tim Berners-Lee die zentrale Bedeutung erkannte, die Open-Data-Prinzipien für die weitere Entwicklung der Linked-Data-Bewegung zukommen. Er begann 2009 für die Publikation von Daten unter offenen Lizenzen zu werben – wobei er sich insbesondere an öffentliche Einrichtungen wandte. Dies geschah erstmals am 4. Februar 2009 in dem TED Talk „Tim Berners-Lee on the next Web"[22], wo Tim Berners-Lee den „Raw Data Now!"-Ruf anstimmte. 2010 ergänzte Berners-Lee dann die Linked-Data-Prinzipien um ein Fünf-Sterne-Schema für Linked Open Data.[23]

2.4 Offene bibliographische Daten

In seinem einflussreichen Aufsatz „What is Web 2.0" aus dem Jahre 2005 (O'Reilly, 2005) prophezeite Tim O'Reilly: „Data is the next Intel Inside" und stellte sogleich die Schlüsselfrage: Wem gehören die Daten? Diese Frage stellte sich in den folgen-

---

19 Dossier Open Data der Bundeszentrale für politische Bildung http://www.bpb.de/gesellschaft/medien/opendata/.
20 Vgl. etwa Keith G. Jefferys Kommentar zu einem Blogbeitrag von Peter Murray Rust: http://blogs.ch.cam.ac.uk/pmr/2006/09/12/open-data-the-time-has-come/#comment-2236
21 Die – im Laufe der Zeit immer mehr eingeebnete – Unterscheidung zwischen "Open Government" und "Open Data" wird in Yu/Robinson (2012) detailliert betrachtet.
22 Tim Berners-Lee on the next Web (TED Talk) http://www.ted.com/talks/tim_berners_lee_on_the_next_web.html.
23 Berners-Lee (2006).

den Jahren auch in Bezug auf Bibliotheksdaten und bibliographische Daten im allgemeinen als eine zentrale Frage heraus und verschiedene Akteure auf der ganzen Welt begannen, sich damit auseinanderzusetzen. In diesem Abschnitt werden wichtige Meilensteine in der Entwicklung von Open Bibliographic Data genannt.

2.4.1 Begriffsklärung

Offene bibliographische Daten bzw. Open Bibliographic Data ist das Schlagwort, unter dem häufig die Freigabe von Bibliotheksdaten gefordert wird. Dies ist nicht falsch, jedoch beschränkt sich die Open-Bibliographic-Data-Bewegung nicht auf die Bibliothekswelt. Es gibt eine Vielzahl von Akteuren, die bibliographische Daten produzieren und publizieren und damit auch freigeben können. Auch muss es sich bei offenen Daten aus einer Bibliothek nicht immer um bibliographische Daten handeln. So könnte es sich auch um Erwerbungs- und Ausleihstatistiken etc. handeln.[24] Es gibt zwar eine große Schnittmenge zwischen bibliographischen Daten und Bibliotheksdaten, sie sind aber nicht gleichzusetzen (vgl. Abbildung 4).

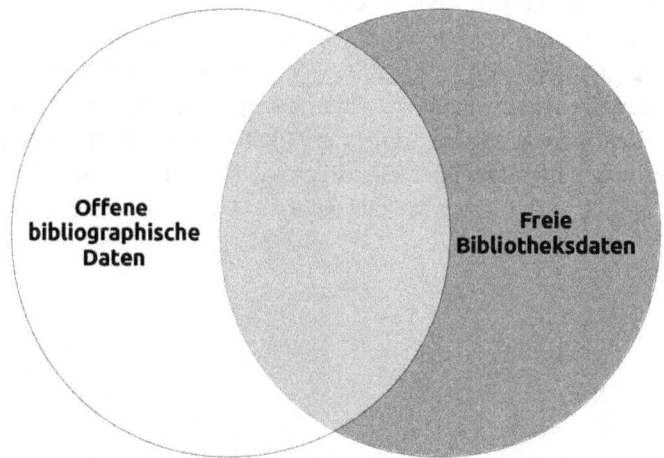

Abbildung 4: „Offene bibliographische Daten" vs „Freie Bibliotheksdaten"

---

24 Die University of Huddersfield hat beispielsweise Ausleihdaten unter einer offenen Lizenz veröffentlicht. Siehe Pattern (2008). Vgl. die Empfehlungen zur Öffnung bibliographischer Daten im Anhang.

2.4.2 Die Geburtsstunde von Open Data in der Bibliothekswelt

Einer der wesentlichen Auslöser, sich mit den Fragen auseinanderzusetzen, wer die Rechte an Katalogdaten hat und welche Nutzungsrechte daran anderen bereitgestellt werden sollten, war der Draft Report der *Working Group on Future of Bibliographic Control* der Library of Congress (Library of Congress Working Group on the Future of Bibliographic Control, 2007), der am 13. November 2007 veröffentlicht wurde. Dieser Bericht wurde insbesondere von der Open Knowledge Foundation stark kritisiert (Gray, 2007a), weil das Dokument der Library of Congress keinerlei Bezug auf die Nutzungsrechte von Katalogdaten enthält. Die Open Knowledge Foundation entwarf gemeinsam mit Aaron Swartz eine Antwort auf den Bericht, die von 150 Gruppen und Individuen unterzeichnet wurde.[25] Die bibliothekarische Gemeinschaft wurde also von außen auf dieses Thema aufmerksam gemacht und hat sich nicht aus eigener Motivation mit Open Data auseinandergesetzt.[26]

Der Bericht der Library of Congress und die durch ihn hervorgerufene Kritik führten dazu, dass das Thema ab 2008 in der bibliothekarischen Gemeinschaft diskutiert wurde, so etwa in einem Workshop auf der Konferenz der European Library Automation Group (ELAG)[27] und in einer Podiumsdiskussion bei der IFLA-Konferenz in Quebec (vgl. Calhoun, 2008). Seitdem finden Diskussionen zu dieser Problematik regelmäßig statt. Bereits 2008 wendete die University of Huddersfield die Prinzipien der Offenheit auf Ausleih- und Empfehlungsdaten an und publizierte entsprechende Daten, die im Laufe von 13 Jahren gesammelt worden waren. Seitdem haben sich die Aktivitäten allerdings auf Titeldaten konzentriert und keine weitere Bibliothek ist diesem Beispiel gefolgt.

---

25 Open Kowledge Foundation Wiki: „Future of Bibliographic Control" http://wiki.okfn.org/Future_Of_Bibliographic_Control, siehe auch Gray (2007b).

26 Die Deutsche Nationalbibliothek (DNB) wurde schon vorher durch Wikipedia-Vertreter auf das Thema offene Lizenzierung der Katalogdaten gestoßen. Nach Informationen von Mathias Schindler (Wikimedia) wendeten sich Wikimedia-Vertreter erstmals 2006 an die DNB mit der Bitte um eine offene Lizenz. Die anschließende jahrelange Kommunikation zwischen DNB und Wikimedia verlief nicht-öffentlich, sodass hier auf keine entsprechenden Dokumente verwiesen werden kann.

27 ELAG 2008 Rethinking Bibliographic Data" http://library.wur.nl/WebQuery/profielelagws/full/117229

2.4.3 Erste Linked-Library-Data-Experimente

Im April 2008 ist der erste bibliothekarische Linked-Data-Service gestartet worden. Ed Summers – ein Entwickler an der Library of Congress – veröffentlichte eine inoffizielle Version der Libary of Congress Subject Headings (LCSH) als Linked Data. Es handelte sich allerdings nicht um Open Data, da Ed Summers nicht die Rechte besaß, um die Daten offen zu lizenzieren. Dieser Service wurde dann auch am 18. Dezember 2008 auf Bitte der Library of Congress eingestellt.[28] Die Library of Congress veröffentlichte einige Monate später eine verbesserte, offizielle Version der LCSH unter http://id.loc.gov/authorities/subjects.

Ebenfalls 2008 wurden erstmals bibliothekarische Titeldaten als Linked Data veröffentlicht. Pionierarbeit leistete hier die Schwedische Nationalbibliothek mit der Publikation des LIBRIS-Verbundkatalogs als Linked Data.[29]

2.4.4 Die WorldCat-Metadaten-Kontroverse

Im November 2008 wurde die „Policy for Use and Transfer of WorldCat Records" veröffentlicht, womit alle Hoffnungen auf die zügige Durchsetzung eines freien Lizenzmodells für den weltweit größten Verbundkatalog zerschlagen wurden. Stattdessen sah die erste Version der Policy vor, dass an jedem einzelnen Datensatz ein Copyright-Vermerk angebracht werde und die Nutzung der Daten bestimmten Restriktionen unterliege. Dieses Modell, wie auch sein Zustandekommen, wurde in der Folge von Bibliothekaren, Institutionen und anderen Akteuren in verschiedenen Punkten stark kritisiert.[30] Schließlich zog OCLC am 28. Juni 2009 diese Version der Nutzungsbedingungen zurück und setzte ein Gremium ein, das eine neue Policy erarbeiten sollte. Die neue, im April 2010 veröffentlichte Version mit dem Titel „WorldCat Rights and Responsibilities for the OCLC Cooperative" (OCLC, 2010) war in vielerlei Hinsicht fortschrittlicher als der umstrittene erste Ansatz, allerdings wurde auch damit kein deutlicher Schritt in Richtung Open Data getan.[31] Im Jahr 2012 machte OCLC dann einen deutlichen Schritt in

---

28 Vgl. Library of Congress Subject Headings. (2013, February 18). In: Wikipedia, The Free Encyclopedia. Abgerufen 18:38, 27. Februar 2013, von http://en.wikipedia.org/w/index. php?title=Library_of_Congress_Subject_Headings&oldid=538914921 Kapitel Data access.
29 Malmsten (2008).
30 Für eine detaillierte Darstellung der Entwicklung und Kritik an der Policy bis zum Februar 2009 siehe Pohl (2009a).
31 Vgl. Pohl (2010).

Richtung Open Data als die in worldcat.org eingebetteten Linked Data unter einer ODC-BY-Lizenz gestellt wurden.[32]

2.4.5 Erste Linked/Open-Data-Aktivitäten in der deutschsprachigen Bibliothekswelt

Das erste deutschsprachige Linked-Data-Projekt war die Publikation der ersten Version des Standard Thesaurus Wirtschaft (STW) als Linked Data durch die Zentralbibliothek für Wirtschaftswissenschaften (ZBW).[33] Im November 2009 veranstalteten ZBW und das Hochschulbibliothekszentrum des Landes Nordrhein-Westfalen (hbz) erstmals die Konferenz *Semantic Web in Bibliotheken* (SWIB), die – obwohl sie sich primär an deutschsprachige Zuhörer wendete – von Anfang an auf internationales Interesse gestoßen ist. Patrick Danowski kündigte auf dieser Konferenz an, dass das CERN seine bibliographischen Daten unter der Creative Commons Public Domain Dedication (CC0) freigeben werde.[34] Dies wurde im Januar 2010 offiziell in die Tat umgesetzt und das CERN veröffentlichte als erste Bibliothek einen kompletten Abzug der Daten (MARC) unter CC0 und der Public Domain Dedication Licence (PDDL). Am 12. März 2010 veröffentlichten mehrere Bibliotheken in Kooperation mit dem Hochschulbibliothekszentrum des Landes Nordrhein-Westfalen (hbz) ihre Daten unter CC0. Auch diese Daten waren zunächst ein reiner Abzug der Katalogdaten. Das hbz kündigte aber an, die Daten für das Semantic Web aufzubereiten, was im Juli 2010 mit dem Linked-Open-Data-Dienst lobid.org realisiert wurde. Im Mai 2010 startete auch die Deutsche Nationalbibliothek (DNB) ihre Semantic-Web-Aktivitäten mit einem Linked-Data-Service für Normdaten, zur Lizenz gab es aber am Anfang von der DNB noch keine klare Aussage. Nachdem zunächst eigene Nutzungsbedingungen festgelegt wurden, hat man sich im Rahmen von Open-Data-Verlautbarungen der Conference of European National Librarians (CENL) (Conference of European National Librarians, 2011) für eine CC0 Public Domain Dedication entschieden, deren Nutzung seitdem auch stark von der DNB beworben wird (vgl. Richt, 2012). Im August 2010 startete die Universitätbibliothek Mannheim den ersten Linked Data Service für bibliographische Titeldaten, der auch Daten aus dem SWB und HeBIS umfasste.[35] Parallel dazu publizierten mit den Universitätsbibliotheken in Kon-

---

32 OCLC (2012b).
33 Vgl. Borst/Neubert (2009).
34 Für eine Erläuterung der verschiedenen Open-Data-Lizenzen siehe Abschnitt 4.
35 Vgl. E-Mail von Kai Eckert via INETBIB (09.08.2010) http://www.ub.uni-dortmund.de/listen/inetbib/msg42859.html.

stanz und Tübingen die ersten beiden Bibliotheken im Südwestdeutschen Bibliotheksverbund (SWB) ihre Katalogdaten im MARC-Format unter einer offenen Lizenz.

2.4.6 Arbeitsgruppen und Empfehlungen

Im Laufe der Zeit haben sich einige Arbeitsgruppen und andere Kooperationen im Bereich Linked/Open Bibliographic Data inner- wie außerhalb der Bibliothekswelt gebildet.

Im Februar 2010 gründete die *Open Knowledge Foundation (OKFN)* eine *Arbeitsgruppe zu Open Bibliographic Data*. Es handelt sich dabei um einen losen Zusammenschluss von Wissenschaftlern, Technikern und Bibliothekaren, die nicht nur daran arbeiten, dass mehr bibliographische Daten freigegeben werden, sondern auch Software und Dienste für den Umgang mit offenen bibliographischen Daten entwickeln (siehe nächster Abschnitt). Die Arbeitsgruppe verfasste zudem die *Principles on Open Bibliographic Data*, die im Januar 2011 im englischen Original und fortan auch in verschiedenen Übersetzungen publiziert wurden. [36] Diese Prinzipien liefern sowohl eine Definition von bibliographischen Daten als auch von deren „Offenheit".

Eine wichtige Rolle bei der Förderung von Linked-Data-Standards spielte die *Library Linked Data Incubator Group*, die von Mai bis Oktober 2011 innerhalb des World Wide Web Consortiums (W3C) einen Bericht verfasste, der helfen sollte, „die globale Interoperabilität von Bibliotheksdaten im Web zu verbessern" und Bereiche für eine zukünftige Zusammenarbeit zu identifizieren. [37] Zu diesem Zweck kamen in der Arbeitsgruppe verschiedene Fachpersonen zusammen, die bereits Linked-Data-Aktivitäten unternommen hatten.

Im deutschsprachigen Raum findet die Vernetzung im Bereich Linked Open Data seit April 2011 vor allem im Kontext der Arbeitsgruppe KIM (Kompetenzzentrum Interoperable Metadaten) im Rahmen der Deutschen Initiative für Netzwerkinfromation (DINI) statt. Dort existieren Arbeitsgruppen zu verschiedenen Themen, wobei sich ein Großteil der Gruppen auch mit Linked-Open-Data-Standards auseinandersetzt. Die *Arbeitsgruppe Lizenzen* innerhalb der DINI KIM AG veröffentlichte im Oktober 2011 *Empfehlungen zur Öffnung bibliothekarischer*

---

36 Coyle et al. (2011). Die deutsche Übersetzung „Prinzipien für Offene Bibliographische Daten" findet sich im Anhang.
37 Vgl. die Charter der Library Linked Data Incubator Group: http://www.w3.org/2005/Incubator/lld/charter

Daten (Gruppe Lizenzen der DINI-AG KIM, 2011).[38] Die *Gruppe Titeldaten* inner-halb der DINI-AG KIM arbeitet seit Januar 2012 an einer Empfehlung zur einheit-lichen Nutzung bestehender RDF-Vokabulare für die Repräsentation von Titelda-ten als Linked Data.[39]

Im europäischen Kontext hat vor allem die Europeana – eine virtuelle Bib-liothek, die das wissenschaftliche und kulturelle Erbe Europas in Form digitali-sierter Bild-, Text-, Ton- und Video-Dateien zugänglich machen soll – eine Menge beigetragen zu einer Entwicklung der Bibliothekswelt in Richtung Offenheit und Linked Data. Ein Meilenstein dieser Entwicklung war sicherlich die Verabschie-dung des *Europeana Data Exchange Agreement* im September 2011, in dem festge-legt wird, dass sämtliche in Europeana verwendeten Metadaten gemeinfrei sind, d.h. keinerlei Nutzungseinschränkungen unterliegen.[40]

Auf internationaler Ebene bildeten sich Ende 2011 zwei internationale Arbeitsgruppen im Kontext von Linked Data und Semantic Web: Im September 2011 entstand eine *Linked Open Data Special Interest Group* innerhalb der *Inter-national Group of Ex Libris Users* (IGeLu)[41] und im Dezember 2011 gründete sich schließlich die *IFLA Semantic Web Special Interest Group*[42].

Zudem findet nach 2011 im Jahre 2013 der zweite *LOD-LAM-Summit*[43] statt, der internationale Akteure aus Bibliotheken, Archiven und Museen zusammen-bringt, um sich über Projekte, Software, Lizenzmodelle und Methoden für eine Linked-Open-Data-Publikation in entsprechenden Einrichtungen auszutauschen. LOD-LAM steht für „Linked Open Data in Libraries, Archives and Museums" und kann als ein loser Zusammenschluss internationaler Akteure in diesem Bereich verstanden werden, mit Schwerpunkt auf der angelsächsischen Welt. Auch auf einer Mailingliste[44] und unter dem Hashtag #lodlam[45] auf Twitter tauschen sich interessierte Personen zum Thema aus.

---

38 Diese finden sich gedruckt im Anhang.
39 Der aktuelle Entwurf der Empfehlungen Der Gruppe Titeldaten innerhalb der DINI AG KIM findet sich unter https://wiki.d-nb.de/x/cYMOB.
40 Europeana Foundation (2011).
41 Linked Open Data SIWG | IGeLU http://igelu.org/special-interests/lod.
42 Semantic Web Special Interest Group | IFLA http://www.ifla.org/swsig.
43 LODLAM – Linked Open Data in Libraries, Archives and Museums http://lodlam.net/
44 Forum der Google Group Linked Open Data in Libraries, Archives, & Museums https://groups.google.com/forum/?fromgroups#!forum/lod-lam.
45 Tweets mit dem hashtag #lodlam: https://twitter.com/search?q=%23lodlam.

2.4.7 Offene bibliographische Daten von nicht-bibliothekarischen Organisationen

Es wurde bereits darauf hingewiesen, dass nicht nur Bibliotheken im Bereich Open Bibliographic Data aktiv sind. Auch von Wissenschaftlern und Verlagen werden wichtige Initiativen, Projekte und Dienste aufgebaut. Innerhalb der Open Knowledge Foundation arbeiteten seit 2011 vor allem Wissenschaftler und wissenschaftsnahe Entwickler am Aufbau einer offenen Software zum Erstellen und Teilen von Bibliographien. Das erste Softwareprojekt mit dem Namen *Bibliographica/openbiblio* wurde bereits 2011 eingestellt[46] und stattdessen die *BibServer*-Software weiterentwickelt, die bis heute stetig verbessert wird.[47]

Im Dezember 2011 wurde mit der computerwissenschaftlichen Bibliographie *DBLP* eine umfangreiche, über viele Jahre gepflegte und von vielen Wissenschaftlerinnen und anderen Interessierten genutzte Bibliographie als Open Data freigegeben. Die Universität Trier und Schloss Dagstuhl - Leibniz-Zentrum für Informatik stellten die Daten unter eine ODC-BY-Lizenz (Ackermann, 2011).

Im März 2012 startete das Wikimedia-Projekt *Wikidata*.[48] In diesem Projekt werden strukturierte Daten aus der Wikipedia, wie Links zwischen Sprachversionen und Daten aus den Wikipedia-Infoboxen, in einer gemeinsamen Datenbasis für sämtliche Sprachversionen der Wikipedia zusammengeführt. Diese Datenbank ist – wie die Wikipedia selbst – frei editierbar, die Daten werden unter einer CC0 Public Domain Dedication bereitgestellt. Es ist sehr wahrscheinlich, dass Wikidata in Zukunft eine wichtige Rolle im Web verlinkter Daten spielen wird, und für bibliothekarische Organisationen bestehen perspektivisch vielfältige Möglichkeiten, zu Wikidata beizutragen und Wikidata zu nutzen.

Mit *Nature Publishing* veröffentlichte im April 2012 erstmals ein Verlag bibliographische Daten als Linked Open Data (Nature Publishing Group, 2012). Die Linked-Open-Data-Plattform der Nature Publishing Group[49] wird beständig mit Informationen zu Artikeln aktualisiert und bietet verschiedene Möglichkeiten, auf die Daten zuzugreifen. Die Daten stehen unter einer CC0 Lizenz.

---

46 Beschreibung Bibliographica Projekt der Open Knowledge Foundation http://openbiblio. net/p/bibliographica/.
47 Homepage von BibServer: http://bibserver.org/.
48 Wikidata http://www.wikidata.org/.
49 Linked-Data-Platform der Nature Publishing Group: http://data.nature.com/.

2.4.8 Übersicht der Entwicklungen von 2007 bis 2012

Die folgende tabellarische Übersicht zeigt in kondensierter Form die Entwicklungen im Bereich offene/verlinkte bibliographische Daten. Der Fokus mag – aufgrund des Hintergrunds der Autoren – auf bibliothekarischen Einrichtungen im deutschsprachigen Raum liegen, allerdings wird versucht, internationale Entwicklungen so weit es geht zu berücksichtigen.

Juli 2007	Launch der Beta-Version der *Open Library*[50]
13. November 2007	Veröffentlichung des Draft Reports der *Working Group on Future of Bibliographic Control* der Library of Congress
6. Dezember 2007	Kritik der Open Knowledge Foundation an dem Draft Report
April 2008	lcsh.info. Inoffizielle Version der Library of Congress Subject Headings als Linked Data publiziert von Ed Summers. Eingestellt im Dezember 2008
2008	Schwedischer Verbundkatalog LIBRIS als Linked Data veröffentlicht
Dezember 2008	Bibliothek der University of Huddersfield veröffentlicht Ausleih- und Vorschlagsdaten unter CC0[51]
November 2008 bis Juni 2009	Die Veröffentlichung einer neuen restriktiven Policy für World-Cat-Daten durch OCLC führt zu einer langen und breiten Diskussion innerhalb der Bibliothekswelt.[52]
Februar 2009	Erste Version des Standard Thesaurus Wirtschaft (STW) von der ZBW als Linked Data veröffentlicht[53]
28. Juni 2009	Die WorldCat-Metadaten-Policy wird offiziell zurückgezogen.[54]
November 2009	Erste SWIB-Konferenz „Semantic Web in Bibliotheken"[55]
29. Januar 2010	CERN veröffentlicht Katalogdaten unter CC0.[56]
Februar 2010	Gründung der Working Group on Open Bibliographic Data innerhalb der OKFN
12. März 2010	Freigabe von Katalogdaten durch Kölner Bibliotheken und das Landesbibliothekszentrum Rheinland-Pfalz (LBZ) in Kooperation mit dem hbz[57]
Mai 2010	DNB startet Linked-Data-Service für Normdaten.[58]
Juli 2010	hbz startet lobid.org[59]

---

50 Brantley (2007).
51 Pattern (2008).
52 Vgl. (Pohl, 2009a).
53 Vgl. Borst/Neubert (2009).
54 Vgl. Pohl (2009b).
55 Homepage der 1. Semantic Web In Bibliotheken (SWIB) Konferenz: http://www.swib09.de/
56 CERN Library (2010).
57 Hochschulbibliothekszentrum des Landes Nordrhein-Westfalen (2010).
58 Vgl. E-Mail von Verena Binz an INETBIB "Linked Data Service der Deutschen Nationalbibliothek" http://www.ub.uni-dortmund.de/listen/inetbib/msg42161.html.
59 Vgl. lobid.org? http://blog.lobid.org/2010/07/lobidorg.html.

1. August 2010	„WorldCat Rights and Responsibilities for the OCLC Cooperative" tritt in Kraft[60]
August 2010	Universitätsbibliothek Mannheim startet Linked-Data-Service für Titeldaten.[61]
August 2010	Die ersten beiden SWB-Bibliotheken publizieren MARC-Katalogdaten als Open Data in Kooperation mit dem BSZ.[62]
23. August 2010	Als erste Nationalbibliothek in Europa veröffentlicht die British Library Katalogdaten unter CC0.[63]
November 2010	Start des culturegraph-Prototypen[64]
Januar 2011	Veröffentlichung der *Principles on Open Bibliographic Data*[65]
2./3. Juni 2011	1. LOD-LAM Summit in San Francisco[66]
September 2011	Gründung einer Linked Open Data Special Interest Group der International Group of Ex Libris Users (Igelu)[67]
September 2011	Linked-Data-Service der Bibliotheque Nationale de Francer unter offener Lizenz[68]
	Europeana Data Exchange Agreement legt CC0 für Metadaten fest.[69]
21. September 2011	Schwedische Nationalbibliographie unter CC0 veröffentlicht[70]
29. September 2011	Die Conference of European National Librarians setzt auf mit CC0 auf Open Data[71]
25. Oktober 2011	Der Abschlussbericht der W3C Library Linked Data Incubator Group wird veröffentlicht[72]
31. Oktober 2011	Library of Congress präsentiert Pläne für ein „Bibliographic Framework for the Digital Age".[73]
3. November 2011	Das hbz veröffentlicht rechtlichen Open-Data-Leitfaden.[74]

---

60 Vgl. History [WorldCat Rights and Responsibilities for the OCLC Cooperative] http://www. oclc.org/us/en/worldcat/recorduse/policy/history.htm.

61 Vgl. E-Mail von Kai Eckert via INETBIB (09.08.2010) http://www.ub.uni-dortmund.de/listen/ inetbib/msg42859.html.

62 Vgl. https://wiki.bsz-bw.de/doku.php?id=v-team:daten:openaccess:start&rev=1280922224.

63 British Library (2010).

64 Deutsche Nationalbibliothek/Hochschulbibliothekszentrum des Landes Nordrhein-Westfalen (2010).

65 Pohl (2011a).

66 Webseite des International Linked Open Data in Libraries Archives and Museums Summit June 2-3, 2011 San Francisco, CA, USA http://lod-lam.net/summit/.

67 Igelu: Background Linked Open Data SIWG http://igelu.org/special-interests/lod/background.

68 Vgl. Pohl (2011c).

69 Europeana Foundation (2011).

70 Malmsten (2011).

71 Conference of European National Librarians (2011).

72 W3C Library Linked Data Incubator Group (2011).

73 Library of Congress (2011).

74 Kreutzer (2011).

17. November 2011	Empfehlungen der DINI AG KIM zur Öffnung bibliothekarischer Daten veröffentlicht[75]
9. Dezember 2011	DBLP als Open Data unter ODC-BY veröffentlicht[76]
Dezember 2011	Gründung einer Semantic Web Special Interest Group bei der IFLA
Dezember 2011	Linked-Open-Data-Service der spanischen Nationalbibliothek startet[77]
Dezember 2011	Publikation des B3Kat von BVB und KOBV als Open Data unter CC0[78]
Januar 2012	DNB ergänzt Titeldaten und wechselt zu CC0.[79]
30.03.2012	Wikidata-Projekt zum Aufbau einer gemeinsamen Datenbasis für verschiedene Wikipedia-Sprachversionen startet[80]
Februar 2012	BibSoup gelauncht, das auf der Software BibServer basiert
April 2012	VIAF wird OCLC-Service und VIAF-Daten unter ODC-BY-Lizenz veröffentlicht[81]
4. April 2012	Nature Publishing Group startet Linked-Open-Data-Dienst und veröffentlicht mehr als 400.000 Artikelbeschreibungen unter CC0.[82]
24. April 2012	Katalog der Harvard Library unter CC0 veröffentlicht[83]
Mai 2012	Freigabe der viaf.org-Daten unter ODC-BY-Lizenz[84]
20. Juni 2012	OCLC ergänzt Linked-Data-Markup unter offener Lizenz in worldcat.org[85]
September 2012	Die Schema Bib Extend Community Group nimmt ihre Arbeit auf.[86]
21. November 2012	Erster Entwurf des Bibframe-Datenmodells wird veröffentlicht.[87]

3 Der Linked-Open-Data-Stack

Die technischen – und seit 2010 auch die rechtlichen – Grundlagen von Linked Open Data werden im bereits erwähnten Dokument Berners-Lee (2006) erläutert.

---

75 DINI/KIM: DINI-AG KIM veröffentlicht Open-Data-Empfehlungen https://wiki.d-nb.de/pages/viewpage.action?pageId=48765557 (siehe den Text der Empfehlungen im Anhang).
76 Ackermann (2011).
77 Vgl Biblioteca Nacional de España und Ontology Engineering Group (2012).
78 Siehe Pohl (2011c) und Kooperativer Bibliotheksverbund Berlin-Brandenburg (2011). Für Details siehe den Beitrag von Ceynowa et al. in diesem Sammelband.
79 Mail von Julia Hauser an die DINI AG KIM Linked Library Data Mailingliste: „Die Deutsche Nationalbibliografie als Linked Open Data " http://lists.d-nb.de/pipermail/dini-ag-kim-lld/2012-January/000056.html.
80 Schoneville (2012).
81 OCLC (2012a).
82 Nature Publishing Group (2012).
83 Harvard Library (2012).
84 Siehe Hickery (2012).
85 OCLC (2012b).
86 Vgl. Schema Bib Extend Community Group http://www.w3.org/community/schemabibex/.
87 Library of Congress (2012).

In diesem Abschnitt werden wir uns auf die technischen Grundlagen konzentrieren, die rechtlichen Aspekte werden in Open Data und Lizenzierung behandelt.

Die sogenannten Linked-Data-Prinzipien besagen:

1. Benutze URIs als Namen für Dinge.
2. Benutze HTTP-URIs, damit Menschen die Namen nachschlagen können.
3. Wenn jemand eine URI nachschlägt, liefere nützliche Informationen auf Basis der Standards (RDF, SPARQL).
4. Verlinke zu anderen URIs, so dass mehr Dinge entdeckt werden können.[88]

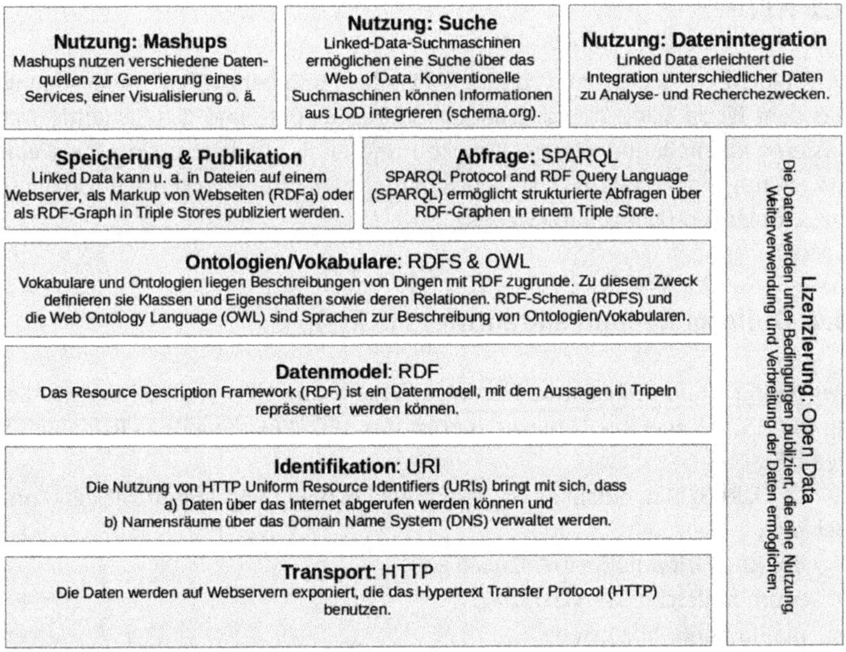

Nutzung: Mashups	Nutzung: Suche	Nutzung: Datenintegration
Mashups nutzen verschiedene Datenquellen zur Generierung eines Services, einer Visualisierung o. ä.	Linked-Data-Suchmaschinen ermöglichen eine Suche über das Web of Data. Konventionelle Suchmaschinen können Informationen aus LOD integrieren (schema.org).	Linked Data erleichtert die Integration unterschiedlicher Daten zu Analyse- und Recherchezwecken.

Speicherung & Publikation	Abfrage: SPARQL
Linked Data kann u. a. in Dateien auf einem Webserver, als Markup von Webseiten (RDFa) oder als RDF-Graph in Triple Stores publiziert werden.	SPARQL Protocol and RDF Query Language (SPARQL) ermöglicht strukturierte Abfragen über RDF-Graphen in einem Triple Store.

Ontologien/Vokabulare: RDFS & OWL
Vokabulare und Ontologien liegen Beschreibungen von Dingen mit RDF zugrunde. Zu diesem Zweck definieren sie Klassen und Eigenschaften sowie deren Relationen. RDF-Schema (RDFS) und die Web Ontology Language (OWL) sind Sprachen zur Beschreibung von Ontologien/Vokabularen.

Datenmodel: RDF
Das Resource Description Framework (RDF) ist ein Datenmodell, mit dem Aussagen in Tripeln repräsentiert werden können.

Identifikation: URI
Die Nutzung von HTTP Uniform Resource Identifiers (URIs) bringt mit sich, dass
a) Daten über das Internet abgerufen werden können und
b) Namensräume über das Domain Name System (DNS) verwaltet werden.

Transport: HTTP
Die Daten werden auf Webservern exponiert, die das Hypertext Transfer Protocol (HTTP) benutzen.

Lizenzierung: Open Data
Die Daten werden unter Bedingungen publiziert, die eine Nutzung, Weiterverwendung und Verbreitung der Daten ermöglichen.

Abbildung 5: Der Linked-Open-Data Stack[89]

---

88 Im Original: "1. Use URIs as names for things. 2. Use HTTP URIs so that people can look up those names. 3. When someone looks up a URI, provide useful information, using the standards (RDF, SPARQL). 4. Include links to other URIs. so that they can discover more things." (Berners-Lee, 2006).

89 Diese Illustration ist eine Übersetzung und leichte Anpassung des „Linked Open Data Stack" von Tim Davies, siehe: http://www.opendataimpacts.net/2011/05/whats-in-the-linked-open-data-stack/ Diese Abbildung ist – in Absprache mit Tim Davies – mit CC0 (http://creativecommons.org/publicdomain/zero/1.0/) lizenziert.

Im Folgenden sollen diese Grundlagen näher erläutert werden. Abbildung 2 bietet einen Überblick über den „Linked-Open-Data-Stack", d.h. über die Linked Open Data zugrundeliegenden Technologien. Die Basis-Technologien werden dabei im unteren Teil der Grafik angezeigt und darauf aufbauende Technologien jeweils darüber.

In den folgenden Abschnitten werden die einzelnen Bestandteile im Detail betrachtet.

3.1 HTTP

Das Hypertext Transfer Protocol (HTTP) ist das Protokoll zur Datenübertragung, das dem World Wide Web zugrundeliegt. Linked Data und das Semantic Web basieren ebenfalls auf diesem Protokoll und sind aus diesem Grund als eine Erweiterung des WWW zu verstehen. Sämtliche Funktionen von HTTP können so auch für Linked Data genutzt werden.

3.2 Uniform Resource Identifiers (URIs)

Der Begriff Uniform Resource Identifier (URI) wurde 1994 von Tim-Berners Lee im RFC 1630 eingeführt.[90] Inzwischen ist der RFC 3986 die gültige Referenz für den URI.

Der URI-Syntax entsprechen verschiedene Typen von Identifikatoren, zum Beispiel:

- doi:10.1371/journal.pbio.0020449.g001
- urn:nbn:de:gbv:089-3321752945
- mailto:pohl@hbz-nrw.de
- http://de.wikipedia.org/wiki/Uniform_Resource_Identifier#Query

Der Anfangsteil der URI – „Schema" genannt – gibt an, wie der URI interpretiert werden muss. In den Beispielen sind dies *doi, urn, mailto* und *http*.[91]

Es gibt also verschiedene Sorten von URIs, allerdings ist für Linked Data – dem zweiten Linked-Data-"Prinzip" von Tim Berners-Lee entsprechend – die Verwendung von HTTP-URIs als Identifikatoren notwendig, weil sie bereits Bestandteil der Web-Architektur sind.

---

90 Dort wird das Akronym "URI" aber noch mit „Universal Resource Identifier" aufgelöst.
91 Während *urn* und *http* offizielle URI-Schema sind, die bei IANA registriert ist, ist *doi* zwar weit verbreitet jedoch nur inoffiziell ein URI.

HTTP-URIs sind Webnutzern bereits bekannt, weil sie seit Beginn des Webs als Uniform Resource Locators (URLs) von Webseiten eingesetzt werden. Die vielleicht grundlegendste Erweiterung des WWW durch Linked Data besteht darin, dass HTTP-URIs nicht mehr allein als Adressen von abrufbaren Webressourcen (HTML-Seiten, Dateien, Diensten) benutzt werden, sondern auch zur Bezugnahme auf in Raum und Zeit vorhandene Dinge wie Personen, Bauwerke, Ortschafte, Bücher etc. verwendet werden (siehe das Beispiel in Abbildung 6).

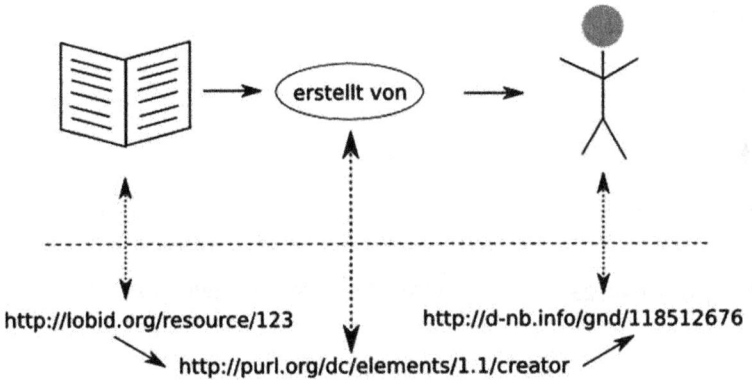

Abbildung 6: HTTP-URIs als Identifikatoren raumzeitlicher Dinge (Dialogtext, Autor)[92]

3.3 RDF

Die wichtigste Ergänzung zu bestehenden Web-Standards im Kontext von Linked Data ist das Resource Description Framework (RDF), ein Modell zur Repräsentation einzelner Aussagen. Es ist so konzipiert, dass Maschinen optimal über RDF-Daten operieren können und ist somit gewissermaßen für Linked Data das, was HTML für das – in erster Linie menschenlesbare – World Wide Web ist. [93]

Hier ein Beispiel zur Veranschaulichung: Die Aussage „Platon ist der Autor des *Sophistes*." ist für jeden Menschen verständlich, der Deutsch spricht und ein gewisses Hintergrundwissen mitbringt, der etwa weiß, dass ‚Platon' auf einen antiken Philosophen Bezug nimmt und ‚Sophistes' auf ein philosophisches Werk. Maschinen können mit diesem Satz nicht allzu viel anfangen. Dies ändert sich,

---

92 Diese, die folgende Abbildung sowie einige Formulierungen in diesem und den drei folgenden Abschnitten wurden übernommen aus Adrian Pohl und Felix Ostrowski (2010): ‚Linked Data' - und warum wir uns im hbz-Verbund damit beschäftigen. In B.I.T. Online, 13/3, S. 259-268.
93 Darüber hinaus gibt es mit RDFa einen Standard, der HTML und RDF verschmilzt, indem er die Einbettung von RDF in HTML ermöglicht. Siehe hierzu etwa W3C (2008).

wenn diese Aussage in Form einer RDF-Aussage vorliegt und mit anderen Aussagen verknüpft ist. RDF-Aussagen bestehen aus drei Teilen, aus diesem Grund spricht man auch von einem RDF-*Tripel*. Die drei Teile werden ‚Subjekt', ‚Prädikat' und ‚Objekt' genannt. Schauen wir uns einmal eine solche Aussage an:

```
<http://dbpedia.org/resource/Sophist_(dialogue)> <http://purl.org/dc/
elements/1.1/creator> <http://dbpedia.org/resource/Plato>.⁹⁴
```

http://lobid.org/resource/123   **http://d-nb.info/gnd/118512676**

Abbildung 7: RDF-Tripel

Wie wir sehen, werden die drei Teile der RDF-Aussage (Subjekt, Prädikat und Objekt) durch HTTP-URIs repräsentiert. Warum ist das so? Zum einen sind URIs – idealerweise – eindeutige Identifier, d.h. sie werden zur Referenz auf genau ein Ding benutzt, denn die Regel ist, einen URI nicht als Name für zwei verschiedene Dinge zu verwenden. Abbildung 7 illustriert, auf was die Bestandteile des Tripels Bezug nehmen. Zum anderen ermöglichen HTTP-URIs es Maschinen, die Namen auf Basis des HTTP-Protokolls aufzulösen, d.h. bei Eingabe in einen Browser Informationen über das referenzierte Ding zu liefern.⁹⁵

Wie wir in unserem Beispiel sehen, sind nicht nur die referenzierten Dinge durch einen URI identifiziert, sondern auch die Verbindung zwischen beiden:

---

94 Das Prädikat `dc:creator` und seine Nutzung können – wie auch andere Prädikate – für manche verwirrend sein. Hier hilft es, RDF wie ein Formular zu lesen: Das Subjekt ist das Ding, über das im Formular geredet wird. Dazu gibt es ein Element „creator", dessen Inhalt durch das Objekt angegeben wird.

95 Das Ding selbst kann freilich nicht geliefert werden, solange es sich nicht um eine Web-Ressource handelt. Eine Eingabe von http://dbpedia.org/resource/Plato in meinen Browser wird mir nicht Platon in mein Zimmer liefern, sondern leitet mich auf eine andere Seite (http://dbpedia.org/page/Plato) weiter, die Informationen über Platon enthält.

das Prädikat des Tripels. Im konkreten Fall handelt es sich um den URI[96] für das Dublin-Core-Metadatenelement „creator". Hier wird ein grundlegender Unterschied im Vergleich zum World Wide Web deutlich. Zwar basiert auch das Web auf Links, allerdings sind diese nicht typisiert, d.h. in einem HTML-Dokument steht zwar, dass dieses Dokument auf ein anderes verlinkt, welcher Art diese Verlinkung ist, bleibt allerdings allenfalls für Menschen nachvollziehbar. Ob auf das Dokument zum Zweck eines Hinweises, einer Rezension etc. verlinkt wird, ist nicht explizit angegeben. Im Linked-Data-Netz ist dies anders, hier ist *jede* Verlinkung typisiert, in unserem Fall als eine Werk-Autor-Beziehung. Das Ergebnis der Verlinkung einer Dinges mit Literalen oder anderen Dingen ist ein RDF-*Graph*. Graphen sind mehr oder weniger komplexe Netze von Knoten (Dingen) und Kanten (Properties), die je nach Anzahl von verlinkten Dingen an Größe und Komplexität zunehmen.[97]

Natürlich müssen die URIs in RDF mit natürlicher Sprache, Bildern usw. in Verbindung gesetzt werden, um letztlich für Menschen von Nutzen zu sein. Deshalb ist es möglich an die Objektstelle eines Tripels Freitext (in RDF-Sprech ein ‚Literal') zu schreiben, während an Subjekt- und Prädikatstelle immer ein URI stehen muss. [98] Literale spielen zum Beispiel eine Rolle, wenn es darum geht, eine Aussage über den Titel eines Werkes zu machen. Ein Beispiel:

```
<http://dbpedia.org/resource/Sophist_(dialogue)> <http://purl.org/
dc/elements/1.1/title> „Sophistes".
```

RDF verfügt über zwei Möglichkeiten, um solche Literale näher zu charakterisieren: die Angabe der Sprache, in der das Literal verfasst ist, und die Angabe eines Datentyps wie etwa „Ganzzahl" oder „Datum". Es ist dabei je Literal nur eine Art der Markierung erlaubt, zum Beispiel:

```
<http://dbpedia.org/resource/Sophist_(dialogue)> <http://purl.org/dc/
elements/1.1/title> „Sophistes"@de.
<http://dbpedia.org/resource/Sophist_(dialogue)>
<http://purl.org/dc/elements/1.1/title> „Sophist"@en.
```

---

96 Die Verwendung von URIs für Prädikate macht es möglich, das Prädikat selbst im Web nachschlagen zu können, wenn z.B. der Verwendungszweck nicht klar ist. Siehe hierzu auch den folgenden Abschnitt über Ontologien.
97 Die Linked-Open-Data-Cloud selbst ist auch ein Graph. Siehe auch den Eintrag „Graph" im Glossar am Ende dieses Sammelbands.
98 Die abstrakte RDF-Syntax, die bestimmt, was alles RDF genannt werden darf, ist hier zu finden: http://www.w3.org/TR/rdf-concepts/#section-Graph-syntax. Der Einfachheit halber lassen wir Blank Nodes in der vorliegenden Darstellung außen vor, siehe dazu den entsprechenden Eintrag im Glossar am Ende des Sammelbands.

```
<http://dbpedia.org/resource/Sophist_(dialogue)> <http://purl.org/dc/
elements/1.1/title> „Σοφιστής"@el.
<http://dbpedia.org/resource/Sophist_(dialogue)> <http://purl.org/dc/
elements/1.1/created> „-360"^^xsd:gYear.
```

Die Markierung von Literalen mit Attributen ist die eine Form der in RDF vorgesehenen Möglichkeiten zur Typisierung. Um auch Aussagen über den Typ von Dingen treffen zu können, muss man sich auf das Gebiet der Vokabulare und Ontologien begeben.

3.4 Ontologien/Vokabulare

Wie bereits erläutert, handelt es sich bei RDF um ein abstraktes Modell, in dem Aussagen in Form von Tripeln gemacht werden können. Im Prinzip können dabei einem Subjekt über beliebige Prädikate beliebige Objekte zugeordnet werden. Um diese Beliebigkeit einzuschränken, kann anhand von Ontologie-Sprachen wie RDF-Schema (RDFS) und der Web Ontology Language (OWL) festgelegt werden, welche Klassen von Entitäten im Kontext der jeweiligen Ontologie als sinnvoll erachtet werden, welche Beziehungen zwischen Entitäten herrschen können und welche Schlüsse man aus diesen Beziehungen ableiten kann.

Eine knappe Definition von „Ontologie" auf den Seiten des W3C lautet wie folgt:

> "Ontologien sind formalisierte Vokabulare von Termen. Häufig decken sie eine bestimmte Domäne ab und werden von einer Nutzergemeinschaft geteilt. Ontologien definieren Terme, indem sie ihre Beziehungen mit anderen Termen der Ontologie beschreiben."[99]

Für eine detaillierte Erläuterung sowie eine Auflistung für Bibliotheken relvanter Vokabulare verweisen wir auf den Beitrag von Carsten Klee in diesem Band.

---

[99] Aus der OWL 2 Web Ontology Language Document Overview (Second Edition, einsehbar unter http://www.w3.org/TR/owl2-overview/), Übersetzung A.P. Im Original heißt es: "Ontologies are formalized vocabularies of terms, often covering a specific domain and shared by a community of users. They specify the definitions of terms by describing their relationships with other terms in the ontology."

3.5 SPARQL

Ein großer Vorteil von Linked Data ist es, dass komplexe Abfragen über Daten gemacht werden können, sobald eine hinreichend große Datenbasis vorliegt. SPARQL ist die Abfragesprache für RDF, das Akronym wird aufgelöst in „SPARQL Protocol And RDF Query Language". Sie dient Entwicklern dazu, Triple Stores programmatisch abzufragen und mit den Daten Anwendungen aufzubauen. SPARQL ist nicht für den Einsatz durch Laien vorgesehen.

Eine einfache SPARQL-Anfrage an die DBpedia kann etwa so aussehen:

```
Select ?x
Where {
?x <http://www.w3.org/1999/02/22-rdf-syntax-ns#type> <http://xmlns.
com/foaf/0.1/Person>.
?x <http://dbpedia.org/ontology/era> <http://dbpedia.org/resource/
Ancient_philosophy>.
?x <http://dbpedia.org/property/mainInterests> <http://dbpedia.org/
resource/Epistemology>.}
```

Die Antwort auf diese Abfrage liefert uns sämtliche in DBpedia verzeichneten Personen, die der Antiken Philosophie zugeordnet werden und deren Hauptinteresse der Epistemologie galt.[100]

SPARQL-Abfragen können beliebig komplex sein, d.h. es lassen sich auch Anfragen der Art bilden: *Liefere mir alle weiblichen Autoren, die während des ersten Weltkriegs in Wien publiziert haben und vor 1880 geboren sind.*

Voraussetzung für die Durchführung komplexer Anfragen sind natürlich immer große Mengen standardisiert erfasster Daten, die die entsprechenden Informationen enthalten. Der Aufwand zur Erstellung und Pflege von Daten wird einem durch Linked Data nicht abgenommen.

---

100 Die Antwort auf diese Anfrage lässt sich hier einsehen: http://dbpedia.org/snorql /?query=Select+%3Fx%0D%0AWhere+{+%0D%0A%3Fx+%3Chttp%3A%2F%2Fwww. w3.org%2F1999%2F02%2F22-rdf-syntax-ns%23type%3E+%3Chttp%3A%2F%2Fxmlns.com%2F foaf%2F0.1%2FPerson%3E+.%0D%0A%3Fx+%3Chttp%3A%2F%2Fdbpedia.org%2Fontology% 2Fera%3E+%3Chttp%3A%2F%2Fdbpedia.org%2Fresource%2FAncient_philosophy%3E+.%0D %0A%3Fx+%3Chttp%3A%2F%2Fdbpedia.org%2Fproperty%2FmainInterests%3E+%3Chttp%3 A%2F%2Fdbpedia.org%2Fresource%2FEpistemology%3E+.%0D%0A}%0D%0A. Die geringe Trefferzahl spricht dafür, dass die nötigen Informationen in der Wikipedia bisher nicht als strukturierte Daten erfasst wurden und somit nicht in RDF umgewandelt worden sind.

3.6 Speicherung und Publikation

Es gibt verschiedene Möglichkeiten, RDF-Daten zu speichern und zu publizieren. Im Folgenden werden die gängigsten Methoden erläutert.

3.6.1 RDF-Dateien publizieren

Am leichtesten lässt sich RDF in einfachen Dateien auf einem Webserver publizieren. Diese Methode kann bereits jede Person wählen, die Zugriff auf einen Webserver oder ein Konto bei einem Cloud-Dienst wie Dropbox, github, Google Drive o.ä. hat. Sodann muss einfach ein RDF-Dokument erstellt werden, was sich auch manuell recht einfach bewerkstelligen lässt, wenn man die RDF-Serialisierung Turtle verwendet.[101] Dieses Dokument kann dann auf einen Webserver geladen werden, so dass andere darauf verlinken können.

3.6.2 Content Negotiation und RDF

In den meisten Fällen möchte man allerdings Menschen, die einen URL in die Adressleiste eines Browsers eingeben, nicht mit RDF konfrontieren, weil es eben nicht für menschliche Kommunikation erfunden wurde. In diesem Fall möchte man doch eher eine HTML-Seite ausliefern. Die Frage ist, wie man unterschiedliche Anfragen (von Webbrowsern/Menschen oder Anwendungen/Maschinen) mit verschiedenen Antworten (HTML oder RDF) bedienen kann? Dies ist technisch ohne weiteres durch die im HTTP-Protokoll eingebaute *Content Negotiation* möglich. Wie funktioniert Content Negotiation?

Wenn ein URI für eine bestimmte *Ressource* steht, können wir mit Content Negotiation verschiedene *Repräsentationen* einer Ressource abrufen. Dies tut z.B. unserer Browser mit seinen Spracheinstellungen. Haben wir Deutsch als bevorzugte Sprache eingestellt, so fordert der Browser die deutsche Version einer Seite an und bekommt diese auch geliefert, wenn es eine solche gibt. Welche Arten von Repräsentation ein Browser oder ein anderer Software-Agent bevorzugt, wird im HTTP-Access-Header angegeben. Wird z. B. die deutsche Version einer Webseite bevorzugt, so steht bei einer Anfrage einer HTTP-URI im HTTP-Header: `Accept-Language: de`.

---

101 Vgl. etwa Idehen (2012) und siehe auch den Eintrag "Turtle" im Glossar. https://plus.google.com/112399767740508618350/posts/RwvAFV2cAe2.

Eine Ressource kann nicht nur in verschiedenen Sprachen, sondern auch in verschiedenen Formaten angefordert werden. Dies geschieht, indem der Browser oder ein anderer Web-Agent den gewünschten MIME-Typ[102] in der HTTP-Anfrage spezifiziert. Mit `Accept: text/html` wird beispielsweise ein HTML-Dokument angefordert, mit `Accept: application/pdf` ein PDF-Dokument. Neben diesen und vielen anderen Formaten lassen sich im HTTP-Header die verschiedenen RDF-Serialisierungen anfordern:

- `Accept: application/rdf+xml` für RDF/XML
- `Accept: text/turtle` für die Turtle-Notation
- `Accept: text/plain` für N-Triples
- …

Ein gutes Beispiel für den Einsatz von Content Negotiation im Kontext bibliographischer Daten bietet CrossRef, das es ermöglicht, Beschreibungen einer durch einen Digital Object Identifier (DOI) identifizierten Ressource via Content Negotiation in vielen verschiedenen Formaten (darunter auch die verschiedenen RDF-Formate) und verschiedenen Zitierstilen zu bekommen.[103]

3.6.3 RDF in Echtzeit generieren

Es ist nicht nötig, RDF-Daten überhaupt vorzuhalten. Sie können auch auf Basis der in einer Datenbank gehaltenen Daten zum Zeitpunkt einer Abfrage generiert und ausgeliefert werden. Dies lässt sich etwa bewerkstelligen, indem ein sogenannter „Wrapper" zu einer bestehenden Web-API oder Datenbankschnittstelle geschrieben wird, der die vorgehaltenen Daten in RDF umwandelt, sobald bestimmte Informationen abgefragt werden.

Ein Beispiel für diese Praxis sind die Linked-Open-Data-Dienste der Deutschen Nationalbibliothek (DNB), deren Daten in einem Pica-System erfasst und gespeichert werden und im Falle und zum Zeitpunkt einer entsprechenden Anfrage in RDF umgewandelt werden.[104] Gebe ich zum Beispiel die GND-URI

---

102 Die Liste der derzeit verzeichneten MIME-Types lässt sich unter http://www.iana.org/assignments/media-types einsehen.

103 Vgl. http://crosstech.crossref.org/2011/11/turning_dois_into_formatted_ci.html. Es ist allerdings darauf hinzuweisen, dass CrossRef entgegen der guten Praxis zum Großteil MIME Types verwendet, die bisher nicht durch die Internet Assigned Numbers Authority (IANA) definiert wurden.

104 Darüber hinaus bietet die DNB auch Gesamtabzüge der Daten in RDF an, die allerdings separat generiert werden.

für Platon (http://d-nb.info/gnd/118594893) in den Browser ein, so werde ich automatisch auf die HTML-Seite mit einer Beschreibung Platons (http://d-nb. info/gnd/118594893/about/html) weitergeleitet. Fordere ich hingegen RDF an – via Content Negotiation oder indem ich direkt die URL http://d-nb.info/ gnd/118594893/about/rdf aufrufe–, so wird in Echtzeit das RDF aus dem zugrundeliegenden Pica-Datensatz generiert. Dabei findet die im Rahmen von Culturegraph entwickelte offene Konvertierungssoftware Verwendung.[105]

3.6.4 Triple Store mit SPARQL-Endpoint

Eine anspruchsvollere Variante der Speicherung und Publikation von RDF ist das Aufsetzen einer RDF-Datenbank – eines sogenannten Triple Stores – mit einem SPARQL-Endpoint. Triple Stores sind optimal an das RDF-Datenmodell angepasste Datenspeicher: Gespeichert wird ein RDF-Graph, der wiederum in verschiedene Subgraphen gegliedert werden kann. Es gibt mittlerweile ein größeres Angebot an Triple Stores, darunter sowohl proprietäre als auch Open-Source-Produkte.[106]

Ein SPARQL-Endpoint ermöglicht komplexe Abfragen über die in einem Triple Store enthaltenen RDF-Daten.

3.6.5 RDFa – Linked Data als Markup von Webseiten

Eine weitere Methode zur Publikation von RDF ist die Einbettung von RDF in existierende Webseiten. Genau für diesen Zweck gibt es das RDF-Format Resource Description Framework in Attributes, kurz: RDFa.

Hinter RDFa steckt die Idee einer Verschmelzung von menschenlesbaren HTML-Seiten mit maschinenlesbaren Daten in RDF. HTML ist die Markup-Sprache des WWW und wurde in erster Linie im Hinblick auf eine menschenlesbare Präsentation von Inhalten geschaffen. Damit liegt der Großteil der im Web vorhandenen Informationen in einer Form vor, die eine maschinelle Verarbeitung erschwert, wenn nicht unmöglich macht. RDFa ist semantisches Markup für HTML-Dokumente. Mit RDFa lassen sich für maschinelle Verarbeitung struktu-

105 Culturegraph-Software http://github.com/culturegraph.
106 Vgl. Triplestore. (2013, February 24). In: Wikipedia, The Free Encyclopedia. Abgerufen am 27. Februar 2013, 21:15 von http://en.wikipedia.org/w/index.php?title=Triplestore&oldid=533770944 Abschnitt List of implementations http://en.wikipedia.org/w/index.php?title=Triplestore&oldid =533770944#List_of_implementations.

rierte Daten in menschenlesbare HTML-Seiten einbetten. Somit können Maschinen ohne Probleme Daten aus mit RDFa angereicherten Webseiten gewinnen.

Ein einfaches Beispiel soll zeigen, wie RDFa funktioniert. Angenommen wir haben folgende rudimentäre Beschreibung eines literarischen Werks in HTML:

```
<div>
Titel:  <span>Der Sophist</span><br />
Autor:  <span>Plato</span><br />
Datum:  <span>365 v. Chr.</span>
</div>
```

Ein Anreicherung dieser Daten mit RDFa kann wie folgt aussehen:

```
<div xmlns:dc="http://purl.org/dc/elements/1.1/" about="http://open-
library.org/works/OL51935W/">
Titel:  <span property="dc:title">Der Sophist</span><br />
Autor:  <span property="dc:creator" resource= "http://viaf.org/vi-
af/104718382">Plato</span><br />
Datum:  <span property="dc:date">365 v. Chr.</span>
</div>
```

Das Beispiel zeigt, wie die grundlegenden Funktionen von RDF in RDFa ausgedrückt werden: Subjekt-URIs mit dem `about`-Attribut, Properties mit dem `property`-Attribut sowie Objekt-URIs mit dem `resource`-Attribut.

Insbesondere im Kontext von schema.org wird mit Microdata[107] ein weiterer Ansatz zum Einbetten strukturierter Daten in HTML genutzt. Microdata lässt sich zwar eins zu eins nach RDF überführen, ist aber – aufgrund seiner geringeren Expressivität – selbst kein RDF. Deshalb soll in diesem Kontext auf eine detaillierte Betrachtung verzichtet werden.

4 Open Data und Lizenzierung

Die Beantwortung einer grundlegenden Frage wurde nur gestreift: Wann handelt es sich bei Daten um Open Data? An dieser Stelle soll das Konzept der Offenheit näher erläutert werden.[108]

---

107 HTML5 Microdata Aktueller Diskussionsstand http://www.whatwg.org/specs/web-apps/current-work/multipage/microdata.html#microdata.
108 Die Autoren dieses Textes sind keine Juristen. Sie versuchen lediglich, die wichtigsten Punkte in einer einfachen Form zusammenzufassen und verweisen für eine detaillierte Betrach-

Eine weithin anerkannte Definition von Offenheit in Bezug auf Inhalte und Daten bietet die *Open Knowledge Definition* (OKD)[109], die innerhalb der Open Knowledge Foundation erarbeitet und 2006 in Version 1.0 veröffentlicht wurde (vgl. Open Knowledge Foundation, 2006a). Die Kurzform der Open Knowledge Definition lautet:

> „Daten oder Inhalte sind offen, wenn es einer jeden Person freisteht, sie zu benutzen, weiterzuverwenden und -zuverbreiten – eingeschränkt höchstens durch die Bedingung der Attribution und/oder der Weitergabe unter gleichen Bedingungen (Share Alike)."[110]

Es lassen sich folgende zentrale Bedingungen extrahieren, an die hier die Vergabe des Etiketts „offen" geknüpft wird:

- *Offener Zugang* zum Wissen, d.h. es muss offen und kostenlos als Gesamtheit (vorzugsweise im Internet) zugänglich sein.
- *Offene Standards*, d.h. das Wissen muss in einem offen dokumentierten und nicht-proprietären Format vorliegen.
- *Offene Lizenzen*, d.h. die Daten müssen (als Einzeldatum und als Sammlung) unter einer offenen Lizenz publiziert werden.[111] Als einzige Einschränkungen sind erlaubt: die Forderung nach einer Attribution der Quelle sowie Share Alike, womit eine Lizenzierung abgeleiteter Werke unter denselben Bedingungen gefordert wird.[112]

Speziell auf Linked Open Data zugeschnitten gibt es ein Fünf-Sterne-Schema der Offenheit von Daten, mit dem Tim Berners-Lee 2010 die Linked-Data-Prinzipien ergänzt hat (siehe Abbildung 8).

★	Available on the web (whatever format) *but with an open licence, to be Open Data*
★★	Available as machine-readable structured data (e.g. excel instead of image scan of a table)

---

tung der rechtlichen Fragen durch einen Juristen auf Kreutzer (2011).

109 Open Knowledge Foundation (2006b). Die deutsche Übersetzung der Open Knowledge Definition findet sich im Anhang.

110 Vgl. http://opendefinition.org/, Übersetzung A.P. Im Original heißt es: „A piece of data or content is open if anyone is free to use, reuse, and redistribute it — subject only, at most, to the requirement to attribute and/or share-alike."

111 Lizenzen sind rechtliche Werkzeuge, mit denen der Inhaber bestimmter Rechte (etwa dem Urheber eines Werkes) Dritten bestimmte Nutzungsrechte übertragen kann.

112 Eine Liste von Lizenzen, die mit der Knowledge Definition kompatibel sind, lässt sich unter http://licenses.opendefinition.org/ einsehen. Datenlizenzen, die OKD-konform sind, finden sich unter http://opendefinition.org/licenses/#Data.

***	as (2) plus non-proprietary format (e.g. CSV instead of excel)
****	All the above plus, Use open standards from W3C (RDF and SPARQL) to identify things, so that people can point at your stuff
*****	All the above, plus: Link your data to other people's data to provide context

Abbildung 8: Star System of Openness (Bernerls-Lee, 2006)

Wie man sieht, bekommen alle Daten, die frei lizensiert sind, einen Stern. Zwei Sterne erhalten Daten, die zusätzlich noch in einer strukturierten Form (also Excel-Format oder Endnote Files o. ä.) vorliegen. Wenn diese strukturierte Form noch ein offenes Format ist (wie beispielsweise CSV oder auch MARC 21), erhalten die Daten drei Sterne. Sobald die offen lizenzierten Daten mit Hilfe von W3C-Standards wie RDF oder SPARQL zur Verfügung gestellt werden, erhalten die Daten vier Sterne. Wenn diese Daten auch noch auf andere Datenquellen verlinken, werden fünf Sterne vergeben. Zur Klarstellung: In diesem Schema sind offene Lizenzen Vorrausetzung für alle weiteren Sterne, d.h. ohne eine offene Lizenz ist es überhaupt nicht möglich, überhaupt einen Stern zu erreichen.

Warum sind offene Lizenzen überhaupt wichtig? Die im Urheberrecht und verwandten Rechten festgeschriebenen Regeln gelten automatisch ab dem Zeitpunkt der Veröffentlichung eines Werkes. Bei bibliographischen Daten im Allgemeinen und Bibliotheksdaten im Besonderen unterliegt zwar meist der einzelne Datensatz selbst keinem Urheberrecht, weil die nötige Schöpfungshöhe hierfür nicht gegeben ist.[113] Jedoch kann – zumindest in Europa auf Basis der Datenbankrichtlinie 96/9/EG – für eine Sammlung von Daten sowie für wesentliche Teile einer Sammlung ein Datenbankschutz bestehen, wenn für die Erstellung der Datenbank eine wesentliche Investition erbracht wurde.[114]

Eine Weiterverwendung von im Netz zugänglichen Daten kann demnach rechtlich problematisch sein, wenn die Daten ohne Angabe einer Lizenz zur Verfügung gestellt werden. Insbesondere kann eine Verwendung eines gesamten Abzugs der Daten (Datenbank-Dump) oder großer Teile einer Datenbank rechtlich unzulässig sein. Um das volle Potential von Linked Data zu entfalten – etwa indem verschiedene Datenquellen automatisiert miteinander verlinkt werden –, ist es allerdings häufig nötig, die gesamten Daten einer Datenquelle lokal vorliegen zu haben.

Ein Beispiel soll die Problematik fehlender Lizenzierung verdeutlichen: Nachdem – wie im einleitenden Abschnitt erwähnt – einige Jahre eine Kooperation zwischen der deutschsprachigen Wikipedia und der Deutschen Nationalbi-

---

113 Vgl. Kreutzer (2011), Abschnitt 2.3.1.
114 Vgl. ebd., 3.2.

bliothek im Bezug auf Normdaten bestand, wurde Ende 2008 in der Wikipedia Community darüber nachgedacht, Titeldaten aus Bibliotheks- und Verbundkatalogen in der Wikipedia weiterzuverwenden. Dabei stellte sich schnell die Frage nach den Nutzungsbedingungen der Daten, nach Urheberrecht und Datenbankrechten.[115] Da Rechtssicherheit in Bezug auf weiterverwendete Daten unerlässlich schien, leisteten Vertreter von Wikimedia jahrelange Überzeugungsarbeit insbesondere bei der Deutschen Nationalbibliothek, aber auch bei anderen bibliothekarischen Institutionen, damit diese Rechtssicherheit durch die Anwendung offener Lizenzen hergestellt würde. Es hat Jahre gedauert, bis das Ziel erreicht wurde und die Daten der DNB unter einer offenen Lizenz bereitgestellt wurden.

Dieses Beispiel veranschaulicht, wie wichtig es für Dritte sein kann, dass Datenabzüge mit einer Lizenz versehen werden, die potentiellen Weiterverwendern deutlich macht, unter welchen Bedingungen die Daten genutzt werden können. Nicht jede potentielle Nachnutzerin hat die Möglichkeit, in jahrelanger Kommunikation eine Öffnung der Daten zu verhandeln oder bloß die Erlaubnis für eine bestimmte Nutzung einzuholen.

Was sind offene Lizenzen? Die Open Knowledge Definition setzt einen klaren Rahmen für offene Lizenzen: Eine Lizenz ist offen, wenn sie die Nutzung, Weiterverwendung und Kombination mit anderen Daten/Inhalten sowie die Weiterverbreitung erlaubt und höchstens folgende Einschränkungen beinhaltet: Angabe der Quelle (Attribution) sowie die Weitergabe von Derivaten unter den gleichen Lizenzbedingungen (Share Alike).

In Bezug auf Daten ist die Wahl der Lizenzen derzeit nicht ganz einfach, weil die Creative-Commons-Lizenzen, deren Nutzung im Web-Kontext zunächst naheliegt, in der derzeitigen Form nicht für Daten geeignet sind. Das Problem ist, dass CC-Lizenzen bis zur Version 3 zwar das Urheberrecht aber nicht den Datenbankschutz abdecken, der – wie erwähnt – gerade in Europa eine Rolle spielt.[116] Daher eignen sich für das Bereitstellen von Open Data derzeit nur wenige Lizenzen:
- Die *CC0 Public Domain Dedication*[117] sowie die Open Data Commons *Public Domain Dedication and License* (PDDL)[118] sind beides Werkzeuge, um Daten ohne jegliche Einschränkungen zur Nutzung, Weiterverwendung und -ver-

---

115 Vgl. Ideen für verbesserte Unterstützung bibliographischer Informationen in Wikipedia: http://de.wikipedia.org/w/index.php?title=Benutzer:Duesentrieb/Biblio&oldid=52914746. Wie oben (Fußnote 26) bereits erläutert, geht die Kommunikation zwischen Wikimedia und der DNB über offene Lizenzierung der DNB-Katalogdaten sogar zurück bis auf das Jahr 2006.
116 Dies wird sich mit Version 4.0 der CC-Lizenzen ändern, so dass in Zukunft auch in Europa CC-Lizenzen ohne Probleme sowohl für Inhalte als auch für Daten verwendet werden können.
117 Creative Commons – CC 1.0 Universal http://creativecommons.org/publicdomain/zero/1.0/
118 Open Data Commons Public Domain Dedication and License (PDDL) | Open Data Commons http://opendatacommons.org/licenses/pddl/

breitung zu publizieren. Damit werden die Daten – soweit in der jeweils geltenden Rechtsgebung möglich – gemeinfrei.

– Die *Open Data Commons Attribution License* (ODC-BY)[119] ist eine Lizenz für Daten, die es Weiterverwendern auferlegt, die Datenquelle zu nennen.[120]
– Die *Open Data Commons Open Database License* (ODbL)[121] fordert neben der Attribution auch eine Veröffentlichung von Derivaten unter den gleichen Bedingungen.

Während alle vier Lizenzen gemäß der Open Knowledge Definition offen sind, gibt es dennoch Diskussionen darüber, welche Lizenzen für Daten am besten verwendet werden sollten.[122] Creative Commons[123], die Open Knowledge Foundation[124] sowie die DINI AG KIM[125] empfehlen die Verwendung von CC0. Auch Wikimedia hat in Bezug auf die Deutsche Digitale Bibliothek immer wieder die Publikation der Metadaten unter CC0 gefordert.[126] Im deutschprachigen Raum scheint sich die Verwendung von CC0 bei der Freigabe von Daten als Standard durchzusetzen. Bisher haben alle deutschsprachigen Institutionen, die sich zu einer Datenfreigabe entschlossen haben, CC0 gewählt.

5 Herausforderungen beim Aufbau eines Linked-Open-Data-Ökosystems

Im Jahr 2012 hatte die Konferenz Semantic Web in Bibliotheken (SWIB) den Untertitel „Towards an international LOD library ecosystem". Dementsprechend wurde dort auch diskutiert, welche Herausforderungen und Arbeiten auf dem Weg zu einem internationalen Linked-Open-Data-Ökosystem warten. Im Folgenden werden verschiedene dieser Herausforderungen skizziert, denen sich die

---

119 Open Data Commons Attribution License | Open Data Commons http://opendatacommons. org/licenses/by/
120 Dies bezieht sich wohlgemerkt nicht auf einen einzelnen Datensatz, sondern auf die Datensammlung als Ganzes. So reicht es etwa aus, die Datenquelle auf der about-Seite eines Services zu nennen, die Namensnennung muss aber nicht am einzelnen Datensatz angebracht werden.
121 Open Data Commons Open Database License | Open Data Commons http://opendatacommons.org/licenses/odbl/.
122 Siehe etwa Tochtermann (2012) und die dortige Diskussion in den Kommentaren.
123 Vollmer et al. (2012).
124 Coyle et al. (2011).
125 Gruppe Lizenzen der DINI-AG KIM (2011).
126 Siehe etwa Schindler (2012).

Linked-Data-Gemeinschaft im Allgemeinen wie die Bibliothekswelt im Besonderen für eine erfolgreiche und gewinnbringende Anwendung von Linked Data stellen muss.

5.1 Provenienzangaben

Da Linked Open Data eine dezentrale kooperative Form der Datenhaltung und Erstellung impliziert, sind sicherlich Informationen zur Herkunft (Provenienz) von Daten ein wichtiger Aspekt, um Vertrauenswürdigkeit zu gewährleisten. Dass in dieser Hinsicht zwar einige Ansätze bestehen, allerdings noch einiges in Richtung Standardisierung getan werden muss, zeigt Kai Eckerts Artikel in diesem Sammelband im Detail auf.

5.2 Mapping und Konvertierung von Altdaten

Bibliothekarische Daten liegen bisher in bibliothekarischen Austauschformaten vor, d.h. dem im internationalen Kontext und zunehmend auch in Deutschland verwendeten MARC21-Format (MAchine-Readable Cataloging) und dem im deutschsprachigen Raum entwickelten Maschinenlesbaren Austauschformat für Bibliotheken (MAB) oder aber auch in diesen sehr ähnlichen Formaten. Beide Formate wurden ursprünglich dazu entwickelt, Informationen für gedruckte Katalogkarten auszutauschen. Diese bibliographischen Austauschformate wurden in den 1960er und 1970er Jahren entwickelt und stellen einen Anachronismus dar. Vor dem Hintergrund der aktuellen Möglichkeiten elektronischer Datenverarbeitung sind sie ein Hindernis für innovative Entwicklungen. Dafür gibt es verschiedene Gründe, die etwa 2002 von Roy Tennant in seinem bekannten Text „MARC Must Die" genannt wurden.[127] Den Daten fehlt häufig die nötige *Granularität. Erweiterbarkeit* und damit die Nachhaltigkeit von MARC haben ihre Grenzen. Außerdem sind MARC/MAB *obskure Standards*, die nur einige wenige Menschen in der Bibliothekswelt verstehen und verarbeiten können.

Es gibt eine Vielzahl verschiedener Möglichkeiten, diese Formate auf das RDF-Datenmodell zu mappen und zu konvertieren. Dies wird erkennbar an der großen Anzahl von Vokabularen, die Carsten Klee in diesem Band vorstellt.[128]

---

127 Tennant,Roy MARC must Die in Library Journal 15.10.02 http://www.libraryjournal.com/article/CA250046.html.
128 Auch Geipel/Böhme/Hauser/Haffner stellen in ihrem Artikel die Schwierigkeiten dar, die eine Überführung von klassischen Bibliotheksdaten nach RDF mit sich bringt. Hans-Georg Be-

Im Kontext der DINI-KIM-AG „Titeldaten" wird derzeit insbesondere für den deutschsprachigen Raum eine Empfehlung zur Repräsentation bibliographischer Daten in RDF entwickelt, wobei verschiedene Vokabulare Verwendung finden.[129] Darüber hinaus sind sicher auch die Ansätze im Rahmen der Library-of-Congress-Initiative „Bibliographic Framework for a Digital Age"[130] wie auch der Arbeitsgruppe zur Erweiterung des schema.org-Vokabulars[131] für bibliographische Daten nennenswert.

Was die Softwarewerkzeuge zur Überführung bibliographischer Daten angeht, gibt es verschiedene freie Software für die Überführung von MARC nach RDF – gerade auch im Bibframe-Kontext versucht die Library of Congress, frühzeitig Konvertierungstools zu teilen und gemeinsam mit der bibliothekarischen Gemeinschaft zu entwickeln. Im Zusammenhang von Culturegraph wurden darüber hinaus generische Tools zur Datenkonvertierung entwickelt, die in verschiedenen Kontexten Verwendung finden und weiterentwickelt werden.[132]

Es gibt also durchaus vielversprechende Ansätze zur kooperativen Entwicklung von Tools und Mappings, um Katalogdaten nach Linked Data zu überführen. Um den Weg zu einem internationalen Linked-Open-Data-Ökosystem erfolgreich zu beschreiten, müssen sich allerdings erst Standards bei der Konversion der Daten und vor allem Standards der RDF-Repräsentation von Daten entwickeln.

5.3 Schnittstellen und Datensynchronisierung

Wie bereits mehrfach erläutert bedeutet Linked Data eine Erweiterung des Webs, indem dessen Architektur auch für die Publikation von Daten genutzt wird. Das Web ist ein in höchstem Maße verteiltes System, das erfolgreich die Illusion schafft, man bewege sich in einem geteilten Informationsraum.[133] Anwendungen über Linked Open Data basieren u. U. auf Daten aus vielen verschiedenen Quellen und häufig müssen lokale Kopien (Caches) der genutzten Daten gemacht werden, um die Performanz einer Anwendung zu gewährleisten.

---

ckers Beitrag zur Repräsentation fortlaufender Sammelwerke in RDF zeigt an einem konkreten Beispiel auf, dass eine solche Arbeit alles andere als trivial ist.

129 Der aktuelle Entwurf der Empfehlungen kann hier eingesehen werden: https://wiki.d-nb. de/x/cYMOB .

130 Bibframe.org :: New Bibliographic Framework http://bibframe.org/

131 Schema Bib Extend Community Group http://www.w3.org/community/schemabibex/

132 Culturegraph http://culturegraph.github.io/. Vgl. den Beitrag von Geipel et al. in diesem Sammelband.

133 Dan Connolly hat dies 2002 wie folgt ausgedrückt: "The point of the Web arch[itecture] is that it builds the illusion of a shared information space." Zitiert nach Summers (2013).

Wie der Abschnitt zur Lizenzierung bereits deutlich gemacht hat, ist eine wichtige Voraussetzung für den Aufbau von Linked-Data-basierten Anwendungen die Verwendung offener Lizenzen. Auf der technischen Seite besteht die Herausforderung, die Datenbasis einer Anwendung mit den von ihr genutzten verteilten Datenquellen zu synchronisieren und die Daten aktuell zu halten. Diese Problematik wurde bereits von verschiedenen Akteuren adressiert, harrt aber noch einer allgemein anerkannten Lösung.[134]

5.4 Linked-Data-fähige Bibliothekssysteme

In Bibliotheken und Bibliotheksverbünden wird die Erzeugung und Pflege bibliographischer Daten in der Regel mit einer speziellen Software (Bibliothekssystem) durchgeführt, die darüber hinaus für die Verwaltung von Nutzerdaten, Erwerbungen und Ausleihen benutzt wird. Bisher unterstützt kein bekanntes Bibliothekssystem die Erzeugung und Publikation oder den Konsum und die Integration von Linked Data. Für den Aufbau eines Linked-Data-Ökosystems ist dies allerdings unumgänglich, denn gerade kleineren Bibliotheken fehlen die Ressourcen, um die technischen Herausforderungen selbst zu schultern. Derzeit übernehmen in erster Linie Bibliotheksverbünde (wie das hbz oder der BVB) das Umwandeln und die Publikation der Daten.[135] Die zukünftige Verbreitung und Akzeptanz von Linked Data wird also in nicht geringem Maße davon abhängen, inwiefern Bibliothekssysteme in Zukunft Linked Data unterstützen. Erste Aktivitäten von Bibliothekssoftwareherstellern zeigen, dass sie durchaus Interesse an Linked Data haben und es gibt auch bei Open-Source-Bibliothekssystemen erste Experimente, um Linked-Data-Technologien nutzbar zu machen.[136]

Innerhalb der International Group of Ex Libris Users (Igelu) hat sich wie erwähnt bereits im September 2011 eine Linked Open Data Special Interest Group gegründet, mit dem erklärten Ziel, dass „– wo angemessen – essentielle Linked-Open-Data-Funktionen in allen Ex-Libris-Produkten" aufgenommen werden, „sowohl von der Perspektive der Datenpublikation als auch des Datenkonsums und der Datenintegration".[137] Ein Ergebnis dieser Arbeitsgruppe ist derzeit

134 Eine wichtige Initiative ist sicher das ResourceSync-Projekt der Open Archive Initiative und der NISO, siehe http://www.niso.org/workrooms/resourcesync/.
135 Siehe in diesem Sammelband den Artikel von Ceynowa et al., der das Verfahren am Beispiel des durch B3Kat erläutert.
136 Vgl. etwa SemantiKoha (http://libriotech.no/blogs/semantikoha).
137 Siehe http://igelu.org/special-interests/lod. Im Original heißt es: "Objective of the Linked Open Data Special Interest Working Group is to achieve essential linked open data features in all Ex Libris products where appropriate, both from the data publishing, the data consuming and

noch nicht veröffentlicht. Es ist unklar, in wie weit Exlibris die Forderungen der Arbeitsgruppe berücksichtigen wird.

OCLC, das verschiedene Bibliothekssysteme anbietet und mit WorldShare Management Services eine cloudbasierte Lösung entwickelt[138], hat bereits selbst begonnen, experimentell Linked Data – teilweise auch unter offenen Lizenzen – zu veröffentlichen: Sowohl die Dewey Decimal Classification[139] als auch World-Cat[140] bieten mittlerweile auch RDF-Repräsentationen der Daten an, wobei nur die RDF-Daten von worldcat.org mit einer offenen Lizenz (ODC-BY) versehen sind. Darüber hinaus betreibt OCLC mit viaf.org (ebenfalls lizenziert unter ODC-BY) einen zentralen Linked-Open-Data-Dienst für Personendaten. In welchem Maße OCLC allerdings Linked-Data-Konzepte im WorldShare-System integrieren wird oder gar in bestehenden Bibliothekssystemen wie LBS oder Sunrise unterstützen wird, ist unklar.

Bibliotheken sind hier gefordert, Linked Data als eine wesentliche Anforderung an zukunftssichere Bibliothekssysteme zu formulieren. Nur dann ist zu hoffen, dass Bibliothekssoftwarehersteller die Ergebnisse von Linked-Data-Experimenten schließlich in ihre Produkte einfließen lassen.

Offenheit als Standard

Neben den technischen Herausforderungen ist es nicht zuletzt die konkrete Ausgestaltung der rechtlichen Bedingungen, die die zukünftige Verbreitung und Akzeptanz von Linked Open Data beeinflussen. In Deutschland hat sich die Freigabe von offenen Daten unter CC0 durchgesetzt – mittlerweile haben alle Bibliotheksverbünde entweder Open Data veröffentlicht oder arbeiten intensiv an einer Freigabe. Es ist allerdings noch einiges zu tun, bis dieses Thema auch im internationalen Kontext erledigt ist. Erst wenn die Lizensierung bibliothekarischer Daten kein Problem mehr ist, mit dem man sich beim Aufbau von Dienstleistungen regelmäßig auseinandersetzen muss, dann wird man in der Lage sein, sich vollständig auf die Entwicklung neuer Kooperationsmodelle, neuer Dienste und Crowdsourcing-Lösungen zu konzentrieren.

---

the data integration perspective."

138 Zum OCLC-Angebot von Bibliothekssystemen siehe http://www.librarytechnology.org/oclc.pl.
139 Linked DDC data (experimental) http://dewey.info/.
140 Vgl. OCLC: OCLC adds Linked Data to WorldCat.org (20.06.12) http://www.oclc.org/news/releases/2012/201238.htm.

5.5 Die bibliographische Allmende aufbauen

Es wurde in Abschnitt 2.1.1 schon verdeutlicht: Die Daten aus Bibliothekskatalogen machen nur einen Teil der für Wissenschaftler und die Allgemeinheit relevanten Daten aus, denn Bibliotheken erfassen in der Regel nur „selbstständige Werke". Während in Deutschland mittlerweile ein großer Teil der Katalogdaten unter offenen Lizenzen verfügbar ist, sind Artikelmetadaten bisher nicht offen verfügbar. Für viele Zwecke – etwa den Aufbau einer offenen Bibliographie oder eines offenen Suchindexes für ein Fach oder ein Thema – stellt dies ein Problem dar.

Bibliotheken haben in den letzten Jahren begonnen, nicht unbeträchtliche Summen an Anbietern von sogenannten Discovery Services zu bezahlen, um den eigenen Nutzern die Suche über einen einheitlichen, umfassenden Suchindex zu ermöglichen. Wäre es gängige Praxis, aktuelle Metadaten unter offenen Lizenzen zur Verfügung zu stellen, ließe sich an offenen Lösungen arbeiten, die von vielen genutzt werden können.

Eine Herausforderung für die Zukunft wird es sein, die Menge der geteilten, offenen bibliographischen Daten zu vergrößern, insbesondere, indem vermehrt auch Artikelmetadaten frei zur Verfügung gestellt werden. So könnte man in Zukunft, die in der Vergangenheit von Bibliotheken, Dokumentaren, Verlagen und Bibliographen getrennt erstellten und gepflegten Daten – zumindest innerhalb von Endnutzeranwendungen – zusammenzuführen.

Einzelne Gruppen und Projekte haben schon angefangen, dieses Problem – zumindest teilweise – anzugehen, zum Beispiel die Arbeitsgruppe zu Open Bibliographic Data der Open Knowledge Foundation oder jüngst das Kuali Ole Projekt und JISC. Diese beiden Organisationen entwickeln mit der Global Open Knowledgebase (GOKb) an einer offenen, community-basierten, internationalen Datenbank, die Bibliotheken mit Metadaten über elektronische Ressourcen versorgen und sie damit bei der Verwaltung von Subskriptionen unterstützen soll.[141]

Relevant sind hier auch Metadaten aus Repositorysystemen. Während bisher Bibliothekskataloge im Fokus der Bemühungen standen, bieten auch diese Daten ein großes Potenzial. Die Daten werden zwar oft über OAI-PMH zum Harvesten zur Verfügung gestellt, jedoch sind die zugrundeliegenden Daten meist deutlich umfangreicher und komplexer als die über OAI-PMH verteilten Daten. Linked

---

141 Webseite: http://gokb.org. In der Pressemitteilung „ International collaboration to help transform the way libraries manage their resources ". (http://gokb.org/post/25021222983/gobk-pressrelease) heißt es: "GOKb will be an open, community-based, international data repository that will provide libraries with publication information about electronic resources."

Open Data hat hier das Potenzial, bessere Daten zur Entwicklung neuer Services zur Verfügung zu stellen.

Von einer breiten Praxis und allgemeinen Akzeptanz, bibliographische Daten zu öffnen, kann erst die Rede sein, wenn nicht nur bibliothekarische Organisationen, sondern auch andere Produzenten bibliographischer Daten - Verlage, Universitäten, Wissenschaftler usw. – ihre Daten öffnen.

6 Quellenverzeichnis

Ackermann, Marcel R. (2011, 9. Dezember): DBLP releases its 1.8 million bibliographic records as open data. URL: http://openbiblio.net/2011/12/09/dblp-releases-its-1-8-million-bibliographic-records-as-open-data/.

Berners-Lee, Tim / Hendler, James / Lassila, Ora (2001): The Semantic Web: a new form of Web content that is meaningful to computers will unleash a revolution of new possibilities. In: Scientific American, 284 (5), S. 34–43, Mai 2001 (dt.: Mein Computer versteht mich. In: Spektrum der Wissenschaft, August 2001, S. 42–49).

Berners-Lee, Tim (2006, 27. Juli): Linked Data - Design Issues. (Letzte Änderung 2010.) URL: http://www.w3.org/DesignIssues/LinkedData.html.

Biblioteca Nacional de España und Ontology Engineering Group (2012, 2. Februar): Linked Data at the Biblioteca Nacional de España. URL: http://openbiblio.net/2012/02/02/linked-data-at-the-biblioteca-nacional-de-espana/.

Borst, Timo und Neubert, Joachim (2009, Juni): Case Study: Publishing STW Thesaurus for Economics as Linked Open Data. Pressemitteilung einsehbar unter: http://www.w3.org/2001/sw/sweo/public/UseCases/ZBW/.

Brantley, Peter (2007, 16. Juli): Open Library launches in demo. URL: http://toc.oreilly.com/2007/07/open-library-launches-in-demo.html.

British Library (2010, 23. August): British Library to share millions of catalogue records. URL: http://pressandpolicy.bl.uk/Press-Releases/British-Library-to-share-millions-of-catalogue-records-43b.aspx.

Calhoun, Karen (2008, 16. August): Free the Data: Discussion Panel at IFLA 2008. URL: http://community.oclc.org/metalogue/archives/2008/08/free-the-data-discussion-panel.html.

CERN Library (2010): The CERN Library publishes its book catalog as Open Data. Pressemitteilung einsehbar unter http://library.web.cern.ch/library/Library/announcement.html.

Coyle, Karen / MacGillivray, Mark / Murray-Rust, Peter / O'stehen, Ben / Pitman, Jim / Pohl, Adrian / Pollock, Rufus / Waites, William (2011, 17. Januar): Principles on Open Bibliographic Data. URL: http://openbiblio.net/principles/.

Conference of European National Librarians (2011). Europe's national librarians support Open Data licensing. Pressemitteilung einsehbar unter: http://www.libereurope.eu/sites/default/files/CENL%20adopts%20CC0.pdf.

Danowski, Patrick, und Pfeifer, Barbara (2007). „Wikipedia und Normdateien: Wege der Vernetzung am Beispiel der Kooperation mit der Personennamendatei". Bibliothek - Forschung und Praxis 31, Nr. 2 (2007): 149–155. Online zugänglich unter http://www.

b2i.de/fileadmin/dokumente/BFP_Bestand_2007/Jg_31-Nr_2/Jg_31-Nr_2_Aufsaetze/
Jg_31-2007-Nr_2-S_149-156.pdf.

Deutsche Nationalbibliothek / Hochschulbibliothekszentrum des Landes Nordrhein-Westfalen
(2010, November): culturegraph.org - Basisinfrastruktur für Gedächtnisinstitutionen im
Semantic Web. Pressemitteilung einsehbar unter: www.hbz-nrw.de/dokumentencenter/
presse/pm/culturegraph_de.

Europeana Foundation (2011): Europeana Data Exchange Agreement. URL: http://pro.
europeana.eu/c/document_library/get_file?uuid=deb216a5-24a9-4259-9d7c-
b76262e4ce55&groupId=10602

Gray, Jonathan (2007a, 6. Dezember): 'The Future of Bibliographic Control' and Licensing
Policies for Bibliographic Data. URL: http://blog.okfn.org/2007/12/06/the-future-of-
bibliographic-control-and-licensing-policies-for-bibliographic-data/.

Gray, Jonathan (2007b, 19. Dezember): Response to 'The Future of Bibliographic Control' draft
from the Library of Congress. URL: http://blog.okfn.org/2007/12/19/response-to-the-
future-of-bibliographic-control-draft-from-the-library-of-congress/.

Gruppe Lizenzen der DINI-AG KIM (2011, 31. Oktober): Empfehlungen zur Öffnung bibliothekarischer Daten. URL: https://wiki.d-nb.de/x/zA21Ag.

Harvard Library (2012, 24. April): Millions of Harvard Library Catalog Records Publicly Available.
URL: http://isites.harvard.edu/icb/icb.do?keyword=k77982&pageid=icb.page498373

Hengel, Christel / Pfeifer, Barbara (2005): Kooperation der Personennamendatei (PND) mit
Wikipedia.. In: Dialog mit Bibliotheken 17/3, S. 18-24.

Hickey, Thom (2012, 4. Mai): VIAF Dataset. URL: http://outgoing.typepad.com/
outgoing/2012/05/viaf-dataset.html.

Hochschulbibliothekszentrum des Landes Nordrhein-Westfalen (2010): Freigabe der
Katalogdaten: Kölner Bibliotheken leisten Pionierarbeit. Pressemitteilung, einsehbar
unter: http://www.hbz-nrw.de/dokumentencenter/presse/pm/datenfreigabe.

Idehen, Kingsley (2012): How To Describe Stuff You Like via a Turtle Document. URL: https://
plus.google.com/112399767740508618350/posts/RwvAFV2cAe2.

Kooperativer Bibliotheksverbund Berlin-Brandenburg (2011, 30.12): Verbundkatalog B3Kat
als (Linked) Open Data veröffentlicht. URL: http://www.kobv.de/aktuelles/information/
datum/2011/12/30/verbundkatalog-b3kat-als-linked-open-data-veroeffentlicht/.

Kreutzer, Till (2011). Open Data – Freigabe von Daten aus Bibliothekskatalogen. Ein Leitfaden.
Hg. v. Hochschulbibliothekszentrum des Landes Nordrhein-Westfalen. URL: http://www.
hbz-nrw.de/dokumentencenter/veroeffentlichungen/open-data-leitfaden.pdf.

Lessig, Lawrence (2004): Free Culture How Big Media Uses Technology and the Law to Lock
Down Culture and Control Creativity. New York: The Penguin Press. Online zugänglich
unter: http://www.free-culture.cc/freecontent/.

Library of Congress Working Group on the Future of Bibliographic Control (2007): Report on
the Future of Bibliographic Control. Draft for Public Comment. http://www.loc.gov/biblio-
graphic-future/news/lcwg-report-draft-11-30-07-final.pdf.

Library of Congress (2011, 31. Oktober): A Bibliographic Framework for the Digital Age. URL:
http://www.loc.gov/marc/transition/news/framework-103111.html.

Library of Congress (2012, 21. November): Bibliographic Framework as a Web of Data: Linked
Data Model and Supporting Services: URL: http://www.loc.gov/marc/transition/news/
bibframe-112312.html.

Malmsten, Martin (2008, 3. Dezember): LIBRIS available as Linked Data. URL: http://libris-
bloggen.kb.se/2008/12/03/libris-available-as-linked-data/.

Malmsten, Martin (2011, 21. September): Swedish National Bibliography and authority data released with open license. URL: http://librisbloggen.kb.se/2011/09/21/swedish-national-bibliography-and-authority-data-released-with-open-license/.

Nature Publishing Group (2012, 4. April): Nature Publishing Group releases linked data platform. URL: http://www.nature.com/press_releases/linkeddata.html?WT.mc_id=TWT_npgnews.

OCLC (2010): WorldCat Rights and Responsibilities for the OCLC Cooperative. URL: http://www.oclc.org/worldcat/recorduse/policy/default.htm.

OCLC (2012a, 4. April): Virtual International Authority File service transitions to OCLC; contributing institutions continue to shape direction through VIAF Council. Presseer-klärung einsehbar unter http://www.oclc.org/news/releases/2012/201224.htm.

OCLC (2012b, 20. Juni): OCLC adds Linked Data to WorldCat.org. Presseerklärung einsehbar unter http://www.oclc.org/en-US/news/releases/2012/201238.html.

Open Knowledge Foundation (2006a, 6. September): Version 1.0 of the Open Knowledge Definition Released. URL: http://blog.okfn.org/2006/09/06/version-10-of-the-open-knowledge-definition-released/.

Open Knowledge Foundation (2006b): Open Definition, Version 1.1. URL: http://opendefinition.org/okd/.

Open Knowledge Foundation (2011): Definition: Offenes Wissen, Version 1.1. URL: http://opendefinition.org/okd/deutsch/.

O'Reilly, Tim (2005): What Is Web 2.0 - Design Patterns and Business Models for the Next Generation of Software. http://oreilly.com/web2/archive/what-is-web-20.html.

Pattern, Dave (2008, 12. Dezember): Free book usage data from the University of Huddersfield. URL: http://www.daveyp.com/blog/archives/528.

Pohl, Adrian (2009a): OCLC, WorldCat und die Metadaten-Kontroverse. In: Bibliotheksdienst, 43 (2009), Nr. 3, S. 274.290. URL: http://www.zlb.de/aktivitaeten/bd_neu/heftinhalte2009/Erschliessung020309BD.pdf.

Pohl, Adrian (2009b): OCLC: Policy zurückgezogen. URL: http://www.uebertext.org/2009/06/oclc-policy-zuruckgezogen.html.

Pohl, Adrian (2010): OCLC und die Public Domain. URL: http://www.uebertext.org/2010/04/oclcs-policy-und-die-public-domain.html.

Pohl, Adrian (2011a): Launch of the Principles on Open Bibliographic Data. URL: http://blog.okfn.org/2011/01/18/launch-of-the-principles-on-open-bibliographic-data/.

Pohl, Adrian (2011b, 21. September): LOD at Bibliothèque nationale de France. URL: http://openbiblio.net/2011/09/21/lod-at-bibliotheque-nationale-de-france/.

Pohl, Adrian (2011c): German Library Networks BVB and KOBV release 23 Million Records. URL: http://openbiblio.net/2011/12/08/bvb-kobv-open-data/.

Richt, Susanne (2012): „Unsere ‚Abgrenzung' zu anderen Einrichtungen wird in Bewegung kommen" / Generaldirektorin Elisabeth Niggemann über verschiedene Projekte der Deutschen Nationalbibliothek, freie Daten und die Zukunft der Bibliotheken. BuB Forum Buch und Bibliothek 10/2012 S. 691-695.

Schindler, Mathias (2012, 28. November): Ein Meilenstein erreicht, 99 vor uns: Die Deutsche Digitale Bibliothek. URL: http://blog.wikimedia.de/2012/11/28/deutsche-digitale-bibliothek-beta-ddb/.

Schoneville, Catrin (2012, 30. März): 3, 2, 1, Wikidata! URL: http://blog.wikimedia.de/2012/03/30/3-2-1-wikidata/.

Stephens, Susie / LaVigna, David / DiLascio, Mike und Luciano, Joanne (2006): Aggregation of bioinformatics data using Semantic Web technology. Web Semant. 4, 3 (September 2006), 216-221. URL: http://dx.doi.org/10.1016/j.websem.2006.05.004.

Tochtermann, Klaus (2012, 3. August): Thoughts beyond Boundaries: CC0 for Library Data – Publish then Perish. URL: http://www.zbw-mediatalk.eu/2012/08/thoughts-beyond-boundaries-cc0-for-library-data-publish-then-perish/.

Vollmer, Timothy / Smith, MacKenzie / Keller, Paul / Peters, Diane (2012): Library catalog metadata: Open licensing or public domain? URL: http://creativecommons.org/weblog/entry/33768.

W3C (2008): RDFa Primer - Bridging the Human and Data Webs. URL: http://www.w3.org/TR/xhtml-rdfa-primer/

W3C Library Linked Data Incubator Group (2011, 25. Oktober): Library Linked Data Incubator Group Final Report. URL: http://www.w3.org/2005/Incubator/lld/XGR-lld-20111025/.

Yu, Harlan und David G. Robinson (2012): The New Ambiguity of 'Open Government'. 59 UCLA L. Rev. Disc. 178 (2012). http://dx.doi.org/10.2139/ssrn.2012489.

Carsten Klee
Vokabulare für bibliographische Daten
Zwischen Dublin Core und bibliothekarischem Anspruch

Bibliotheken auf dem Weg ins Web der Daten

Bibliographische Daten werden mehr denn je gebraucht. Sie werden außerhalb der Bibliothekswelt sowohl in kleinen als auch in großen Kontexten[1] nachgenutzt und sind unverzichtbares Instrument für die Wissenschaft[2]. Im Web der Daten[3] werden qualitativ hochwertige bibliographische Daten dringend als normierendes Instrument benötigt. Ähnlich wie Titelaufnahmen Normdateien referenzieren, können beliebige Ressourcen bibliographische Daten referenzieren, wenn diese als Linked Data[4] zur Verfügung stehen. Nun zeigen die aktuellen Entwicklungen, dass viele nationale wie ausländische Bibliotheken, ob nun einzeln oder über ihren Bibliotheksverbund, sich dieser Aufgabe annehmen und ihre Daten in RDF publizieren.

Die Auswahl von Vokabularen, die Bibliotheken zur Verfügung haben, um ihre Daten zu beschreiben, ist dabei nicht einfach zu überblicken, und viele Vokabulare entsprechen nicht unbedingt den Ansprüchen, die klassische Katalogisierung an ein Datenformat stellt. Dabei wird aber schnell übersehen, dass ganz andere Ansprüche für die bibliographischen Daten im Kontext des World Wide Web bestehen, als im Kontext eines Bibliothekskataloges.

Dieser Beitrag versucht aus Sicht von Bibliotheken, die ihre Daten als Linked Data publizieren möchten, einen Überblick über die derzeit verfügbaren Vokabulare zur Beschreibung von bibliographischen Daten zu geben und diese zu vergleichen, ohne jedoch zu sehr ins Detail zu gehen. Dabei wird ein besonderes Augenmerk auf den Paradigmenwechsel gelegt, der die Ablösung bibliothekarischer Austauschformate durch einfache, aber weit verbreitete und damit viel genutzte Vokabulare bedeutet.

---

1 Zum Beispiel in der persönlichen Literaturverwaltung (kleiner Kontext) oder in der Wikipedia als Quellenangabe für die Artikel (großer Kontext).
2 Siehe Schulze.
3 Zu dem Begriff „Web der Daten" siehe Berners-Lee.
4 Der Begriff „Linked Data" symbolisiert hier nur die Mindestanforderung. Das zusätzlich offene Daten die Möglichkeiten der Nachnutzung vervielfältigen, steht außer Frage.

Was ist ein Vokabular?

Der Ausdruck Vokabular ist eigentlich ungenau und eher ein Sammelbegriff für Sets von Termen[5] unterschiedlicher Nutzungsbestimmung. Die englischen Begriffe ‚Ontology', ‚Vocabulary', ‚Element Set', ‚Encoding Scheme' etc. beschreiben besser die Bestimmung der jeweiligen Termsammlung. Ontologien (engl. Ontologies)[6] sind einfach ausgedrückt Container für diese Konzepte zu einem bestimmten Gebiet. In ihnen gliedern sich die Konzepte in Element Sets, das sind Attribute oder auch Eigenschaften (engl. Properties) der Ressource, und Vocabularies, das sind die Werte, die bestimmte Eigenschaften annehmen können. Eine weitergehende Erläuterung und Unterscheidung der einzelnen Begriffe kann an dieser Stelle jedoch nicht geleistet werden. Zur besseren Verständlichkeit soll der Begriff ‚Vokabular' hier stellvertretend für alle diese Termsammlungen genutzt werden. Im Abschnitt *Aufbau von Vokabularen* wird jedoch noch einmal genauer darauf eingegangen, welche Ebenen Vokabulare haben können und wie diese zum Einsatz kommen.

Für das Verständnis von Vokabularen ist es zunächst ausreichend zu wissen, dass Vokabulare helfen, Dinge[7] zu beschreiben, indem sie Konzepte definieren, um diese später mit den Ressourcen zu verknüpfen.

Im Web der Daten kann jeder sein eigenes Vokabular erfinden und benutzen. Dazu braucht man nichts weiter zu tun, als einem URI unter seiner eigenen Domain eine bestimmte Bedeutung zu geben. Damit kreiert man seinen eigenen Namensraum (engl. Namespace). Dass jeder sein eigenes Vokabular benutzen kann, ist gerade für Bibliotheken mit ihren wenigen aber alles bestimmenden Regelwerken und Normdateien sehr gewöhnungsbedürftig. Man muss allerdings verstehen, dass sich das Web mit vielfältigen Aspekten der gesamten Welt befasst, während Bibliotheken lediglich die in ihr existierenden Publikationen, also nur einen kleinen Ausschnitt, beschreiben. Möglich gemacht werden soll dies durch die sehr einfache Erweiterbarkeit des Webs der Daten durch jeden, der über eine Domain verfügt:

```
@prefix dbp: <http://dbpedia.org/resource/> .
@prefix myvocab: <http://mywebsite.de/vocab/> .
dbp:The_Name_of_the_Rose myvocab:12345 dbp:Umberto_Eco .
```

---

5 Wird eine Vokabel aus einem Vokabular mit einem URI identifiziert, spricht man allgemein von einem Term.
6 Gemeint sind hier Semantic Web Ontologien, die zumeist in OWL (Ontology Working Language) verfasst sind.
7 Wenn ein Ding durch einen Resource Identifier (URI) identifiziert wird, wird es Ressource genannt.

In dem obigen Beispiel wird kaum jemand anderes außer mir wissen, welche Bedeutung `http://mywebsite.de/vovab/12345` hat, denn unter dem URI findet man keine Webseite, die eine Beschreibung der Bedeutung geben könnte, die ich dem URI zugewiesen habe. Für Linked Data ist das jedoch völlig ausreichend (wenn auch nicht empfohlen). In diesem Fall wäre es vielleicht sinnvoll, wenn ich den Term so benenne, dass ein Dritter zumindest erraten kann, welche Bedeutung er hat:

```
dbp:The_Name_of_the_Rose myvocab:creator dbp:Umberto_Eco .
```

Noch besser wäre es, wenn ich unter dem URI auch ein Dokument hätte, das eine Beschreibung enthält, was dieser Term zu bedeuten hat. Wenn dann noch die Beschreibung des Terms in einer maschineninterpretierbaren Form vorläge, wäre mein Vokabular fast perfekt. Nur, mein Vokabular hat einen kleinen Schönheitsfehler. Den von mir erfundenen Term gibt es schon in einem anderen Vokabular, welches viel bekannter ist als meines und viel mehr genutzt wird. Darum habe ich zwei Optionen. Entweder ich nutze meinen Term weiterhin und erweitere die Beschreibung meines Terms durch eine Beziehung zu dem Term des bekannteren Vokabulars (Vocabulary Alignment):

```
@prefix myvocab: <http://mywebsite.de/vocab/> .
@prefix owl: <http://www.w3.org/2002/07/owl#> .
@prefix dct: <http://purl.org/dc/terms/> .
myvocab:creator owl:equivalentProperty dct:creator .
```

… oder ich nutze gleich das andere, bekanntere Vokabular. Denn der Sinn der Vokabulare ist es ja, die Daten für andere nachnutzbar zu machen. Und das geschieht am besten dadurch, dass möglichst bekannte und viel verbreitete Vokabulare genutzt werden.

Aber egal, ob man sich für das bekanntere oder sein eigenes Vokabular entscheidet, für die Bewertung jedes Vokabulars gelte folgendes 5-Sterne-Schema[8]:

*   Veröffentliche dein Vokabular im Web unter einem stabilen URI und unter einer offenen Lizenz.

**   Stelle eine von Menschen lesbare Dokumentation und minimale Metadaten, wie Autor, Herausgeber, Erstellungsdatum, Änderungsdatum, Versionsnummer zur Verfügung.

---

8 Siehe Vatant.

***   Stelle Beschreibungen, wenn möglich in verschiedenen Sprachen, zur Verfügung, um dein Vokabular in mehrsprachigen Kontexten nutzbar zu machen.

****   Mache dein Vokabular unter Verwendung von W3C-Standards (RDF, SPARQL) und Content Negotiation über sein Namespace-URI verfügbar, und zwar in maschinenlesbarer wie auch in einer für Menschen verständlichen Form.

***** Linke zu anderen Vokabularen, indem du Elemente nachnutzt, anstatt sie neu zu erfinden.

Aufbau von Vokabularen

Um Vokabulare nachnutzen zu können, muss man ihren Aufbau verstehen, der glücklicherweise zumeist sehr einfach gehalten ist. Aus Anwendersicht gibt es bei Vokabularen bis zu vier Ebenen, welche die im Abschnitt *Was ist ein Vokabular?* erwähnten Konzepte enthalten:

- Classes[9]
- Object Properties
- Data Properties
- Datatypes

Wenn ein Ding[10] (engl. Thing) einer Klasse[11] (engl. Class) zugeordnet wird, dann wird das Ding zum Individuum (engl. Individual) und ist gleichzeitig eine Instanz (engl. Instance) dieser Klasse. Wenn mehrere Individuen einer Klasse zugeordnet werden, dann teilen sie sich ihre jeweiligen Klasseneigenschaften.[12]

```
@prefix dbp: <http://dbpedia.org/resource/> .
@prefix bibo: <http://purl.org/ontology/bibo/> .
@prefix rdf: <http://www.w3.org/1999/02/22-rdf-syntax-ns#> .
dbp:The_Name_of_the_Rose rdf:type bibo:Book .
```

---

9 Genauer gesagt gibt es noch Super- und Subclasses.

10 Ding oder Thing (owl:Thing) ist die Klasse aller Klassen. Alle Individuen (alles was ist) sind Mitglieder dieser Klasse.

11 Klassen kann man auch im Allgemeinen daran erkennen, dass sie zumeist groß geschrieben werden.

12 Dinge können zu Instanzen mehrerer Klassen werden. D.h. man kann sie mehreren Klassen zuordnen, wenn diese Klassen nicht disjunkt sind.

In diesem Beispiel wird das Ding beschrieben durch die Ressource `http://`
`dbpedia.org/resource/The_Name_of_the_Rose`, der Klasse `http://`
`purl.org/ontology/bibo/Book` zugeordnet und ist nun also eine Instanz
dieser Klasse.

Eigenschaften, auch Attribute genannt, werden unterteilt in Object Properties, das sind Eigenschaften, die Individuen verbinden:

```
@prefix dbp: <http://dbpedia.org/resource/> .
@prefix dct: <http://purl.org/dc/terms/> .
dbp:The_Name_of_the_Rose dct:creator dbp:Umberto_Eco .
```

... und Data Properties, welche Individuen mit Literalen verbinden:

```
dbp:The_Name_of_the_Rose dct:title "Der Name der Rose"@de .
```

Zum Schluss gibt es noch Datatypes, welche Literale „typisieren", also genauere
Auskunft darüber geben, um welche Art von Literal[13] es sich handelt.

```
@prefix dbp: <http://dbpedia.org/resource/> .
@prefix ex: <http://example.org/> .
@prefix xsd: <http://www.w3.org/2001/XMLSchema#> .
dbp:The_Name_of_the_Rose ex:temporal "1327"^^xsd:gYear .
```

Aus einer guten Dokumentation eines Vokabulars kann abgeleitet werden, wie
eine Eigenschaft (engl. Property) verwendet werden darf. So gibt ‚rdfs:domain‘
(Definitionsbereich) Auskunft darüber, welche Klasse das Subjekt eines Tripels
instantiiert, in dem die jeweilige Eigenschaft angewendet wird. ‚rdfs:range‘ (Wertebereich) sagt aus, welcher Klasse das Objekt eines entsprechenden Tripels
angehören sollte:[14]

```
@prefix dct: <http://purl.org/dc/terms/> .
@prefix dbp: <http://dbpedia.org/resource/> .
@prefix rdfs: <http://www.w3.org/2000/01/rdf-schema#> .
@prefix ex: <http://example.org/> .
@prefix xsd: <http://www.w3.org/2001/XMLSchema#> .
#Ein dct:creator muss immer eine Instanz der Klasse dct:Agent
#oder einer Subclass sein.
dct:creator rdfs:range dct:Agent .
```

---

13 Zum Begriff Literale siehe Carroll.
14 Definitionsbereich und Wertebereich lassen Inferenzregeln zu: Hat ein Individuum eine bestimmte Eigenschaft, kann abgeleitet werden, welcher Klasse es angehören muss.

```
#Ein dct:title muss immer ein Literal sein
dct:title rdfs:range rdfs:Literal .
```

Eigenschaften, die einen Datatype als Range haben, werden auch Datatype Properties genannt:

```
ex:temporal rdfs:range xsd:dateTime ;
#Alle Individuen, die die Eigenschaft ex:temporal haben
#sind Instanzen der Klasse dbp:Work oder einer Subclass
            rdfs:domain dbp:Work .
```

Ist kein rdfs:domain angegeben, gehört die Eigenschaft automatisch der Klasse owl:Thing.

Bei der Modellierung von RDF-Daten sollte nach Möglichkeit darauf geachtet werden, dass die Reglementierung der Verknüpfung von Individuen und Eigenschaften nicht missachtet wird. Zu Problemen würde es allerdings erst kommen, wenn so genannte Reasoner[15] zum Einsatz kommen.

Vokabulare für bibliographische Daten

Nachdem nun die Grundlagen von Vokabularen erläutert wurden, werden nun die einzelnen Vokabulare untersucht, die für die Beschreibung von bibliographischen Daten nützlich sein könnten. Dies kann allerdings nur oberflächlich und in Auswahl geschehen. Dennoch sollte diese Liste als guter Ausgangspunkt dienen können, um den Kern von bibliographischen Daten abzudecken.

Dublin Core Element Set & Metadata Terms

Element Set

Namespace-URI: http://purl.org/dc/elements/1.1/
Spezifikation: http://dublincore.org/documents/dces/

---

15 Siehe Semantic Reasoner.

Metadata Terms

Namespace-URI: `http://purl.org/dc/terms/`
Spezifikation: `http://dublincore.org/documents/dcmi-terms/`
Zusammenfassung: Die Dublin Core Vokabulare enthalten die grundlegendsten Terme zur Beschreibung von Dokumenten, wie Titel (title), Verfasser (creator), Erscheinungsvermerk (publisher) usw. Die Dublin-Core-Vokabulare sind die am bekanntesten und mit dem FOAF-Vokabular die am meist genutzten[16] (siehe Abbildung 1). Die meisten Vokabulare, die Dokumente beschreiben wollen, erweitern entweder diese Vokabulare oder verweisen auf sie durch Vocabulary Alignment. Der Unterschied der beiden Vokabulare liegt vor allem darin, dass die Metadata Terms genauer definiert und teilweise verfeinert worden sind.[17]

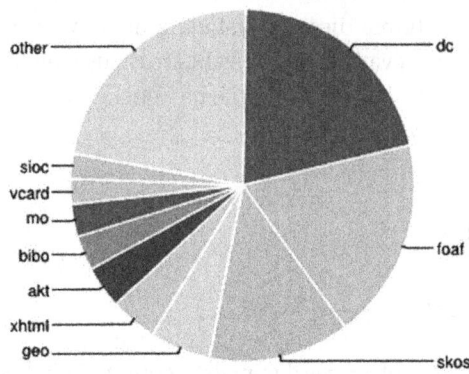

Abbildung 1: Verteilung der am häufigsten genutzten Vokabulare[18]

Friend of a Friend (FOAF)

Namespace-URI: `http://xmlns.com/foaf/0.1/`
Spezifikation: `http://xmlns.com/foaf/spec/`
Zusammenfassung: Ähnlich wie die Dublin-Core-Vokabulare stellt FOAF grundlegende Terme zur Verfügung. FOAF konzentriert sich dabei um Beziehungen zwischen Agenten (Personen, Gruppen, Organisationen) und Dokumenten. FOAF

---

16 Siehe Bizer et al.
17 Für einen guten Einblick in die unterschiedlichen Anwendungen der Dublin Core Vokabulare siehe das Dokument http://wiki.dublincore.org/index.php/User_Guide/Publishing_Metadata.
18 Abbildung übernommen aus Bizer et al.

ist neben Dublin Core einer der am meisten genutzten Vokabulare[19] (siehe Abbildung 1).

Publishing Requirements for Industry Standard Metadata (PRISM)

Namespace-URI: http://prismstandard.org/namespaces/basic/2.0/
Spezifikation: http://www.prismstandard.org/specifications/2.0/PRISM_prism_namespace_2.0.pdf
Zusammenfassung: PRISM ist ein Vokabular, das ursprünglich Verlagen dazu diente, ihre Metadaten zu vereinheitlichen. Das PRISM-Vokabular reicht allerdings auch in die Welt der Bibliotheken und der im weitesten Sinne bibliographischen Daten hinein. Ontologien wie die Bibliographic Ontology und FRBR-aligned Bibliographic Ontology haben Terme dieses Vokabulars übernommen. PRISM ist daher als ein bekanntes und weit verbreitetes Vokabular anzusehen. Es ist aber leider ein schlechtes Beispiel, was das 5-Sterne-Schema anbelangt, da es in fast allen Punkten Schwachstellen aufweist.

Bibliographic Ontology (BIBO)

Namespace-URI: http://purl.org/ontology/bibo/
Spezifikation: http://bibliontology.com/specification
Zusammenfassung: Die Bibliographic Ontology ist das meist genutzte Vokabular, das speziell für die Beschreibung bibliographischer Daten entwickelt wurde (siehe Abbildung 1). BIBO versucht die grundlegendsten Klassen (Buch, mehrbändiges Werk, fortlaufendes Sammelwerk, Zeitschrift etc.), sowie die gebräuchlichen Eigenschaften (wie Titel, Autor, Verlag etc.) als auch tiefer gehende Beschreibungsmöglichkeiten (ISBN, ISSN, Seitenzahl, Herausgeber etc.) zusammenzufassen. Dabei macht die Ontologie vorbildlichen Gebrauch von anderen Vokabularen wie Dublin Core, FOAF, PRISM oder der Event-Ontologie, indem es die Klassen und Eigenschaften nachnutzt. BIBO ist der ideale Ausgangspunkt zur Beschreibung von bibliographischen Daten und wird daher in den meisten Linked-Library-Data-Projekten verwendet.

---

19 Siehe Bizer.

Schema.org

Namespace-URI: http://schema.org/
Spezifikation: http://schema.org/docs/schemas.html
Zusammenfassung: Schema.org ist ein Vokabular, das eine ganze Reihe von Schemata zu unterschiedlichen Themen umfasst. Schemata sind Sets von Klassen und deren Eigenschaften zu bestimmten Themen. Von besonderem Interesse dürfte in diesem Kontext das Schema CreativeWork mit den Klassen Article, Book, Map, MusicRecording, Photograph, WebPage etc. sein. Schema.org wurde speziell zur breiten Anwendung durch Webmaster in Zusammenhang mit HTML5, Microdata und RDFa entwickelt und wird zum Beispiel von OCLC im WorldCat[20] genutzt. Dennoch ist Schema.org allein nicht ausreichend, um umfassend bibliographische Daten zu beschreiben. Das Fehlen von Klassen wie Periodical oder Newspaper gleicht OCLC durch den Einsatz eines ergänzenden Vokabulars[21] aus.

Expression of Core FRBR Concepts und Expression of Extended FRBR Concepts in RDF

FRBR Core

Namespace-URI: http://purl.org/vocab/frbr/core#
Spezifikation: http://vocab.org/frbr/core.html

FRBR Extended

Namespace-URI: http://purl.org/vocab/frbr/extended#
Spezifikation: http://vocab.org/frbr/extended.html
Zusammenfassung: Die beiden FRBR Vokabulare bilden die Repräsentation der Functional Requirements for Bibliographic Records. Da nach der Publikation der FRBR im Jahre 1998, 2005 immer noch ein durch Bibliothekare erstelltes Vokabular auf sich warten ließ, überführte Ian Davis die FRBR-Begriffe – allerdings nur sehr oberflächlich – nach RDF. Die SPAR-Ontologie Essential FRBR in OWL2

---

20 Siehe OCLC.
21 Das ergänzende Vokabular ist unter http://purl.org/library/ zu finden, hat aber noch Entwurfsstatus. Für die weitere Entwicklung hat OCLC/Richard Wallis eine W3C Community Group gegründet, siehe http://www.w3.org/community/schemabibex/ .

DL und Teile des RDA-Vokabulars sind ebenfalls – teilweise abweichende – RDF-Umsetzungen des FRBR-Modells.

Semantic Publishing and Referencing Ontologies (SPAR)

Übersicht: `http://sempublishing.svn.sourceforge.net/viewvc/sempublishing/SPAR/index.html`

Zusammenfassung: Die Semantic Publishing and Referencing (SPAR) Ontologies bilden eine Reihe von sich ergänzenden Ontologie-Modulen für die Erstellung von maschinenlesbaren RDF-Metadaten für alle Aspekte des Publizierens, Referenzierens und Zitierens.[22]

FaBiO, the FRBR-aligned Bibliographic Ontology

Namespace-URI und Spezifikation: `http://purl.org/spar/fabio/`

Zusammenfassung: FRBR-aligned Bibliographic Ontology ist ähnlich wie die Bibliographic Ontology ein Vokabular, das speziell in Hinblick auf die Beschreibung von bibliographischen Daten entwickelt wurde. Dabei ist FaBiO anders als BIBO[23] in das FRBR-Modell eingegliedert. Die Klassen und Eigenschaften von FaBiO können somit immer einer WEMI-Ebene zugeordnet werden. FaBiO ist weniger verbreitet als BIBO, und es gibt bis jetzt kaum Beispiele für den Einsatz der Ontologie.

Essential FRBR in OWL2 DL

Namespace-URI und Spezifikation: `http://purl.org/spar/frbr/`

Zusammenfassung: Ähnlich wie die FRBR-Umsetzung in RDF von Ian Davis, spiegelt die Essential FRBR in OWL2 DL Ontologie die Basiskonzepte der Functional Requirements for Bibliographic Records wieder. Durch die Beschreibung der Ontologie in OWL2 DL[24] können die FRBR-Konzepte und ihre Beziehungen aller-

---

22 Neben den beiden hier erwähnten Vokabularen gibt es außerdem folgende SPAR-Ontologien: the Publishing Roles Ontology (PRO), the Publishing Status Ontology (PSO), the Publishing Workflow Ontology (PWO), the Citation Typing Ontology (CiTO), the Bibliographic Reference Ontology (BiRO), the Citation Counting and Context Characterization Ontology (C4O), the Document Components Ontology (DoCO).

23 Für einen tiefer gehenden Vergleich der beiden Ontologien FaBiO und BIBO siehe Shotton.

24 Siehe dafür folgende Dokumente: http://www.w3.org/TR/owl2-direct-semantics/ und http://www.w3.org/TR/2009/REC-owl2-overview-20091027/ .

dings sehr viel umfangreicher abgebildet werden, als es das schon beschriebene FRBR-Vokabular kann.

The RDA (Resource Description and Access) Vocabularies

Übersicht[25]: `http://rdvocab.info/`
Zusammenfassung: Entwickelt von der DCMI/RDA Task Group bilden die RDA Vocabularies die RDF-Repräsentation der RDA-Elemente und ihrer Eigenschaften. Die RDA Vocabularies sind unterteilt in 6 Element Sets (Vokabulare mir Properties) und ca. 70 Vocabularies (Vokabulare mit Klassen). Da RDA auf FRBR aufbaut, sind auch die Eigenschaften und Klassen den WEMI-Ebenen[26] zugeordnet. Allerdings wurden die Vokabulare so modelliert, dass parallel übergeordnete Terme genutzt werden können, die außerhalb des FRBR-Modells stehen (generalized properties)[27]. Große Teile des Vokabulars haben noch den Status eines Diskussionsvorschlags und sind daher noch nicht abgeschlossen. Da die RDA-Vokabulare insgesamt sehr umfangreich sind, RDA als Regelwerk erst noch eingeführt werden muss und sich die Bibliothekswelt noch nicht auf RDF als Datenformat festgelegt hat, ist die Rezeption der Vokabulare noch verhalten.

CIDOC CRM / FRBRoo

Übersicht: `http://www.cidoc-crm.org/official_release_cidoc.html`
Zusammenfassung: Bibliographische Daten im FRBR-Kontext sind, gerade wenn es um fortlaufende Sammelwerke geht, aufgrund ihrer Komplexität nicht ohne Probleme im Web der Daten abzubilden. FRBRoo erweitert das CIDOC Conceptual Reference Model (CRM) und „erlaubt es, aufgrund der netzartigen Struktur des CRM, bibliographische Informationen in Linked-Data-Kontexte zu übertragen". Genauer beschrieben wird das in dem Beitrag *FRBR, Serials und CIDOC CRM - Modellierung von fortlaufenden Sammelwerken unter Verwendung von FRBRoo* von Hans-Georg Becker.

---

25 Übersicht der Vokabulare ISBD Elements, ISBD Content Form, ISBD Content Qualification of Dimensionality, ISBD Content Qualification of Motion, ISBD Content Qualification of Sensory Specification, ISBD Content Qualification of Type, ISBD Media Type.
26 WEMI: Work, Expression, Manifestation, Item
27 Einen guten Einblick in die Entwicklung der RDA Vocabularies bietet Hillmann.

ISBD Elements und Vocabularies

Übersicht: http://iflastandards.info/ns/isbd/
Zusammenfassung: Die ISBD Vokabulare sind die RDF-Repräsentation der Elemente des IFLA-Regelwerkes International Standard Bibliographic Description (ISBD) und enthalten damit alle wichtigen Angaben einer Titelaufnahme. Ohne das Regelwerk genau zu kennen, ist es schwer abzuschätzen, in wie weit die ISBD Vokabulare dem Regelwerk entsprechen. Allerdings dürfte festzuhalten sein, dass die ISBD Vokabulare, vielleicht aufgrund ihrer Regelwerksbasis mit internationalem Anspruch oder aufgrund ihrer einfachen, flachen und übersichtlichen Struktur und gebräuchlichen Konzepte, weite Verbreitung in bibliothekarischen Linked Library Data Projekten finden. Oft werden ISBD Terme als Ergänzung zur Bibliographic Ontology (BIBO) genutzt.

MARC21 Vocabularies

Übersicht: http://marc21rdf.info/elements/
Zusammenfassung: Die MARC21 Vokabulare sind im Gegensatz zu den ISBD Vokabularen sehr viel umfangreicher. Sie bestehen aus neun Element Sets (MARC-Kategorien 0XX-8XX) und über 100 Vocabularies. Kurz nach Veröffentlichung des Vokabulars gab es aus der Community starke Kritik an der Eins-zu-eins-Umsetzung der MARC-Kategorien.[28] Die RDF-Repräsention habe keine großen Vorteile gegenüber einem MARC-Datensatz. Die MARC21-Vokabulare scheinen daher noch keine weite Verbreitung gefunden zu haben. Dennoch dürften Teile der Vokabulare ebenso wie die ISBD-Vokabulare eine gute Ergänzung zu anderen Vokabularen darstellen.

MODS Ontology

Namespace-URI und Spezifikation: http://simile.mit.edu/2006/01/
ontologies/mods3#
Zusammenfassung: Das MODS (Metadata Object Description Schema) wird von Bibliotheken hauptsächlich im Bereich der Beschreibung von digitalen Objekten und deren Langzeitarchivierung eingesetzt. Daher ist das Vokabular am ehesten

---

28 Siehe https://www.jiscmail.ac.uk/cgi-bin/webadmin?A2=ind1109&L=dc-rda&D=0&P=1704 und nachfolgende Diskussion.

für eine Konvertierung von MODS-XML nach MODS-RDF geeignet. Dafür geeignete Konvertierungstools sind nicht schwer zu finden.

Document Availability Information Ontology (DAIA)

Namespace-URI: http://purl.org/ontology/daia/
Spezifikation: http://uri.gbv.de/ontology/daia/
Zusammenfassung: Mit DAIA kann die Verfügbarkeit von Dokumenten in Bibliotheken und anderen Informationseinrichtungen beschrieben werden. Die von Jakob Voß entwickelte Ontologie wurde zwar nicht für die klassische bibliographische Formalbeschreibung entwickelt, ist aber in Teilen, wenn es etwa um die Beziehung zwischen Institution und Dokument geht, auch für den vorliegenden Kontext relevant.

LOC Authorities and Vocabularies

Übersicht: http://id.loc.gov/
Zusammenfassung: Authorities and Vocabularies ist der Sammelbegriff für die Vokabulare der Library of Congress, die eine Vielzahl von gebräuchlichen Begriffen und unter anderem die gesamten Library of Congress Subject Headings (LCSH) als Ressourcen zur Verfügung stellen.

Subject Headings (LCSH)

Spezifikation: http://id.loc.gov/authorities/names.html
Namespace-URI: http://id.loc.gov/authorities/subjects/
Zusammenfassung: Die Schlagwortnormdatei der Library of Congress

Name Authority File (NAF)

Spezifikation: http://id.loc.gov/authorities/names.html
Namespace-URI: http://id.loc.gov/authorities/names/
Zusammenfassung: Namen von Personen, Organisationen, Ereignissen, Orten und Titeln

Children's Subject Headings (LCSHAC)

Spezifikation: `http://id.loc.gov/authorities/childrensSub-jects.html`
Namespace-URI: `http://id.loc.gov/authorities/childrensSub-jects/`
Zusammenfassung: Erweiterung der LCSH auf dem Gebiet Kinder und Jugend

Genre/Form Terms for Library and Archival Materials (LCGFT)

Spezifikation: `http://id.loc.gov/authorities/genreForms.html`
Namespace-URI: `http://id.loc.gov/authorities/genreForms/`
Zusammenfassung: Anders als Schlagwörter beschreiben diese Terme eindeutig das Genre des Werks.

Thesaurus for Graphic Materials

Spezifikation: `http://id.loc.gov/vocabulary/graphicMateri-als.html`
Namespace-URI: `http://id.loc.gov/vocabulary/graphicMaterials/`
Zusammenfassung: Kann genutzt werden, um Inhalt aber auch Form und Genre von graphischen Materialien zu beschreiben.

MARC Code List for Relators

Spezifikation: `http://id.loc.gov/vocabulary/relators.html`
Namespace-URI: `http://id.loc.gov/vocabulary/relators/`
Zusammenfassung: Die MARC Code List for Relators beschreiben die Beziehung zwischen einer bibliographischen Ressource und einer Person oder Organisation. Die Relators wurden für den Gebrauch in MARC 21 codierten bibliographischen Daten entwickelt. Die meisten Relatorterme sind Refinements des Dublin Core Terms contributor (an entity responsible for making contributions to the content of the resource). Das Vokabular ist ein ideales Instrument, wenn es um die Verknüpfung von bibliographischen Ressourcen und Normdaten geht.[29]

---

29 Ein gutes Beispiel für den Einsatz von MARC Relator Roles findet sich unter https://wiki1.hbz-nrw.de/x/vYU7 .

MARC Countries

Spezifikation: `http://id.loc.gov/vocabulary/countries.html`
Namespace-URI: `http://id.loc.gov/vocabulary/countries/`
Zusammenfassung: Liste von Ländercodes, zu unterscheiden von ISO 3166.

Geographic Areas

Spezifikation: `http://id.loc.gov/vocabulary/geographicAreas.`
      `html`
Namespace-URI: `http://id.loc.gov/vocabulary/geographicAreas/`
Zusammenfassung: Terme für geographische Regionen oder Areale. Zum Beispiel
„Europa" oder „Deep Space".

MARC List for Languages

`http://id.loc.gov/vocabulary/languages`

ISO639 Languages

Verschiedene Versionen des ISO-Standards 639
`http://id.loc.gov/vocabulary/iso639-1`
`http://id.loc.gov/vocabulary/iso639-2`
`http://id.loc.gov/vocabulary/iso639-5`

BIBFRAME-Vokabular

Namespace-URI und Spezifikation: `http://bibframe.org/vocab/`
Zusammenfassung: Die „Bibliographic Framework Transition Initiative" arbeitet an der Ablösung von MARC 21 als Austauschformat und Z39.50 als Protokoll, und entwickelt die entsprechenden Nachfolgetechnologien auf Basis von
Linked-Data-Standards. Das Bibframe-Vokabular spielt dabei eine zentrale Rolle
und wurde im November 2012 in einem ersten Entwurf publiziert. Es soll nicht
nur existierende MARC-Daten in RDF abbilden können, sondern auch nach RDA
katalogisierte Daten, wie auch bibliographische Daten von nicht-bibliothekarischen Institutionen. Aus diesem Grund ist das Vokabular weniger detailliert

als etwa RDA und FRBR. So wird beispielsweise das aus FRBR bekannte WEMI-Modell nicht übernommen, sondern nur zwei entsprechende Klassen – „Work" und „Instance" – geprägt. Damit verschiedene Akteure leicht dezentral (lokale) Informationen zu einer bibliographischen Ressource ergänzen können und dabei Provenienzangaben vorliegen, wurde die Klasse „Annotation" eingeführt.

Das Vokabular ist noch in der Entwicklung und die Details werden auf der Bibframe-Mailingliste diskutiert.[30]

Anwendung von Vokabularen

Die Auswahl an Vokabularen zur Beschreibung von bibliographischen Daten ist beträchtlich. Die hier vorgestellten Vokabulare bilden mithin nur einen Ausschnitt von den Vokabularen, die sinnvoll zum Einsatz gebracht werden können.

Die Entscheidung für ein Vokabular aber muss erst gar nicht getroffen werden. RDF bietet durch seine Erweiterbarkeit immer die Möglichkeit, mehrere Vokabulare zu nutzen. Nehmen Sie sich daher das Beste aus allen Welten.

Das Hochschulbibliothekszentrum hbz nutzt für seinen Linked Data Service lobid.org[31] bei Fertigstellung dieses Dokuments dreizehn Vokabulare. Eher muss eine Auswahl über die konkurrierenden Terme der unterschiedlichen Vokabulare[32] getroffen werden.[33]

Bei der Vermischung von Vokabularen ist allerdings darauf zu achten, dass nicht jede Eigenschaft jeder Klasse zugeordnet werden kann:

```
@prefix mods: <http://simile.mit.edu/2006/01/ontologies/mods3#> .
@prefix dct: <http://purl.org/dc/terms/> .
@prefix dbp: <http://dbpedia.org/resource/> .
@prefix bibo: <http://purl.org/ontology/bibo/> .
@prefix rdf: <http://www.w3.org/1999/02/22-rdf-syntax-ns#> .
@prefix rdfs: <http://www.w3.org/2000/01/rdf-schema#> .
mods:extent rdfs:domain mods:Description .
dbp:The_Name_of_the_Rose rdf:type bibo:Book ;
#Das ist nicht richtig
                          mods:extent „632 pages" .
dct:extent rdfs:range dct:SizeOrDuration .
```

---

30 http://listserv.loc.gov/listarch/bibframe.html
31 http://lobid.org
32 http://prefix.cc/dc,dct,bibo,daia,frbr,isbd,gn,lv,marcrel,rdf,owl,geo,foaf
33 Wie unterschiedlich die Anwendung der einzelnen Terme der Vokabulare sein kann, zeigt die Arbeit der „Titeldaten Gruppe" innerhalb der DINI-AG KIM. Siehe https://wiki.d-nb.de/display/DINIAGKIM/Titeldaten+Gruppe .

```
#Das ist umständlicher, aber richtig
dbp:The_Name_of_the_Rose dct:extent[ rdf:value „632 pages" ].
```

In den obigen Beispielen wird einmal mit der bibo:Book Instanz dbp:The_Name_
of_the_Rose die Eigenschaft mods:extent benutzt. Da mods:extent aber ein Definitionsbereich (domain) von mods:Description hat, und die Klasse bibo:Book in
keinem Verhältnis zu mods:Description steht, darf die Eigenschaft mods:extent
nicht genutzt werden. Sie ist keine Eigenschaft von bibo:Book, sondern nur von
mods:Description. Die Eigenschaft dct:extent darf allerdings mit der Instanz
dbp:The_Name_of_the_Rose genutzt werden. Für dct:extent ist kein Definitionsbereich angegeben und wird damit automatisch owl:Thing, der Klasse
aller Klassen, zugeordnet. Allerdings hat dct:extent ein Wertebereich (range)
von dct:SizeOrDuration, ist also eine Object Property, und darf somit nicht mit
Literalen verwendet werden. Die Modellierung ist daher an dieser Stelle etwas
umständlicher.

Soweit auf solche Modellierungsprobleme geachtet wird, steht es einem
frei, Vokabulare nach eigenem Geschmack zu mischen. Nicht selten aber wird es
vorkommen, dass der benötigte Term in keinem der Vokabulare vorhanden ist.
Bevor die Beschreibung der Daten durch den Einsatz von ähnlichen oder sehr
allgemeinen Termen zu ungenau wird, sollte man sich dafür entscheiden, selber
einen Namensraum zu besetzen und eigene Terme zu nutzen. Diese können dann
durch Vocabulary Alignment mit Termen anderer Vokabulare in Relation gesetzt
werden. Ein guter Einstieg, um Fehler zu vermeiden und um eine möglichst große
Nachnutzung seiner Daten zu erreichen, ist das Online-Buch „Linked Data Patterns" von Leigh Dodds und Ian Davis.[34]

Zusammenfassung

An Vokabularen zur Beschreibung bibliographischer Daten im Web der Daten
gibt es eine große Auswahl, die hier nur überblicksweise und in Ausschnitten
beleuchtet werden konnte. Anders als die bibliothekarischen Austauschformate
MARC oder MAB, sind die in Linked-Library-Data-Projekten eingesetzten Vokabulare einfach und überschaubar. Große umfangreiche Vokabulare werden eher
weniger genutzt. Alles in allem entspricht dies den Erfahrungen, die im Zusammenhang mit dem Semantic Web und Linked Data gemacht wurden: Kleine
übersichtliche und gut dokumentierte Vokabulare setzten sich durch. Je mehr

---

34 Siehe Dodds.

Vokabulare es zudem geben wird, desto wichtiger wird es sein, dass diese gut dokumentiert sind und dem 5-Sterne-Schema entsprechen.

Gerade wenn es um offene Daten geht (Linked Open Data), wird die Verwendung von weit verbreiteten und gut dokumentierten Vokabularen umso wichtiger, da dadurch die Interoperabilität für Dritte, die Ihre Daten nachnutzen, steigt. Und Interoperabilität ist wichtig, denn wenn man seine Daten freigibt, dann möchte man auch, dass sie nachgenutzt werden. Aber auch für geschlossene Datenräume ist Interoperabilität ein entscheidender Vorteil für das Datenmanagement.

Aber egal, ob nun offene Daten oder nicht, bei der Verwendung von Vokabularen, genau wie bei der Erstellung von Metadaten, ist immer auf seine Stakeholder oder die Community zu achten. In der Bibliothekswelt bedeutet das, dass zum einen die Welt ihre Daten nachnutzen möchte. In der Kommunikation mit dieser wird es nötig sein, die weit verbreiteten Vokabulare zu nutzen, um die Nachnutzung in möglichst vielen Kontexten zu ermöglichen. Es bedeutet aber auch, dass sich auf Vokabulare verständigt werden muss, um Daten unter Bibliotheken auszutauschen.

Die klassischen Austauschformate sind veraltet und werden bald ersetzt werden müssen. Gerade mit der bevorstehenden Einführung von RDA wird es nötig sein, andere Wege zu finden, um die Daten sinnvoll zu beschreiben. An Vokabularen für bibliographische Daten mangelt es jedenfalls nicht und die vielen existierenden Library-Linked-Data-Projekte zeigen, dass auf diesem Gebiet eine Menge passiert.

Quellen

Berners-Lee, Tim: Linked Data. URL: http://www.w3.org/DesignIssues/LinkedData.html (zuletzt geprüft 20.04.2012)

Bizer, Chris; Jentzsch, Anja; Cyganiak, Richard: State of the LOD Cloud. Version 0.3, 09/19/2011. URL: http://www4.wiwiss.fu-berlin.de/lodcloud/state/2011-09_index.html (zuletzt geprüft 10.10.2012)

Carroll, J. J.; Klyne, G.: Resource Description Framework (RDF): Concepts and Abstract Syntax. W3C Recommendation. 10 February 2004. URL: http://www.w3.org/TR/2004/REC-rdf-concepts-20040210/#section-Literals (zuletzt geprüft 24.04.2012)

Dodds, Leigh; Davis, Ian: Linked Data Patterns : A pattern catalogue for modelling, publishing, and consuming Linked Data. 19. August 2011.URL: http://patterns.dataincubator.org (zuletzt geprüft 03.05.2012)

Hillmann, Diane; Coyle, Karen; Phipps, Jon u.a.: RDA Vocabularies: Process, Outcome, Use. In: D-Lib Magazine, 16.1/2 (2010). URL: http://www.dlib.org/dlib/january10/hillmann/01hillmann.html (zuletzt geprüft 24.04.2012)

Ideenlehre. In: Wikipedia, Die freie Enzyklopädie. Bearbeitungsstand: 14. September 2012, 06:51 UTC. URL: http://de.wikipedia.org/w/index.php?title=Ideenlehre&oldid=108049170 (zuletzt geprüft 06.10.2012)

OCLC Online Computer Library Center, Inc: OCLC adds Linked Data to WorldCat.org. 20. Juni 2012. URL: http://www.oclc.org/news/releases/2012/201238.htm (zuletzt geprüft 10.10.2012)

Schulze, Carsten M.: Mikroformate für bibliographische Daten : Vergleich verschiedener Konzepte zur semantischen Annotation. Fachhochschule Potsdam, FB Informationswissen-schaften, Diplomarbeit, 2008. Abschnitt Bibliographische Daten im WWW. Seite 3 ff.

Semantic reasoner. In Wikipedia, The Free Encyclopedia. Bearbeitungsstand: 7.Oktober 2012, 17:42. URL: http://en.wikipedia.org/w/ihttp://blog.hubjects.com/2012/02/is-your-linked-data-vocabulary-5-star_9588.htmIndex.php?title=Semantic_reasoner&oldid=513866223 (zuletzt geprüft 07.10.2012)

Shotton, David: Comparison of BIBO and FaBiO. In: Open Citations and Semantic Publishing, vom 29.07.2011. URL: http://opencitations.wordpress.com/2011/06/29/comparison-of-bibo-and-fabio/ (zuletzt geprüft 24.04.2012)

Vatant, Bernard: Is your linked data vocabulary 5-star?. URL: http://blog.hubjects.com/2012/02/is-your-linked-data-vocabulary-5-star_9588.html (zuletzt geprüft 21.04.2012)

Hans-Georg Becker

FRBR, Serials und CIDOC CRM - Modellierung von fortlaufenden Sammelwerken unter Verwendung von FRBRoo

"The idea is [...] that FRBROO could be used as a formalism to transfer bibliographic data from the format in which it is produced to RDF, in order to be exposed as Linked Data. Catalogers are not expected to "produce FRBROO records," a phrase that has no meaning, anyhow. Rather, it is a matter of providing a framework for automated transformations from your local catalog to the Linked Data universe."

Patrick Le Boeuf[1]

Einleitung

Die Modellierung fortlaufender Sammelwerke mittels des Referenzmodells *Functional Requirements for Bibliographic Records* (*FRBR*) gestaltet sich aus folgenden Gründen als schwierig.[2]

Unvollständigkeit fortlaufender Sammelwerke:
In den *FRBR* ist festgelegt, dass eine Manifestation in dem Sinn abgeschlossen sein muss, dass man ein Exemplar kaufen und ins Regal stellen kann. Bei fortlaufenden Sammelwerken ist dies nicht möglich, solange es weitere Hefte und Jahrgänge (im Fall von Zeitschriften) oder Bände (im Fall von Reihen oder Serien) gibt.

Heterogenität der in fortlaufenden Sammelwerken enthaltenen Manifestationen:
Teile einer Buchreihe können in einer weiteren Auflage, in einer anderen Reihe oder selbständig veröffentlicht werden; Zeitschriftenhefte können als Themenhefte wiederum als Buch veröffentlicht werden.

---

1 Vgl. Le Boeuf, Patrick: A Strange Model Named FRBROO. In: Cataloging & Classification Quarterly: Routledge 2012. http://dx.doi.org/10.1080/01639374.2012.679222 (24.6.2012).
2 Vgl. auch Pohl, Adrian: Serials and FRBR. https://wiki1.hbz-nrw.de/display/SEM/2011/10/17/Serials+and+FRBR (1.7.2012).

Denkt man die Werke eher vom Inhalt und weniger von der physikalischen Erscheinungsform her, so lassen sich diese Probleme in der bibliographischen Beschreibung umgehen.

Der vorliegende Beitrag zeigt durch die Abbildung der Publikationstypen Einzelwerk und mehrbändig begrenztes Werk mittels *FRBRoo* eine Darstellung von fortlaufenden Sammelwerken auf, welche die genannten Probleme löst.

Die CIDOC Ontologie für das kulturelle Erbe

Beim *CIDOC Conceptual Reference Model* handelt sich um eine Norm (ISO 21127:2006) für den kontrollierten Austausch von Informationen im Bereich des kulturellen Erbes. Die Ontologie soll unter anderem von Archiven, Bibliotheken und Museen zur Verbesserung der Verfügbarkeit von Wissen angewandt werden. Es wurde vom CIDOC, einem der 30 internationalen Komitees des International Council of Museums (Internationalen Museumsrats, ICOM) entwickelt.

Mit dem *CIDOC CRM* wird das Ziel verfolgt, die vielfältigen Informationen im Bereich des kulturellen Erbes gemeinsam zu erfassen und einen allgemeinen Rahmen ihrer formalen Semantik zur Verfügung zu stellen, damit jede Information dieses Bereichs den Begriffen des *CIDOC CRM* zugeordnet werden kann. Auf diese Weise werden wichtige Voraussetzungen für die Informationsintegration geschaffen, da auf der Grundlage des *CIDOC CRM* Werkzeuge zur Schematransformation und -integration entwickelt werden können.

Das *CRM* beruht auf zwei Hierarchien von Entitäten und Eigenschaften und erlaubt ein hohes Maß an semantischer Präzision. Es eignet sich daher als eine Art Zwischenformat, dessen Verwendung die Anzahl der notwendigen *Mappings* dramatisch reduziert, wenn verschiedene Quellformate und mehrere Zielsprachen benötigt werden.[3] Die wichtigste Eigenschaft des *CIDOC CRM* ist allerdings die Ereigniszentriertheit, d.h. es wird davon ausgegangen, dass jedes Objekt nur dann existiert, wenn vorher ein Ereignis stattgefunden hat, welches das Objekt zum Resultat hat.

---

3 Für eine Einführung in die Modellierung mittels Referenzontologien und Anwendungsontologien siehe auch Hohmann, Georg: Die Anwendung des CIDOC CRM für die semantische Wissensrepräsentation in den Kulturwissenschaften. In: Wissensspeicher in digitalen Räumen. Nachhaltigkeit, Verfügbarkeit, semantische Interoperabilität ; Proceedings der 11. Tagung der Deutschen Sektion der Internationalen Gesellschaft für Wissensorganisation, Konstanz, 20. bis 22. Februar 2008. Hrsg. von Jörn Sieglerschmidt. Würzburg: Ergon-Verl 2010. S. 211–222.

Mapping

Das *CRM* erlaubt *Mappings* beliebiger Datenmodelle. Für einige der im bibliographischen Kontext einschlägigen Modelle liegen generische *Mappings* vor, die von den Entwicklern des *CRM* veröffentlicht wurden. Die im Rahmen des CRM-Entwicklungsprojekts entworfenen *Mappings* für *Dublin Core* (*DC*), *Encoded Archival Description* (*EAD*), *Lightweight Information Describing Objects* (*LIDO*) und andere Modelle und Formate orientieren sich an den im CRM-Entwicklungsprozess ausgearbeiteten Empfehlungen.[4]

Das Grundprinzip des *CRM* – und das macht das *CRM* als „Zwischensprache" besonders interessant – besteht darin, die einzelnen in den Originalmetadaten vorgefundenen verschiedenen Entitäten, die ein Objekt ausmachen (z.B. bei einem Buch: der Autor, der Verlag), über entsprechende *Events* zu vermitteln. Konkret bedeutet das, dass zwischen Autor und Buch ein Schöpfungsereignis steht. Die Ereignisse ergeben in der Folge interessante Kandidaten für eine Deduplizierung von Objekten, da zwei identische Schöpfungsereignisse auf zwei identische Bücher verweisen. Formal werden dazu die Attribute zu Zeit- und Ortsangaben, sowie die durchführenden Akteure verglichen und bei Gleichheit die Ereignisse als äquivalent definiert. Die Ereignisse, die jeweils einen eindeutigen Identifier haben, bilden dadurch eine Gruppe, die selber auch wieder mit einem eindeutigen Identifier versehen wird. Diese Bündelung kann mit Hilfe der *Bundle Ontology* ebenfalls in den *Linked Data* Kontext übertragen und somit recherchierbar gemacht werden.[5]

Eine Konsequenz der Verwendung von Modellen wie dem *CRM* ist, dass die semantische Beschreibung der Objekte, die sich bei den Originalmetadaten aus dem bibliothekarischen Kontext mehr oder weniger stark an der Metapher des Bibliothekskatalogs bzw. des Karteikastens orientiert, in eine graphbasierte Darstellung übertragen wird.

---

4 ICOM: CIDOC CRM Mappings, Specializations and Data Examples. http://www.cidoc-crm.org/crm_mappings.html (1.7.2012).

5 *Bundle Ontology*: http://purl.org/net/bundle.rdf (1.7.2012). Vgl. aber auch die Beschreibung im Wiki des Hochschulbibliothekszentrums NRW (hbz): Koreferenzen im Semantic Web. https://wiki1.hbz-nrw.de/display/SEM/Koreferenzen+im+Semantic+Web#KoreferenzenimSemanticWeb-bundle (1.7.2012).

FRBRoo: Harmonisierung der FRBR mit der Referenzontologie für kulturelles Erbe CIDOC CRM

FRBRoo ist die objektorientierte Version der *FRBR*[6]und ermöglicht die gemeinsame Darstellung von Bibliotheks- und Museumsdokumentation. Damit ist es möglich, interoperable Informationssysteme für alle Nutzerinnen und Nutzer zu implementieren, die ein Interesse daran haben, auf gemeinsame oder verwandte Inhalte kultureller Einrichtungen zuzugreifen.[7]

Mit der Entwicklung der *FRBRoo* ging eine gegenseitige Anreicherung der *FRBR* und des *CIDOC CRM* einher:

– Ergänzung der *FRBR* um Zeit und Ereignisse,
– begriffliche Abklärung der Entität Manifestation,
– explizite Modellierung von Aufführungen und Aufzeichnungen, die in den *FRBR* erwähnt sind,
– Ergänzung des *CRM* durch die Entität Werk und
– Ergänzung des *CRM* durch einen Identifikator-Vergabeprozess.

FRBRoo fügt damit den *FRBR* die dynamischen Aspekte des *CRM* hinzu. Ferner erlaubt es, aufgrund der netzartigen Struktur des *CRM*, bibliographische Informationen in *Linked Data* Kontexte zu übertragen. Im Folgenden wird dies veranschaulicht.

Eine ausführliche Übersicht über verschiedene weitere Vokabulare zur Beschreibung bibliographischer Informationen in *Linked Data* Kontexten zeigt Carsten Klee in seinem Beitrag *Vokabulare für bibliographische Daten* in dem vorliegenden Band.

Darstellung von Publikationstypen mittels FRBRoo

In den folgenden Abschnitten werden Publikationstypen mit den *FRBRoo* dargestellt.[8] Die Beschreibungen sind durch Diagramme unterstützt und mit entspre-

---

6 Das „oo" in *FRBRoo* steht für „object-oriented".
7 Vgl. Riva, Pat, Martin Doerr u. Maja Žumer: FRBRoo: eine Basis zur gemeinsamen Informationsdarstellung in Kulturerbe-Institutionen. http://ifla.queenslibrary.org/IV/ifla74/papers/156-Riva_Doerr_Zumer-trans-de.pdf (1.7.2012).
8 Eine erste Version dieser Abbildung wurde veröffentlicht in Becker, Hans-Georg: MODS2FRBROO. Ein Tool zur Anbindung von bibliografischen Daten an eine Ontologie für Begriffe und Informationen im Bereich des kulturellen Erbes. In: Semantic Web & Linked Data. Elemente zukünftiger Informationsinfrastrukturen ; 1. DGI-Konferenz ; 62. Jahrestagung der DGI ; Frankfurt am Main, 7. - 9. Oktober 2010 ; Proceedings. Hrsg. von Marlies Ockenfeld. Frankfurt am Main:

chenden Belegen aus der Spezifikation der *FRBRoo* und dem *CRM* angereichert. Die Modellierung stützt sich vor allem auf die Ereigniszentriertheit des *CRM*, wodurch die Schöpfungs-, Publikations- und Produktionsprozesse transparenter werden.

Publikationstypen nach Gantert/Hacker

Der Betrachtung der Publikationstypen werden die Definitionen im bibliotheka-rischen Grundlagenbuch von Gantert/Hacker (Gantert, 2008) zugrunde gelegt. Zur Verdeutlichung der hier betrachteten Aspekte der Publikationstypen, werden diese im Folgenden nochmals aufgeführt.

– Einzelwerk

   Ein Einzelwerk ist eine in sich geistige abgeschlossene Schöpfung, die zur zusammenhängenden Veröffentlichung vorgesehen ist und in einem oder mehreren Teilen erscheint.

– Sammlung

   Als Sammlung wird eine Veröffentlichung bezeichnet, in der zwei oder mehr Einzelwerke desselben Verfassers vereinigt sind.

– Sammelwerk

   Unter Sammelwerk versteht man ein Buch mit mindestens zwei Einzelwerken von zwei oder mehr Verfassern.

– Fortsetzungswerk

   Fortsetzungswerk nennt man eine mehrbändige Publikation, bei der die ein-zelnen Bände oder Teile nacheinander in zeitlichen Abständen erscheinen. Der Unterschied zur Serie liegt darin, dass Fortsetzungswerke nach einer bestimmten Anzahl von Bänden oder Teilen abgeschlossen sind.

Die zentrale Rolle beim *Mapping* mit den *FRBRoo* stellt die Verfeinerung des Werk-Begriffs der *FRBR* in den *FRBRoo* dar.

Die Ausführungen in den originalen *FRBR* zu den Gruppe-1-Entitäten lassen in einigen Fällen verschiedene Interpretationen zu, die in Teilen zu logischen Inkonsistenzen führen. Insbesondere die Entität *Work* deckt mehrere Szenarien ab, die in der Realität verschiedene Eigenschaften haben.[9] Die *FRBRoo* greifen diese Ungenauigkeit auf und definieren das *Work* als Superklasse und verfeinern diese dann durch *Work*-Begriffe, welche die verschiedenen Szenarien modellie-ren können.

DGI Dt. Ges. für Informationswiss. und Informationspraxis 2010. S. 77–86.

9 Im Folgenden werden die Entitäten und Eigenschaften von *CRM* und *FRBRoo* mit ihren engli-schen Originalbezeichnungen verwendet.

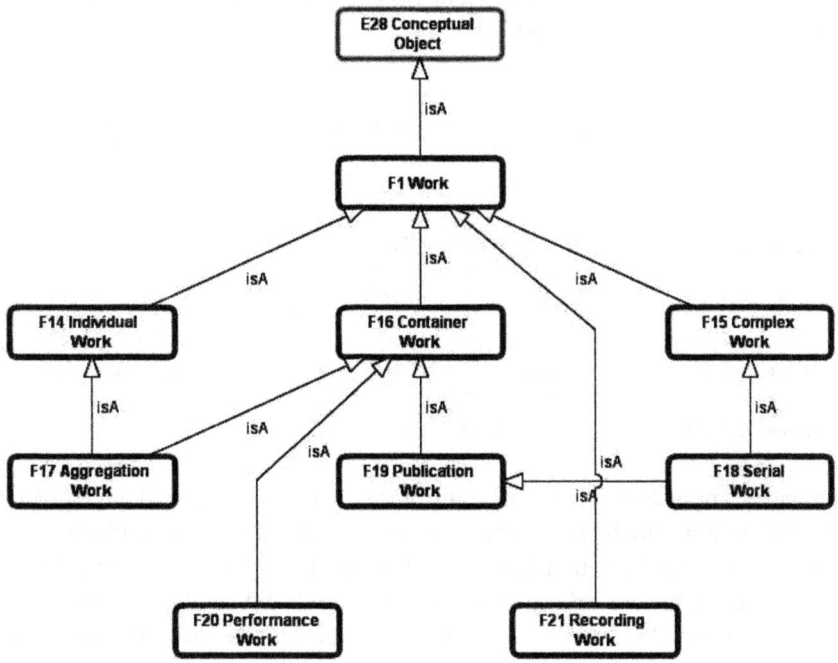

Abbildung 1: Die Klassenhierarchie zur FRBR-Entität *Work*.

So entsteht beispielsweise eine Entität *Serial Work*, die zum einen den intellektuellen Anteil des Verlags berücksichtigt (*Publication Work*) und zum anderen eine Umgebung für die Aggregation anderer Werke bildet (*Complex Work*). Dabei ist die soeben genannte Aggregation nicht mit der Aggregation bei Sammelwerken zu verwechseln. Letztere findet auf der Ebene der *Expressions* statt. In den *FRBRoo* heißt es zu *Aggregation Work*:

> This class comprises works whose essence is the selection and/or arrangement of expressions of one or more other works. This does not make the contents of the aggregated expressions part of this work, but only part of the resulting expression. F17 Aggregation Work may include additional original parts.

Somit fallen hierunter die Sammelwerke und Sammlungen.

Legt man nun die Publikationstypen nach dem bibliothekarischen Standardwerk von Gantert/Hacker zugrunde, so ergibt sich für die Publikationstypen das Bild in Abbildung 2. Die Abbildung enthält zwei Typen von Relationen: Unter-/Oberklassen (*subClassOf*) und Teil/Ganzes-Beziehungen (*hasPart*). Letztere stellen dabei – die insbesondere im deutschen Bibliothekswesen starken – Verknüpfungen zu Überordnungen dar.

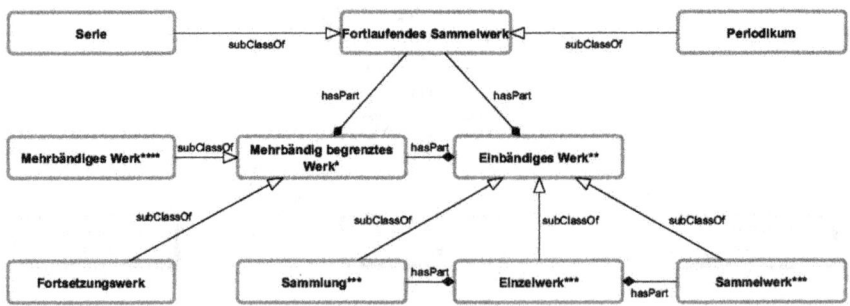

Abbildung 2: Publikationstypen nach Gantert/Hacker.

Für mehrbändig begrenzte Werke im Sinne von bibliographischen Einheiten (gekennzeichnet durch *) werden zwei Fälle unterschieden: mehrbändig begrenzt mit zeitgleich erschienenen Bänden (gekennzeichnet durch ****) und Fortsetzungswerke. Ein einbändiges Werk im Sinne einer bibliographischen Einheit (gekennzeichnet durch **) kann ebenfalls verschiedene Formen annehmen, beispielsweise als Sammlung oder Sammelwerk.

Abbildung 3 stellt nun die Zuordnung zu den *FRBRoo-Work*-Entitäten (*sameAs*) dar. Ferner kann der Abbildung entnommen werden, dass sich Publikationstypen *FRBRoo*-Klassen „teilen". Am Beispiel des fortlaufenden Sammelwerks sind dies die Serie/Reihe und das Periodikum, welche sich das *Serial Work* teilen. Der formale Unterschied zwischen Serien und Periodika ist „nur" die Beschreibung der Erscheinungsweise. Diese kann aber in einem Modell, wie es die *FRBRoo* sind, durch die Verwendung entsprechender Vokabulare für die Attribute der Entitäten beschrieben werden.

In den folgenden Abschnitten werden nun die einzelnen Publikationstypen mittels *FRBRoo* dargestellt, die für die Herleitung eines Modells für fortlaufende Sammelwerke notwendig sind. Begonnen wird mit der Abbildung von Einzelwerken.

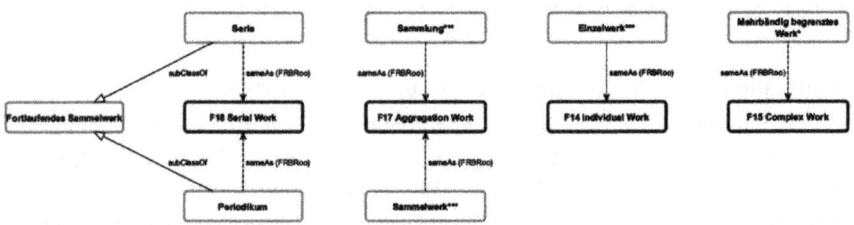

Abbildung 3: Zuordnung der FRBRoo-*Work*-Entitäten zu den Publikationstypen.

Einzelwerke

Das *CRM* und somit die *FRBRoo* liefern durch ihre Ereigniszentriertheit für das Modell drei wesentliche Prozesse: den Schöpfungsprozess (realisiert durch das Ereignis *F28 Expression Creation*),[10] den Publikationsprozess (realisiert durch das Ereignis *F30 Publication Event*)[11] und den Produktionsprozess (realisiert durch das Ereignis *F32 Carrier Production Event*).[12]

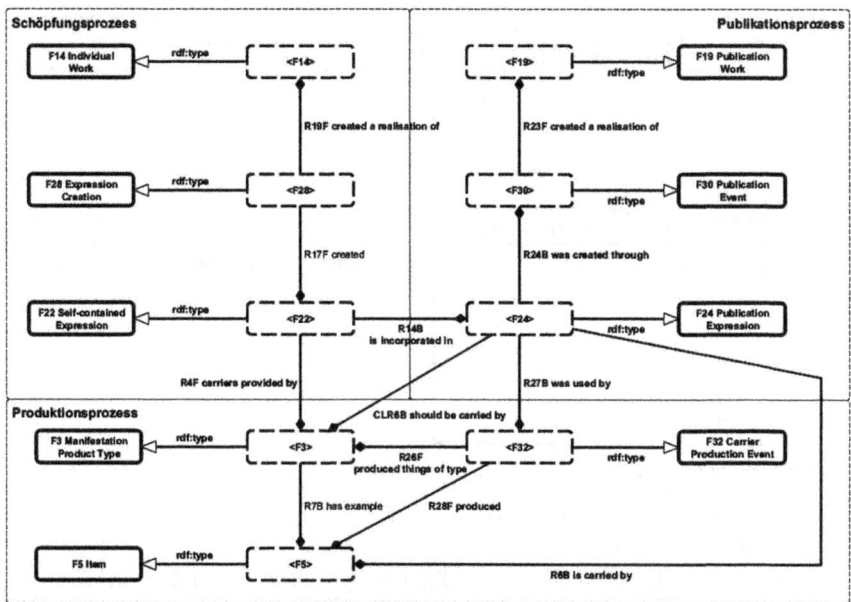

Abbildung 4: Abbildung eines Einzelwerks.

Die Beschreibung des Publikationstyps Einzelwerk stellt in einem gewissen Sinne ein Kernmodell dar. So werden darin die grundsätzliche Unterscheidung und die Zusammengehörigkeit der oben genannten Prozesse sichtbar. Die in diesen Prozessen verwendeten Entitäten und Relationen werden bei sämtlichen Publikationstypen wieder verwendet und den Gegebenheiten angepasst. Der Übersichtlichkeit halber wird das Modell in zwei Teilen präsentiert: dem Modell für die

---

10 Vgl Bekiari, Chryssoula, Martin Doerr u. Patrick Le Bœuf: Definition of Object-Oriented FRBR. http://www.cidoc-crm.org/docs/frbr_oo/frbr_docs/FRBRoo_V1.0.2.pdf (1.7.2012) S. 14, Abb. 1.
11 Vgl. ebd. S. 15, Abb. 2.
12 Vgl. ebd. S. 18, Abb. 5.

materiellen Konzepte und die Ereignisse (Abbildung 4), sowie dem Modell der Akteure (Abbildung 5).[13]

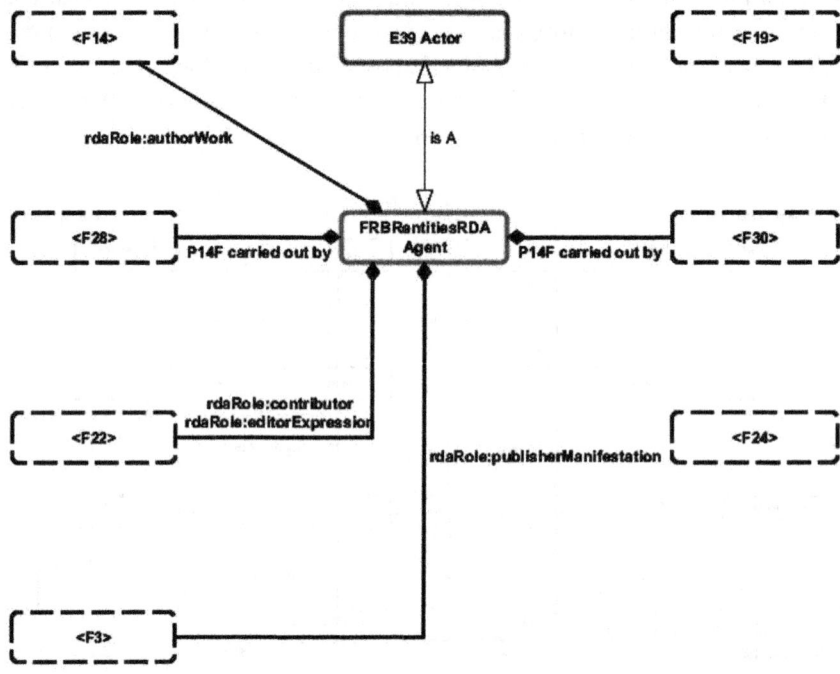

Abbildung 5: Modellierung der Akteure zu den Ereignissen.

Die Linien der Schöpfungs- und Publikationsprozesse verbinden sich auf der Ebene der *Expressions*. Hier wird der Tatsache Rechnung getragen, dass der Verlag durch das Hinzufügen seines Layouts und sonstiger, ergänzender Teile die *Expression* und somit die Realisierung des Schöpfers anreichert. Diese erweiterte *Expression* wird dann in den Produktionsprozess weitergeleitet.[14]

Aus der Sicht eines Bibliothekskatalogs sind in der Regel zum Schöpfungsprozess des Werks wenige bis keine Informationen bekannt. Die formalen Beschreibungen der Werksebene werden im Bibliothekskontext entsprechend auf der Seite des Publikationsprozesses abgelegt, d.h. insbesondere, dass der Titel, so wie er bei der formalen Erschließung erfasst wird, als Attribut zum *F19 Publication Work* gehört. Anders ist das bei der Zuordnung der Akteure des Schöpfungsprozesses.

---

13 Die Abbildungen enthalten grundsätzlich zwei Knotentypen: die mit der durchgehenden Umrandung sind die Klassen der Ontologie, die mit der gestrichelten Umrandung sind Instanzen.
14 Hier ist zu beachten, dass die Relation R4 in der Abbildung eine Abkürzung der Relationskette F22 R14B F24 CLR6B F3 darstellt.

Hier ist bei der formalen Erschließung bekannt, dass die angegebenen Personen oder Körperschaften an der Realisierung der *Expression* mitgewirkt haben.

Die Akteure werden in dem vorliegenden Modell zum einen als Ausführende direkt an die Ereignisse angebunden (unter Verwendung der Relation *P14 carried out by* des *CRM*), zum anderen werden die Rollen der Akteure mithilfe des *RDA*-Vokabulars modelliert. [15,16]

Die Abbildung 5 zeigt die Verwendung eines weiteren Modells, den *FRBRentitesRDA*.[17] Hierbei handelt es sich um die Definition der FRBR-Entitäten aus dem *RDA*-Modell. An dieser Stelle soll nun die Verbindung der Modelle genauer aufgezeigt werden.

Die *FRBRoo* greifen, wie oben erwähnt, die Schwachstellen der *FRBR* auf und versuchen diese zu beheben. Dabei verlassen sie aber nie das Grundvokabular der FRBR-Entitäten. So bleiben die Entitäten *Work, Expression, Manifestation* und *Item* in *FRBRoo* erhalten und bekommen nur die *CRM*-typische Nummer verliehen. Auch die *RDA* basieren auf den Konzepten der *FRBR*. Somit sind die vier Entitäten der *FRBR*-Gruppe 1 in allen drei Modellen äquivalent bzw. im Fall von *F3 Manifestation-Product Type* und *F4 Manifestation Singleton* in *FRBRoo* abgeleitet.[18] Diese Feststellung ist insofern wichtig, dass es nur dann möglich ist,

---

15 *RDA – Resource, Description and Access*; das neue Regelwerk für die Erschließung von kulturellen Objekten. Das CRM liefert selber auch eine Möglichkeit, den Ausführenden eines Ereignisses eine Rolle zuzuordnen. Und zwar sieht das *CRM* eine Relation *P14.1 in the role of* der Relation *P14 carried out by* vor. Dieses Konstrukt ist in dieser Form aber nicht *RDF*-konform und müsste durch die Modellierung eines sogenannten *Blank-Nodes* aufgelöst werden. Da die Verwendung von *Blank-Nodes* in der Praxis auch nicht unbedingt empfohlen wird (vgl. die folgende Fußnote) und das Bibliothekswesen mit den *RDA* eine geeignete Alternative hat, wird diese hier auch verwendet. Vor der gleichen Herausforderung stand man auch in Mazurek, Cezary, Krysztof Sielski u. a.: From MARC21 and Dublin Core, through CIDOC CRM. First Tenuous Steps towards Representing Library Data in FRBRoo. Accepted Paper for the CIDOC Conference 2012, Helsinki. http://www.cidoc2012.fi/en/File/1611/mazurek.pdf (1.7.2012). Allerdings hat man dort den Weg der Verfeinerung der *F28 Expression Creation* eingeschlagen.
16 Vgl. z.B. Heath, Tom u. Christian Bizer: Linked Data. Evolving the web into a global data space. 1. Aufl. San Rafael, Calif: Morgan& Claypool 2011 (=Synthesis lectures on the semantic web theory and technology 1). 2.4.1, Absatz "RDF Features Best Avoided in the Linked Data Context": "The scope of blank nodes is limited to the document in which they appear; meaning it is not possible to create RDF links to them from external documents, reducing the potential for interlinking between different Linked Data sources. In addition, it becomes much more difficult to merge data from different sources when blank nodes are used, as there is no URI to serve as a common key. Therefore, all resources in a data set should be named using URI references."
17 FRBRentitiesRDA: http://rdavocab.info/uri/schema/FRBRentitiesRDA (13.10.2012)
18 Im Fall der *Manifestations* ist ein direktes Mapping aufgrund der Aufteilung in *F3* und *F4* in den *FRBRoo* nicht möglich. Hier werden stattdessen die Instanzen einer Manifestation über *rdf:type* zum einen *F3* bzw. *F4* und zusätzlich der *FRBRentitiesRDA:Manifestation* zugeordnet.

Relationen und Attribute aus verschiedenen Modellen und Ontologien zu benutzen, wenn die Entitäten in der beschriebenen Weise zusammenpassen. Nur unter diesen Voraussetzungen kann die Idee des *Linked Data* funktionieren.

Im vorliegenden Beitrag werden die Entitäten der *FRBRoo* mit denen der *FRBRentitiesRDA* „gematcht", um nicht sämtliche Metadaten zu den Instanzen als *CRM* oder *FRBRoo*-Tripel zu beschreiben, was den Graph in seiner Größe förmlich explodieren ließe.[19] Der Vorteil hierbei ist, dass ab einer bestimmten Tiefe des Graphen nur noch bereits bekannte und hoffentlich standardisierte Metadaten verwendet werden.

Tabelle 1: Ontologie-*Mappings*

Instanz	rdf:type	Mapping zu anderer Ontologie
Work	F1 Work	rdfs:subClassOf FRBRentitiesRDA:Work
Expression	F2 Expression	rdfs:subClassOf FRBRentitiesRDA:Expression
Item	F5 Item	rdfs:subClassOf FRBRentitiesRDA:Item
Actor	E39 Actor	owl:sameAs FRBRentitiesRDA:Agent
Person	F10 Person	owl:sameAs FRBRentitiesRDA:Person
		owl:sameAs E21 Person
Corporate Body	F11 Corporate Body	owl:sameAs FRBRentitiesRDA:CorporateBody
		rdfs:subClassOf E74 Group

Unter der Annahme der *Matchings* in Tabelle 1 können für die in diesem Beitrag verwendeten Konzepte die *Data Properties* des *RDA*-Modells verwendet werden. Diese werden seit einigen Jahren, obwohl das Regelwerk noch nicht verabschiedet ist, bereits in *RDF* modelliert und im Netz bereitgestellt.[20] Die Relationen in Abbildung 5 verwenden ohnehin bereits das Vokabular *RDA Roles* aus dieser Sammlung.[21]

Für den Schöpfungsprozess finden die Rollen *authorWork*, *contributor* und *editorExpression*, und für den Publikationsprozess die Rolle *publisherManifes-*

---

[19] Verwendet man nur das CRM, so müssen für Aussagen sehr viele Tripel erzeugt werden, bis die Semantik klar ausgedrückt wird, wodurch sehr große Graphen entstehen. Um diese Graphen kleiner zu halten, wird mittels Ontology Alignment ein Mapping zu Modellen erzeugt, die für die gleiche Aussagekraft kürzere Wege erlauben. So entsteht ein durch das CRM zusammengehaltener Graph, dessen Knoten durch fachspezifische Ontologien beschrieben werden. Auch Mazurek, Cezary u. Sielski, Krysztof u. a.: MARC21 hatten das Problem. Sie zeigen in ihrem Beitrag an einem Beispiel, wie kleinteilig diese Art der Modellierung wäre.

[20] The Registry!: The RDA (Resource Description and Access) Vocabularies. http://rdvocab.info/ (1.7.2012).

[21] RDA roles: http://rdavocab.info/roles (13.10.2012)

tation Verwendung und werden über den Akteur dem entsprechenden Ereignis zugeordnet.

Das bisher beschriebene Modell wird im Folgenden durch ein Beispiel verdeutlicht. Dabei wird auch für weitere Attribute das *RDA*-Vokabular verwendet.[22]

Beispiel 1:

FRBR : a guide for the perplexed / Maxwell, Robert L. Chicago: American Library Association, 2008. VII, 151 S. : graph. Darst.

ISBN: 978-0-8389-0950-8, 0-8389-0950-7

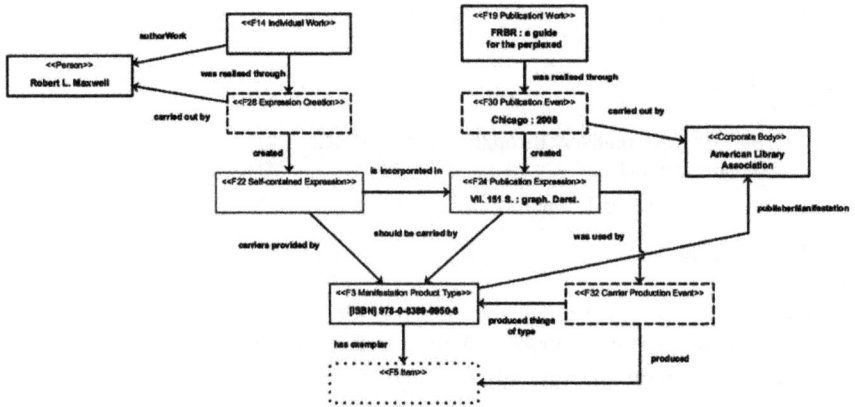

Abbildung 6: Graphische Darstellung von Beispiel 1.

Wir gehen nun ebenenweise durch die *FRBRoo*-Entitäten. Die Ebene der Exemplare wird dabei vernachlässigt. Die Darstellung erfolgt in validem Turtle und nutzt folgende Präfixe:

```
@prefix dc: <http://purl.org/dc/elements/1.1/> .
@prefix ecrm: <http://erlangen-crm.org/120111/> .
@prefix efrbroo: <http://erlangen-crm.org/efrbroo/120219/> .
@prefix frhr: <http://rdvocab.info/uri/schema/FRBRentitiesRDA/> .
@prefix owl: <http://www.w3.org/2002/07/owl#> .
@prefix rdaGr1: <http://RDVocab.info/Elements/> .
```

---

22 Die Links führen zum *Triple Store* der *Linked Open Library Data*-Plattform der Universitätsbibliothek Dortmund (Universitätsbibliothek Dortmund: Offene bibliographische Daten an der Universitätsbibliothek Dortmund. http://data.ub.tu-dortmund.de/projekte/offene-daten/ (13.10.2012)) bzw. zum *Triple Store* der bibliographischen Daten aus dem DFG-Projekt *ArcheoInf* (ArcheoInf Dokumentenrepositorium. http://archeoinf.ub.rub.de/ (1.7.2012)).

```
@prefix rdaRole: <http://RDVocab.info/roles/> .
@prefix rdf: <http://www.w3.org/1999/02/22-rdf-syntax-ns#> .
@prefix gnd: <http://d-nb.info/gnd/> .
@prefix marcLang: <http://marccodes.heroku.com/languages/> .
@prefix lobid: <http://lobid.org/resource/> .
@prefix f14: <http://data.ub.tu-dortmund.de/resource/ubdo/frbroo/F14/> .
@prefix f19: <http://data.ub.tu-dortmund.de/resource/ubdo/frbroo/F19/> .
@prefix f28: <http://data.ub.tu-dortmund.de/resource/ubdo/frbroo/F28/> .
@prefix f30: <http://data.ub.tu-dortmund.de/resource/ubdo/frbroo/F30/> .
@prefix f22: <http://data.ub.tu-dortmund.de/resource/ubdo/frbroo/F22/> .
@prefix f24: <http://data.ub.tu-dortmund.de/resource/ubdo/frbroo/F24/> .
@prefix f11: <http://data.ub.tu-dortmund.de/resource/ubdo/frbroo/F11/> .
@prefix f3: <http://data.ub.tu-dortmund.de/resource/ubdo/frbroo/F3/> .
@prefix f32: <http://data.ub.tu-dortmund.de/resource/ubdo/frbroo/F32/> .
```

Individual Work:
f14:HT015671602
    efrbroo:R19i_was_realised_through f28:HT015671602 ;
    rdaRole:authorWork gnd:142840386 ;
    rdf:type efrbroo:F14_Individual_Work .

Publication Work:
f19:HT015671602
    efrbroo:R23i_was_realised_through f30:HT015671602 ;
    rdaGr1:preferredTitleForTheWork FRBR : a guide for the perplexed ;
    rdf:type efrbroo:F19_Publication_Work .

Expression Creation:
f28:HT015671602
    ecrm:P14_carried_out_by gnd:142840386 ;
    efrbroo:R17_created f22:HT015671602 ;
    efrbroo:R19_created_a_realisation_of f14:HT015671602 ;
    rdf:type efrbroo:F28_Expression_Creation .

Publication Event:
f30:HT015671602
    ecrm:P14_carried_out_by f11:HT015671602-1 ;
    dc:date 2008 ;
    dc:place Chicago ;
    efrbroo:R23_created_a_realisation_of f19:HT015671602 ;
    efrbroo:R24_created f24:HT015671602 ;
    rdf:type efrbroo:F30_Publication_Event .

Self-Contained Expression:

f22:HT015671602

> **efrbroo:R14i_is_incorporated_in** f24:HT015671602 ;
> **efrbroo:R17i_was_created_by** f28:HT015671602 ;
> **efrbroo:R4_carriers_provided_by** f3:HT015671602 ;
> **rdaGr1:languageOfTheContentExpression** marcLang:eng ;
> **rdf:type** efrbroo:F22_Self-Contained_Expression .

Publication Expression:

> f24:HT015671602
> **efrbroo:CLR6i_should_be_carried_by** f3:HT015671602 ;
> **efrbroo:R14_incorporates** f22:HT015671602 ;
> **efrbroo:R24i_was_created_through** f30:HT015671602 ;
> **efrbroo:R27i_was_used_by** f32:HT015671602 ;
> **rdf:type** efrbroo:F24_Publication_Expression .

Manifestation:

f3:HT015671602

> **efrbroo:CLR6_should_carry** f24:HT015671602 ;
> **efrbroo:R26i_was_produced_by** f32:HT015671602 ;
> **efrbroo:R4i_comprises_carriers_of** f22:HT015671602 ;
> **owl:sameAs** lobid:HT015671602 ;
> **rdaGr1:dateOfPublicationManifestation** 2008 ;
> **rdaGr1:identifierForTheManifestation** [ISBN] 0-8389-0950-7 ;
> **rdaGr1:identifierForTheManifestation** [ISBN] 978-0-8389-0950-8 ;
> **rdaGr1:placeOfPublicationManifestation** Chicago ;
> **rdaGr1:placeOfPublicationManifestation** XD-US ;
> **rdaGr1:publicationStatementManifestation**
>   Chicago : American Library Association, 2008
> **rdaGr1:publishersNameManifestation** American Library Association ;
> **rdaRole:publisherManifestation** f11:HT015671602-1 ;
> **rdf:type** efrbroo:F3_Manifestation_Product_Type ;
> **rdf:type** frbr:Manifestation .

Sammelwerke und Sammlungen

Ein Sammelwerk oder eine Sammlung zeichnet sich dadurch aus, dass es *Expressions* anderer Werke in sich vereint oder anders ausgedrückt aggregiert. Für diese Werke gibt es in den *FRBRoo* die Entität *F17 Aggregation Work*, welches die Eigenschaften des *F14 Individual Work* und des *F16 Container Work* in sich vereint:

This class comprises works whose essence is the selection and/or arrangement of expressions of one or more other works. This does not make the contents of the aggregated expressions part of this work, but only part of the resulting expression. F17 Aggregation Work may include additional original parts.[23]

An diesem Publikationstyp sind somit mehrere Werke und deren Realisierungen beteiligt: zum einen sind dies die Werke der Beiträge, zum anderen ist es das Sammelwerk an sich. Daraus folgt auch, dass es einige zu betrachtende Prozesse gibt.

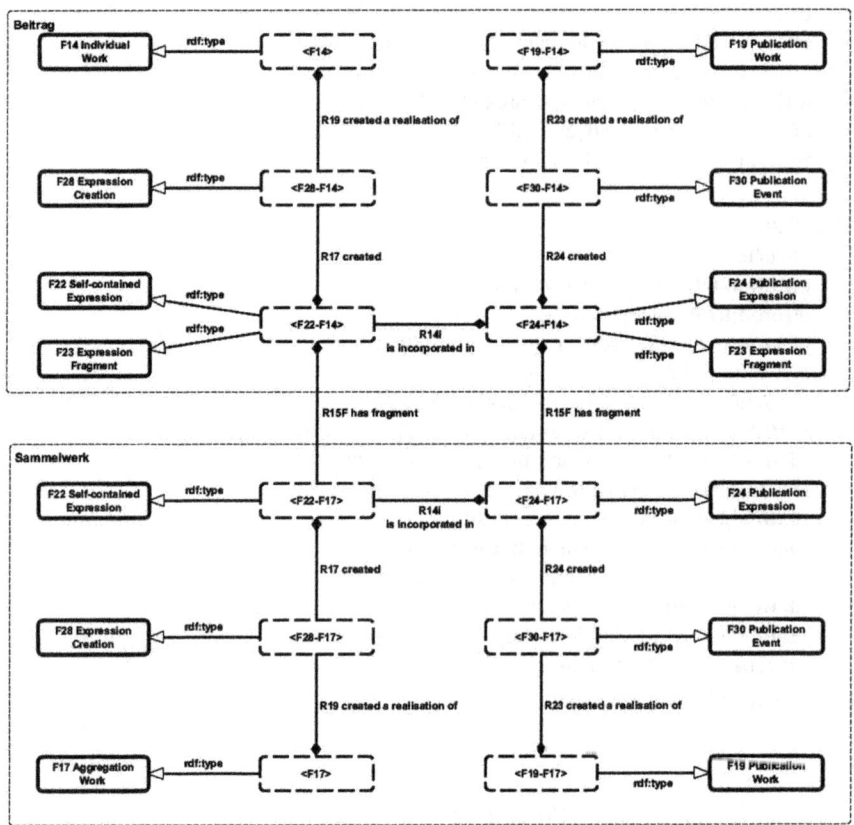

Abbildung 7: Schöpfungs- und Publikationsprozess eines Sammelwerkes.

Die Schöpfungsprozesse sind zunächst mal dem des Einzelwerks sehr ähnlich (bei den Beiträgen handelt es sich um Einzelwerke, beim Sammelwerk handelt es sich um ein *F17 Aggregation Work*, welches von *F14 Individual Work* abgeleitet ist).

---

23 Vgl. Bekiari, Chryssoula, Martin Doerr u. Patrick Le Bœuf: Definition. S. 46.

Allerdings kommt hinzu, dass die aus den Beiträgen entstandenen *Expressions* neben ihrer Eigenschaft sich selbst zu enthalten (*F22 Self-contained Expression*) auch Fragmente (*F23 Expression Fragment*) einer übergeordneten *Expression*, der des Sammelwerks, sind. Abbildung 7 stellt dies graphisch dar. Somit ist eine *Expression* eines Beitrags gleichzeitig Instanz von F22 und F23.

Die soeben beschriebene Fragmentierung gilt auch im Publikationsprozess. So erhält jede *Expression* eines Beitrags eine eigene *F24 Publication Expression*. Somit gilt für die *Expressions* im Publikationsprozess, dass sie gleichzeitig Instanzen von F24 und F23 sind.

Beispiel 2:
Commercial Interchanges Between Greeks and Natives / Graham, Alexander JohnIn: Collected papers on Greek colonization / Graham, Alexander John (Hrsg.) Leiden, Boston, Köln : Brill, 2001.

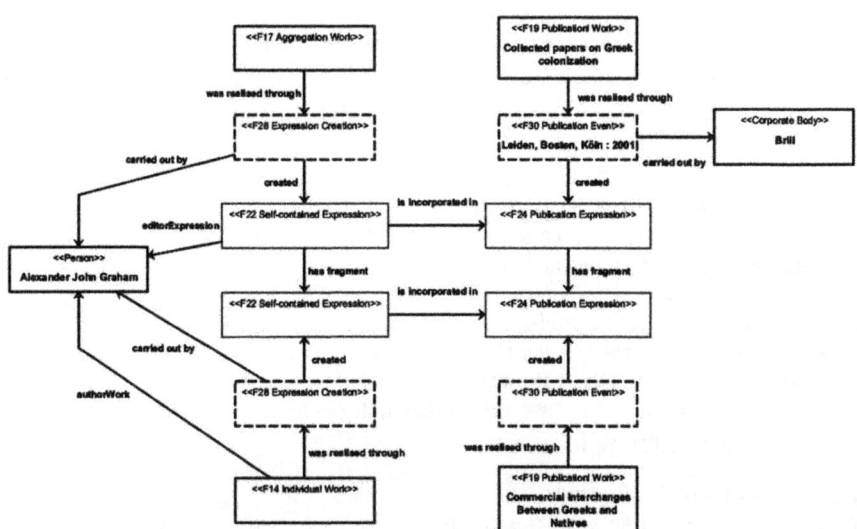

Abbildung 8: Graphische Darstellung von Beispiel 2.

Folgende Präfixe werden verwendet:

```
@prefix f14: <http://data.archeoinf.tu-dortmund.de/resource/gela/fr-
broo/F14/> .
@prefix f28_f14: <http://data.archeoinf.tu-dortmund.de/resource/gela/
frbroo/F28/> .
```

```
@prefix f17: <http://data.archeoinf.tu-dortmund.de/resource/gela/fr-
broo/F17/> .
@prefix f28_f17: <http://data.archeoinf.tu-dortmund.de/resource/gela/
frbroo/F17/> .
@prefix f19_f14: <http://data.archeoinf.tu-dortmund.de/resource/gela/
frbroo/F19-F14/> .
@prefix f30_f14: <http://data.archeoinf.tu-dortmund.de/resource/gela/
frbroo/F30-F14/> .
@prefix f19_f17: <http://data.archeoinf.tu-dortmund.de/resource/gela/
frbroo/F19-F17/> .
@prefix f30_f17: <http://data.archeoinf.tu-dortmund.de/resource/gela/
frbroo/F30-F17/> .
@prefix f22_f14: <http://data.archeoinf.tu-dortmund.de/resource/gela/
frbroo/F22-F14/> .
@prefix f24_f14: <http://data.archeoinf.tu-dortmund.de/resource/gela/
frbroo/F24-F14/> .
@prefix f22_f17: <http://data.archeoinf.tu-dortmund.de/resource/gela/
frbroo/F24-F17/> .
@prefix f24_f17: <http://data.archeoinf.tu-dortmund.de/resource/gela/
frbroo/F24-F17/> .
@prefix f3_f17: <http://data.archeoinf.tu-dortmund.de/resource/gela/
frbroo/F3-F17/> .
```

Individual Work des Beitrags:
f14:48473e07-60aa-4858-9a96-133dab42f6f6
    efrbroo:R19i_was_realised_through
        f28_f14:48473e07-60aa-4858-9a96-133dab42f6f6 ;
    rdf:type efrbroo:F14_Individual_Work .

Aggregation Work des Sammelwerks:
f17:48473e07-60aa-4858-9a96-133dab42f6f6
    efrbroo:R19i_was_realised_through
        f28_f17:48473e07-60aa-4858-9a96-133dab42f6f6 ;
    rdf:type efrbroo:F17_Aggregation_Work .

Publication Work des Beitrags:
f19_f14:48473e07-60aa-4858-9a96-133dab42f6f6
    efrbroo:R23i_was_realised_through
        f30_f14:48473e07-60aa-4858-9a96-133dab42f6f6 ;
    rdaGr1: preferredTitleForTheWork
        Commercial Interchanges Between Greeks and Natives ;
    rdf:type efrbroo:F19_Publication_Work .

Publication Work des Sammelwerks:
f19_f17:48473e07-60aa-4858-9a96-133dab42f6f6
    efrbroo:R23i_was_realised_through
        f30_f17:48473e07-60aa-4858-9a96-133dab42f6f6 ;
    rdaGr1: preferredTitleForTheWork
        Collected papers on Greek colonization ;
    rdf:type efrbroo:F19_Publication_Work .

Self-contained Expression des Beitrags:
f22_f14:48473e07-60aa-4858-9a96-133dab42f6f6
    efrbroo:R17i_was_created_by
        f28_f14:48473e07-60aa-4858-9a96-133dab42f6f6 ;
    efrbroo:R14i_is_incorporated_in
        f24_f14:48473e07-60aa-4858-9a96-133dab42f6f6 ;
    efrbroo:R15i_is_fragment_of
        f22_f17:48473e07-60aa-4858-9a96-133dab42f6f6 ;
    rdaGr1:languageOfTheContentExpression marcLang:eng ;
    rdf:type efrbroo:F22_Self-Contained_Expression ;
    rdf:type efrbroo:F23_Expression_Fragment .

Publication Expression des Beitrags:
f24_f14:48473e07-60aa-4858-9a96-133dab42f6f6
    efrbroo:R24i_was_created_through
        f30_f14:48473e07-60aa-4858-9a96-133dab42f6f6 ;
    efrbroo:R14_incorporates
        f22_f14:48473e07-60aa-4858-9a96-133dab42f6f6 ;
    efrbroo:R15i_is_fragment_of
        f24_f17:48473e07-60aa-4858-9a96-133dab42f6f6 ;
    rdf:type efrbroo:F24_Publication_Expression ;
    rdf:type efrbroo:F23_Expression_Fragment .

Self-contained Expression des Sammelwerks:
f22_f17:48473e07-60aa-4858-9a96-133dab42f6f6
    efrbroo:R14i_is_incorporated_in
        f24_f17:48473e07-60aa-4858-9a96-133dab42f6f6 ;
    efrbroo:R17i_was_created_by
        f28_f17:48473e07-60aa-4858-9a96-133dab42f6f6 ;
    efrbroo:R15_has_fragment
        f22_f14:48473e07-60aa-4858-9a96-133dab42f6f6 ;
    efrbroo:R4_carriers_provided_by
        f3_f17:48473e07-60aa-4858-9a96-133dab42f6f6
    rdaGr1:languageOfTheContentExpression marcLang:eng ;
    rdf:type efrbroo:F22_Self-Contained_Expression .

Publication Expression des Sammelwerks:
f24_f17:48473e07-60aa-4858-9a96-133dab42f6f6
    efrbroo:R24i_was_created_through
        f30_f17:48473e07-60aa-4858-9a96-133dab42f6f6 ;
    efrbroo:R14_incorporates
        f22_f17:48473e07-60aa-4858-9a96-133dab42f6f6 ;
    efrbroo:R15_has_fragment
        f24_f14:48473e07-60aa-4858-9a96-133dab42f6f6 ;
    rdf:type efrbroo:F24_Publication_Expression .

Mehrbändig begrenzte Werke

Bei der Abbildung von mehrbändig begrenzten Werken wird es schon etwas komplexer. Es gibt hier zwei zu unterscheidende Fälle: mehrbändiges Werk im Schöpfungsprozess (bibliographische Einheiten) und mehrbändiges Werk im Publikationsprozess (buchbinderische Einheiten).

Bei der Mehrbändigkeit im Schöpfungsprozess findet die Definition der Entität *F15 Complex Work* Verwendung:

> This class comprises works that have more than one work as members. The members of a Complex Work may constitute components of the overall concept or be alternatives to other members of the work. [...] The member relationship of Work is based on the conceptual relationship, and should not be confused with the internal structural parts of an individual expression.[24]

Die Mehrbändigkeit bezieht sich in diesem Fall auf die inhaltliche Ebene. Somit ergibt sich aus dieser Definition direkt die Unterscheidung zur Mehrbändigkeit im Publikationsprozess, bei der sich die Mehrbändigkeit rein praktisch begründet. In letzterem Fall wird die „einbändige" *Expression* des Verfassers in mehrere *Manifestations* aufgeteilt.

Abbildung 9 stellt ein im Publikationsprozess entstehendes mehrbändiges Werk dar, lässt dabei aber den Aspekt des Produktionsprozesses weitestgehend außen vor, da er sich nicht von dem des Kernmodells unterscheidet. Das vom Verfasser initiierte Werk wird im Vorfeld des Publikationsprozesses in mehrere Fragmente zerlegt (*F23 Expression Fragment*). Diese werden dann jeweils in den Publikationsprozess geleitet und werden somit zu *Publication Works*. Diese wiederum ergeben gemeinsam ein komplexes Werk im Sinne der *FRBRoo*-Definition, da hier eine gemeinsame inhaltliche Konzeption – in der Regel durch den Verlag

---

24 Vgl. ebd. S. 44.

– zugrunde liegt. Somit sind die den Werken zugrundeliegenden Instanzen der *Work Conceptions* unterschiedliche Ereignisse.[25]

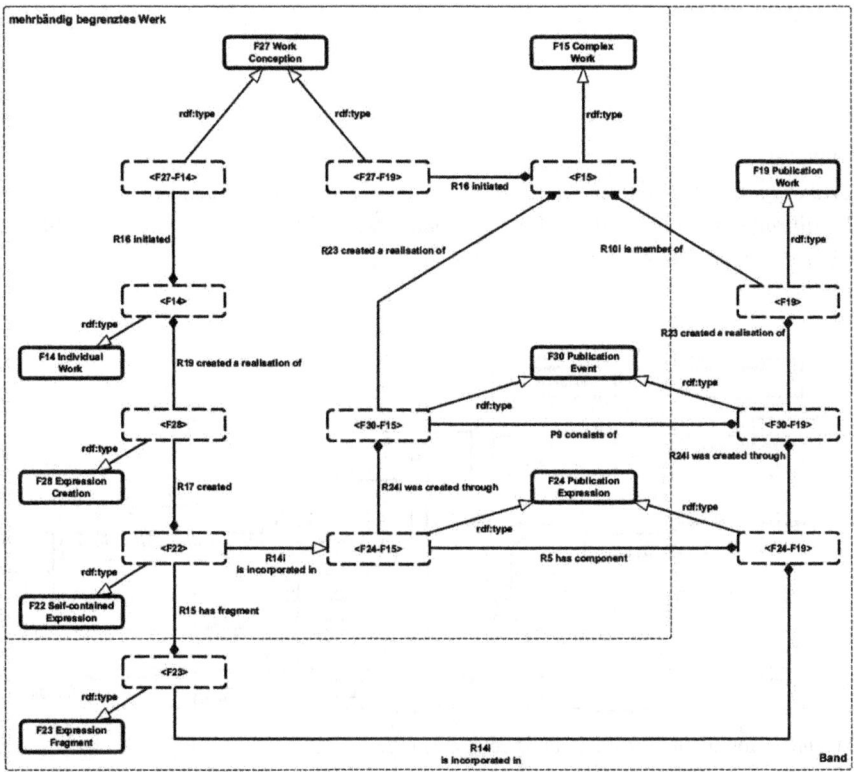

Abbildung 9: Mehrbändig begrenztes Werk im Publikationsprozess.

Die entstandenen *Complex Works* erhalten jeweils einen eigenen *Expression*-Zweig. Dieser existiert, sobald das Werk vollständig ist, und da es sich hier um mehrbändig begrenzte Werke handelt, ist bereits von der Vollständigkeit auszugehen. Die *Expression Creation*-Ereignisse der einzelnen Bände sind somit Teilereignisse der *Expression Creation* des *F15 Complex Work* (*P9 consists of*) und die *Expressions* der Bände sind Teile der *Expression* des *Complex Work*. Bei letzterem ist die Teil-Beziehung nicht mit der Enthaltenseinsbeziehung bei Wiederverwendung einer *Expression* zu verwechseln. In den *FRBRoo* heißt es zu *R5 has component*:

---

25 Im Abschnitt „Events in FRBROO: How Each Group 1 Entity Comes into Being" stellt Patrick Le Boeuf dar, was genau unter der *Work Conception* zu verstehen ist. Le Boeuf, Patrick: Strange.

This property associates an F2 Expression X with a structural component Y that conveys in itself the complete concept of a work that is member of (R10) the overall work realized by X. It does not cover the relationship that exists between pre-existing expressions that are re-used in a new, larger expression and that new, larger expression. Such a relationship is modeled by R14 incorporates.[26]

Beispiel 3:

Grundlagen der praktischen Information und Dokumentation : ein Handbuch zur Einführung in die fachliche Informationsarbeit / Buder, Marianne ; Laisiepen, Klaus.München [u.a.]: Saur, 1990.3., völlig neu gefasste Ausg. ISBN: 3-598-21253-4

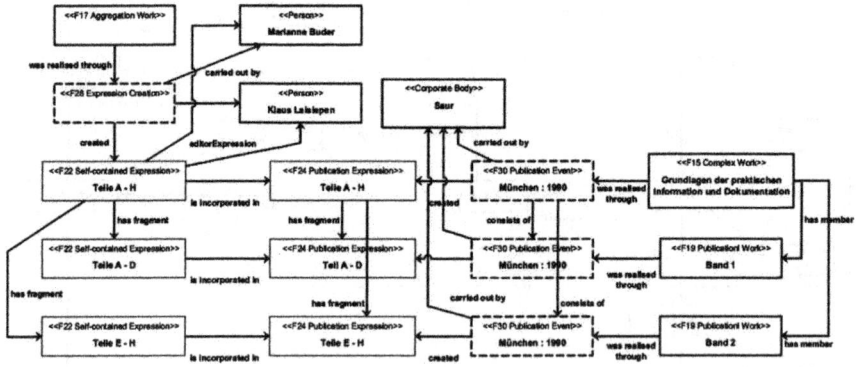

Abbildung 10: Graphische Darstellung von Beispiel 3.

Folgende Präfixe werden verwendet:

```
@prefix f17: <http://data.ub.tu-dortmund.de/resource/ubdo/frbroo/F17/> .
@prefix f15: <http://data.ub.tu-dortmund.de/resource/ubdo/frbroo/F15/> .
@prefix f19: <http://data.ub.tu-dortmund.de/resource/ubdo/frbroo/F19/> .
@prefix f28: <http://data.ub.tu-dortmund.de/resource/ubdo/frbroo/F28/> .
@prefix f30: <http://data.ub.tu-dortmund.de/resource/ubdo/frbroo/F30/> .
@prefix f22: <http://data.ub.tu-dortmund.de/resource/ubdo/frbroo/F22/> .
@prefix f23: <http://data.ub.tu-dortmund.de/resource/ubdo/frbroo/F23/> .
@prefix f24: <http://data.ub.tu-dortmund.de/resource/ubdo/frbroo/F24/> .
@prefix f10: <http://data.ub.tu-dortmund.de/resource/ubdo/frbroo/F10/> .
@prefix f11: <http://data.ub.tu-dortmund.de/resource/ubdo/frbroo/F11/> .
@prefix f3: <http://data.ub.tu-dortmund.de/resource/ubdo/frbroo/F3/> .
```

---

26 Vgl. Bekiari, Chryssoula, Martin Doerr u. Patrick Le Bœuf: Definition. S. 56.

Aggregation Work:
f17:HT003592036
> **efrbroo:R19i_was_realised_through** f28:HT003592036 ;
rdf:type efrbroo:F17_Aggregation_Work .

Complex Work:
f15:HT003592036
> **efrbroo:R10_has_member** f19:HT003592026 ;
> **efrbroo:R10_has_member** f19:HT003592033 ;
> **efrbroo:R23i_was_realised_through** f30:HT003592036 ;
> **rdaGr1:titleOfTheWork**
>> Grundlagen der praktischen Information und Dokumentation :
>> ein Handbuch zur Einführung in die fachliche Informationsarbeit ;
> **rdf:type** efrbroo:F15_Complex_Work .

Publication Works:
f19:HT003592033
> **efrbroo:R10i_is_member_of** f15:HT003592036 ;
> **efrbroo:R23i_was_realised_through** f30:HT003592033 ;
> **rdaGr1:otherTitleInformation**
>> Grundlagen der praktischen Information und Dokumentation :
>> ein Handbuch zur Einführung in die fachliche Informationsarbeit / 1 ;
> **rdf:type** efrbroo:F19_Publication_Work .
f19:HT003592026
> **efrbroo:R10i_is_member_of** f15:HT003592036 ;
> **efrbroo:R23i_was_realised_through** f30:HT003592026 ;
> **rdaGr1:otherTitleInformation**
>> Grundlagen der praktischen Information und Dokumentation :
>> ein Handbuch zur Einführung in die fachliche Informationsarbeit / 2 ;
> **rdf:type** efrbroo:F19_Publication_Work .

Expression Creation:
f28:HT003592036
> **ecrm:P14_carried_out_by** gnd:105708305 ;
> **ecrm:P14_carried_out_by** f10:HT003592036-1 ;
> **efrbroo:R17_created** f22:HT003592036 ;
> **efrbroo:R19_created_a_realisation_of** f17:HT003592036 ;
> **rdf:type** efrbroo:F28_Expression_Creation .

Publication Events:
f30:HT003592036
> **dc:date** 1990 ;
> **dc:place** München [u.a.] ;
> **ecrm:P14F_carried_out_by** f11:HT003592033-1 ;
>
> **ecrm:P14F_carried_out_by** f11:HT003592026-1 ;
> **efrbroo:R23_created_a_realisation_of** f15:HT003592036 ;
> **ecrm:P9_consists_of** f30:HT003592033 ;

    ecrm:P9_consists_of f30:HT003592026 ;
    efrbroo:R24_created f24:HT003592036 ;
    rdf:type efrbroo:F30_Publication_Event .
f30:HT003592033
    dc:date 1990 ;
    dc:place München [u.a.] ;
    ecrm:P14F_carried_out_by f11:HT003592033-1 ;
    efrbroo:R23_created_a_realisation_of f19:HT003592033 ;
    efrbroo:R24_created f24:HT003592033 ;
    ecrm:P9i_forms_part_of f30:HT003592036 ;
    rdf:type efrbroo:F30_Publication_Event .
f30:HT003592026
    dc:date 1990 ;
    dc:place München [u.a.] ;
    ecrm:P14F_carried_out_by f11:HT003592026-1 ;
    efrbroo:R23_created_a_realisation_of f19:HT003592026 ;
    efrbroo:R24_created f24:HT003592026 ;
    ecrm:P9i_forms_part_of f30:HT003592036 ;
    rdf:type efrbroo:F30_Publication_Event .

Self-contained Expression:
f22:HT003592036
    efrbroo:R14i_is_incorporated_in f24:HT003592036 ;
    efrbroo:R15_has_fragment f23:HT003592026 ;
    efrbroo:R15_has_fragment f23:HT003592033 ;
    efrbroo:R17i_was_created_by f28:HT003592036 ;
    rdaGr1:languageOfTheContentExpression marcLang:ger ;
    rdaRole:editor gnd:105708305 ;
    rdaRole:editor f10:HT003592036-1 ;
    rdf:type efrbroo:F22_Self-Contained_Expression .

Expression Fragments:
f23:HT003592033
    efrbroo:R14i_is_incorporated_in f24:HT003592033 ;
    efrbroo:R15i_is_fragment_of f22:HT003592036 ;
    efrbroo:R4_carriers_provided_by f3:HT003592033 ;
    rdaGr1:languageOfTheContentExpression marcLang:ger ;
    rdf:type efrbroo:F23_Expression_Fragment .
f23:HT003592026
    efrbroo:R14i_is_incorporated_in f24:HT003592026 ;
    efrbroo:R15i_is_fragment_of f22:HT003592036 ;
    efrbroo:R4_carriers_provided_by f3:HT003592026 ;

    rdaGr1:languageOfTheContentExpression marcLang:ger ;
    rdf:type efrbroo:F23_Expression_Fragment .

Publication Expressions:
f24:HT003592036

> **efrbroo:R14_incorporates** f22:HT003592036 ;
> **efrbroo:R24i_was_created_through** f30:HT003592036 ;
> **efrbroo:R5_has_component** f24:HT003592033 ;
> **efrbroo:R5_has_component** f24:HT003592026 ;
> **rdf:type** efrbroo:F24_Publication_Expression .

f24:HT003592033

> **efrbroo:CLR6i_should_be_carried_by** f3:HT003592033 ;
> **efrbroo:R14_incorporates** f23:HT003592033 ;
> **efrbroo:R24i_was_created_through** f30:HT003592033 ;
> **efrbroo:R5i_is_component_of** f24:HT003592036 ;
> **rdf:type** efrbroo:F24_Publication_Expression .

f24:HT003592026

> **efrbroo:CLR6i_should_be_carried_by** f3:HT003592026 ;
> **efrbroo:R14_incorporates** f23:HT003592026 ;
> **efrbroo:R24i_was_created_through** f30:HT003592026 ;
> **efrbroo:R5i_is_component_of** f24:HT003592036 ;
> **rdf:type** efrbroo:F24_Publication_Expression .

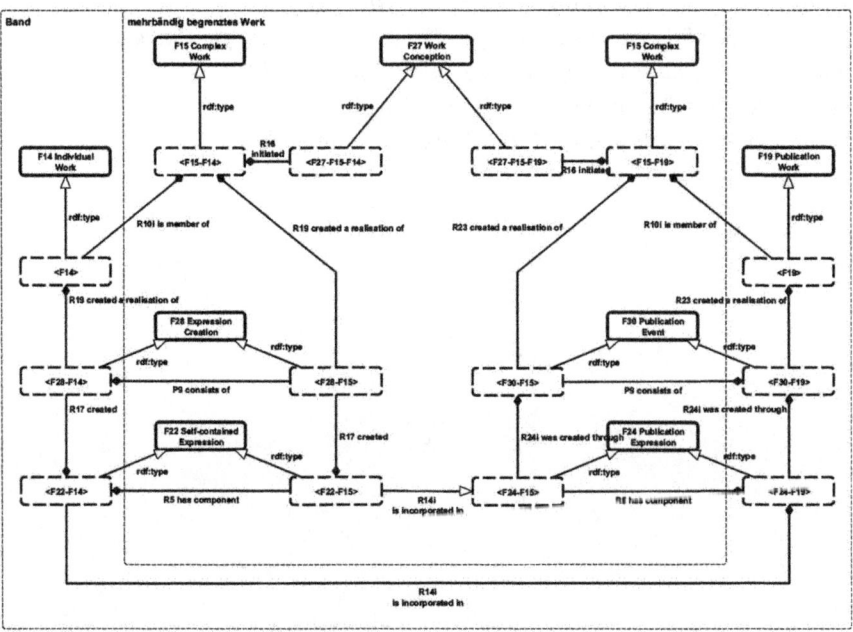

Abbildung 11: Mehrbändig begrenztes Werk im Schöpfungsprozess.

In Abbildung 11 ist ein im Schöpfungsprozess entstehendes mehrbändiges Werk dargestellt. Im Unterschied zum vorigen Fall findet hier die Zerlegung schon auf Werksebene statt, da der Verfasser schon bei der Konzeption einen Mehrbänder im Sinn hat. Diese Bände werden als *Individual Works* modelliert und durch jeweils eigene *Expressions* realisiert. Diese wiederum gehen dann getrennt voneinander in den Publikationsprozess. Wie auch im vorigen Fall, bilden die resultierenden *Publication Works* eine Einheit in Form eines *Complex Work*. Für den Fall, dass alle Bände von gleicher Auflage und vom gleichen Verfasser sind, so existiert auch hier eine eigene Realisierung bzw. *Expression* des *Complex Work*.

In dem nun folgenden Beispiel gibt es keine gemeinsame *Expression* des *Complex Work*. Es zeigt sich hier allerdings die Aufteilung des Schöpfungsprozesses für die einzelnen Bände.

Beispiel 4:
Analysis / Forster, Otto.
Bd. 1: Differential- und Integralrechnung einer Veränderlichen.
Braunschweig [u.a.]: Vieweg, 2008. 9., überarb. Aufl.
Bd. 2: Differentialrechnung im R n, gewöhnliche Differentialgleichungen.
Braunschweig [u.a.]: Vieweg, 2008. 8., aktualisierte Aufl.
Bd. 3: Integralrechnung im R n mit Anwendungen.
Braunschweig [u.a.]: Vieweg, 2009. 5., aktualisierte Aufl.

Abbildung 12: Graphische Darstellung von Beispiel 4.

Folgende Präfixe werden verwendet:

```
@prefix f15_f14: <http://data.ub.tu-dortmund.de/resource/ubdo/frbroo/
F15-F14/> .
@prefix f14: <http://data.ub.tu-dortmund.de/resource/ubdo/frbroo/F14/> .
@prefix f15_f19: <http://data.ub.tu-dortmund.de/resource/ubdo/frbroo/
F15-F19/> .
@prefix f19: <http://data.ub.tu-dortmund.de/resource/ubdo/frbroo/F19/> .
@prefix f28: <http://data.ub.tu-dortmund.de/resource/ubdo/frbroo/F28/> .
@prefix f30: <http://data.ub.tu-dortmund.de/resource/ubdo/frbroo/F30/> .
```

Complex Works:
f15_f14:HT001321758
    efrbroo:R10_has_member f14:HT015417495 ;
    efrbroo:R10_has_member f14:HT015618061 ;
    efrbroo:R10_has_member f14:HT015770825 ;
    rdf:type efrbroo:F15_Complex_Work .
f15_f19:HT001321758
    efrbroo:R10_has_member f19:HT015417495 ;
    efrbroo:R10_has_member f19:HT015618061 ;
    efrbroo:R10_has_member f19:HT015770825 ;
    rdaGr1:titleOfTheWork Analysis ;
    rdf:type f15:F15_Complex_Work .

Individual Works:
f14:HT015417495
    efrbroo:R10i_is_member_of f15_f14:HT001321758 ;
    efrbroo:R19i_was_realised_through f28:HT015417495 ;
    rdaRole:authorWork gnd:115448942 ;
    rdf:type efrbroo:F14_Individual_Work .
f14:HT015618061
    efrbroo:R10i_is_member_of f15_f14:HT001321758 ;
    efrbroo:R19i_was_realised_through f28:HT015618061 ;
    rdaRole:authorWork gnd:115448942 ;
    rdf:type efrbroo:F14_Individual_Work
f14:HT015770825
    efrbroo:R10i_is_member_of f15_f14:HT001321758 ;
    efrbroo:R19i_was_realised_through f28:HT015770825 ;
    rdaRole:authorWork gnd:115448942 ;
    rdf:type efrbroo:F14_Individual_Work .

Publication Works:
f19:HT015417495
    efrbroo:R10i_is_member_of f15_f19:HT001321758 ;
    efrbroo:R23i_was_realised_through f30:HT015417495 ;
    rdaGr1:otherTitleInformation Analysis / 1 ;
    rdaGr1:titleOfTheWork
        Differential- und Integralrechnung einer Veränderlichen ;
    rdf:type efrbroo:F19_Publication_Work .
f19:HT015618061
    efrbroo:R10i_is_member_of f15_f19:HT001321758 ;
    efrbroo:R23i_was_realised_through f30:HT015618061 ;
    rdaGr1:otherTitleInformation Analysis / 2 ;
    rdaGr1:titleOfTheWork
        Differentialrechnung im R n, gewöhnliche Differentialgleichungen ;
  rdf:type efrbroo:F19_Publication_Work .
f19:HT015770825

efrbroo:R10i_is_member_of f15_f19:HT001321758 ;
efrbroo:R23i_was_realised_through f30:HT015770825 ;
rdaGr1:otherTitleInformation Analysis / 3 ;
rdaGr1:titleOfTheWork
    Integralrechnung im R n mit Anwendungen ;
rdf:type efrbroo:F19_Publication_Work .

Die weiteren Entitäten sind nun analog zum vorigen Beispiel.

Fortlaufende Sammelwerke

Bei der Definition der *FRBRoo* wurde darauf geachtet, dass die Begrifflichkeiten der *FRBR* noch präzisiert werden. Diese begriffliche Abklärung ergibt sich in vielen Fällen aus der Darstellung der bibliographischen Information als Prozess. Als ein Beispiel wurde oben schon die Klasse *Work* mit ihren präzisierenden Unterklassen dargestellt. Insbesondere wurde mit der Klasse *F18 Serial Work* eine Möglichkeit geschaffen, die Unklarheiten zu *Serials*, also den fortlaufenden Sammelwerken, in den *FRBR* zu beseitigen. Dort ist klar beschrieben, dass eine *Manifestation* in dem Sinn abgeschlossen sein muss, dass man ein Exemplar kaufen und ins Regal stellen kann. Bei fortlaufenden Sammelwerken ist das nicht möglich, solange es weitere Bände – beispielsweise in Form von Jahrgängen und Heften – gibt. In *FRBRoo* heißt es dazu:

> This class comprises works that are, or have been, planned to result in sequences of manifestations with common features. Whereas a work can acquire new members over the time it evolves Expressions and Manifestations are identified with a certain state achieved at a particular point in time. Therefore there is in general no single expression or manifestation representing a complete serial work, unless the serial work is ended. [...] Serial Works may or may not have a plan for an overall expression.[27]

Es ist zu beachten, dass *FRBRoo* keine Unterscheidung zwischen Serien und Reihen bzw. Periodika macht, da der Unterschied „nur" in der Art der Erscheinungsweise liegt und dies über andere Mechanismen modellierbar ist. Somit ergeben sich zwei Fälle: fortlaufende Sammelwerke mit eingebetteten mehrbändigen Werken und fortlaufende Sammelwerke ohne eingebettete mehrbändige Werke. Zu Ersteren zählen beispielsweise Zeitschriften mit Jahrgangzählung.
    Fortlaufende Sammelwerke mit eingebetteten mehrbändigen Werken

---

27 Vgl. ebd. S. 46.

Nach dem, was in diesem Beitrag bisher gezeigt wurde, lässt sich ein mehrbändiges Werk innerhalb eines fortlaufenden Sammelwerks als *F15 Complex Work* beschreiben. Dass dies auch im Falle von Periodika gilt, in dem die Jahrgänge in der Regel Fortsetzungswerke sind, wird auch durch folgendes Zitat aus der Definition zu *F15 Complex Work* deutlich: „One part may not be finished when another is already revised."[28]

Die Komponente des unbestimmten Endes eines fortlaufenden Sammelwerks entsteht also bei der Einbindung der *Complex Works* der Mehrbänder in das *Serial Work*. In Abbildung 11 wird das *F15 Complex Work* zum Publikationsprozess dann noch zusätzlich um die Struktur des *F18 Serial Work* erweitert.

Beispiel 5:
Κωκαλος : studi pubblicati dall'Istituto di storia antica dell'Università di Palermo (Kokalos). Volume 45. Heft ohne Angabe.

Folgende Präfixe werden verwendet:

```
@prefix f18: <http://data.archeoinf.tu-dortmund.de/resource/gela/fr-
broo/F18/> .
@prefix f15: <http://data.archeoinf.tu-dortmund.de/resource/gela/fr-
broo/F15/> .
@prefix f19_f17: <http://data.archeoinf.tu-dortmund.de/resource/gela/
frbroo/F19-F17/> .
@prefix f30_f15: <http://data.archeoinf.tu-dortmund.de/resource/gela/
frbroo/F30-F15/> .
@prefix f24_f17: <http://data.archeoinf.tu-dortmund.de/resource/gela/
frbroo/F24-F17/> .
@prefix f23_f17: <http://data.archeoinf.tu-dortmund.de/resource/gela/
frbroo/F24-F17/> .
@prefix f3_f17: <http://data.archeoinf.tu-dortmund.de/resource/gela/
frbroo/F3-F17/> .
```

---

28 Vgl. ebd. S. 44.

Serial Work (Zeitschrift):
f18:d53bedeb-7b56-4f7e-9d1f-d869e7910184
  efrbroo:R10_has_member
    f15:d53bedeb-7b56-4f7e-9d1f-d869e7910184 ;
  rdaGr1:preferredTitleForTheWork
    Κωκαλος : studi pubblicati dall'Istituto di storia antica dell'Università di Palermo ;
  rdaGr1:abbreviatedTitle Kokalos ;
  rdf:type efrbroo:F18_Serial_Work ;

Complex Work (Jahrgang, Volume):
f15:d53bedeb-7b56-4f7e-9d1f-d869e7910184
  efrbroo:R10i_is_member_of
    f18:d53bedeb-7b56-4f7e-9d1f-d869e7910184 ;
  efrbroo:R10_has_member
    f19_f17:d53bedeb-7b56-4f7e-9d1f-d869e7910184 ;
  efrbroo:R23i_was_realised_through
    f30_f15:d53bedeb-7b56-4f7e-9d1f-d869e7910184 ;
  rdaGr1:titleOfTheWork
    Κωκαλος : studi pubblicati dall'Istituto di storia antica dell'Università di Palermo / 45 ;
  rdf:type efrbroo:F15_Complex_Work .

Publication Work (Heft):
f19_f17:d53bedeb-7b56-4f7e-9d1f-d869e7910184
  efrbroo:R10i_is_member_of
    f15:d53bedeb-7b56-4f7e-9d1f-d869e7910184 ;
  efrbroo:R23i_was_realised_through
    f30_f17:d53bedeb-7b56-4f7e-9d1f-d869e7910184 ;
  rdaGr1:preferredTitleForTheWork
    Κωκαλος : studi pubblicati dall'Istituto di storia antica dell'Università di Palermo / 45 / ? ;
  rdf:type efrbroo:F19_Publication_Work .

Manifestation Product Type (Manifestation des Heftes):
f3_f17:d53bedeb-7b56-4f7e-9d1f-d869e7910184
  efrbroo:CLR6_should_carry
    f24_f17:d53bedeb-7b56-4f7e-9d1f-d869e7910184 ;
  efrbroo:R4i_comprises_carriers_of
    f23_f17:d53bedeb-7b56-4f7e-9d1f-d869e7910184 ;
  rdaGr1:identifierForTheManifestation [ISSN] 0454-1596 ;
  rdaGr1:identifierForTheManifestation [ISSN] 0392-0887 ;
  rdf:type efrbroo:F3_Manifestation_Product_Type ;
  rdf:type frbr:Manifestation ;

Fortlaufende Sammelwerke ohne eingebettete mehrbändige Werke
Dieser Fall lässt sich in ähnlicher Weise aus den vorher gezeigten Modellen herleiten. Da es sich hier um Einzelwerke und Sammelwerke handelt, die in einer

Reihe erschienen sind, werden die *Individual Works* und somit auch die *Aggregation Works* als *member* eines *Serial Works* definiert.

Beispiel 6:
Handbuch Bibliothek 2.0 / Bergmann, Julia [Hrsg.] ; Danowski, Patrick [Hrsg.]. In: Bibliothekspraxis.München: De Gruyter Saur, 2010.

Folgende Präfixe werden verwendet:

```
@prefix f18: <http://data.ub.tu-dortmund.de/resource/ubdo/frbroo/F18/>.
@prefix f19: <http://data.ub.tu-dortmund.de/resource/ubdo/frbroo/F19/>.
@prefix f30: <http://data.ub.tu-dortmund.de/resource/ubdo/frbroo/F30/>.
```

Serial Work:
f18:HT016530358
    efrbroo:R10_has_member f19:HT016530358 ;
    rdaGr1:preferredTitleForTheWork Bibliothekspraxis ;
    rdf:type efrbroo:F18_Serial_Work .

Publication Work:
f19:HT016530358
    efrbroo:R10i_is_member_of f18:HT016530358 ;
    efrbroo:R23i_was_realised_through f30:HT016530358 ;
    rdaGr1:preferredTitleForTheWork Handbuch Bibliothek 2.0 ;
    rdf:type efrbroo:F19_Publication_Work .

Fazit/Ausblick

Im vorliegenden Beitrag wurde gezeigt, dass die viel diskutierten Probleme mit den fortlaufenden Sammelwerken zumindest in der Darstellung für die *Linked Data* Umgebung lösbar sind. Trotzdem ist die beschriebene Lösung noch nicht perfekt. Zwar erfolgte die Abbildung der Attribute weitestgehend nach *RDA* und somit auch auf die *FRBRoo*-Entitäten, jedoch sind hier noch nicht alle Attribute und somit bibliographische Informationen auf die Entitäten verteilt. Auch hat in den bisherigen Implementierungen noch keine „richtige" FRBRisierung stattgefunden, d.h., dass es für viele *FRBR*-Entitäten noch mehrere *URIs* gibt, da jeweils ein (MODS-)Datensatz auf alle beschriebenen Entitäten abgebildet wurde.[29]

---

29 Da die derzeit betriebenen Katalogsysteme nur Manifestationen und Exemplare abbilden,

Um diese FRBRisierung bald in Angriff zu nehmen, wird die *Bundle-Ontologie*[30] Verwendung finden. Diese ermöglicht es, Objekte zusammenzufassen und gleichzeitig zu dokumentieren, auf welcher Grundlage die Bündelung stattgefunden hat.

Für das hier beschriebene Verfahren der Umwandlung der bibliographischen Datensätze in *FRBRoo*-Entitäten und -Relationen gibt es derzeit zwei Anwendungsbeispiele. Zum einen ist dies das *Linked-Open-Library-Data*-Portal der Universitätsbibliothek Dortmund und zum anderen das DFG-Projekt *ArcheoInf*, welches – basierend auf dem hier beschriebenen Ansatz – archäologische, mittels des *CIDOC CRM* erfasste Forschungsdaten mit bibliographischen Daten verbindet. Näheres zum Projekt *ArcheoInf* findet sich im Beitrag „Open Data und Linked Data in einem Informationssystem für die Archäologie" in diesem Band.

Quellen

ArcheoInf Dokumentenrepositorium. http://archeoinf.ub.rub.de/ (1.7.2012).

DCMI Metadata Terms. http://purl.org/dc/elements/1.1 / (1.7.2012).

Koreferenzen im Semantic Web. https://wiki1.hbz-nrw.de/display/SEM/Koreferenzen+im+Semantic+Web#KoreferenzenimSemanticWeb-bundle (1.7.2012).

Universitätsbibliothek Dortmund: Offene bibliographische Daten an der Universitätsbibliothek Dortmund. http://data.ub.tu-dortmund.de/projekte/offene-daten/ (11.5.2012).

The "xml:" Namespace. http://www.w3.org/XML/1998/namespace (1.7.2012).

The OWL 2 Schema vocabulary (OWL 2). http://www.w3.org/2002/07/owl# (1.7.2012).

The RDF vocabulary. http://www.w3.org/1999/02/22-rdf-syntax-ns# (1.7.2012).

SKOS Simple Knowledge Organization System Namespace Document - HTML Variant, 18 August 2009 Recommendation Edition. http://www.w3.org/2004/02/skos/core# (1.7.2012).

Erlangen-CRM. http://erlangen-crm.org/120111/ (1.7.2012).

Bundle Ontology. http://benosteen.com/bundle.rdf (1.7.2012).

Becker, Hans-Georg u. Förster, Frank: Vernetztes Wissen - Ereignisse in der bibliografischen Dokumentation. In: Zeitschrift für Bibliothekswesen und Bibliographie 57 (2010) H. 1. S. 15–25.

Becker, Hans-Georg: MODS2FRBROO. Ein Tool zur Anbindung von bibliografischen Daten an eine Ontologie für Begriffe und Informationen im Bereich des kulturellen Erbes. In: Semantic Web & Linked Data. Elemente zukünftiger Informationsinfrastrukturen ; 1. DGI-Konferenz ; 62. Jahrestagung der DGI ; Frankfurt am Main, 7. - 9. Oktober 2010 ; Proceedings. Hrsg. von Marlies Ockenfeld. Frankfurt am Main: DGI Dt. Ges. für Informati-

---

sind für die zugehörigen Werke und Expressionen in der Regel keine eindeutigen Identifikatoren vorhanden. Die bisherigen auf dem hier beschriebenen Modell basierenden Implementierungen prägen durch die Nutzung der IDs der Manifestationen somit teilweise mehrere URIs für identische Expressionen und Werke.

30 *Bundle Ontology*: Bundle.

onswiss. und Informationspraxis 2010. http://hdl.handle.net/2003/27402 (24.06.2012) S. 77–86.

Bekiari, Chryssoula, Martin Doerr u. Patrick Le Bœuf: Definition of Object-Oriented FRBR. http://www.cidoc-crm.org/docs/frbr_oo/frbr_docs/FRBRoo_V1.0.2.pdf (1.7.2012).

Heath, Tom u. Christian Bizer: Linked Data. Evolving the web into a global data space. 1. Aufl. San Rafael, Calif: Morgan& Claypool 2011 (=Synthesis lectures on the semantic web theory and technology 1). http://linkeddatabook.com/editions/1.0 / (24.06.2012)

Hohmann, Georg: Die Anwendung des CIDOC CRM für die semantische Wissensrepräsentation in den Kulturwissenschaften. In: Wissensspeicher in digitalen Räumen. Nachhaltigkeit, Verfügbarkeit, semantische Interoperabilität ; Proceedings der 11. Tagung der Deutschen Sektion der Internationalen Gesellschaft für Wissensorganisation, Konstanz, 20. bis 22. Februar 2008. Hrsg. von Jörn Sieglerschmidt. Würzburg: Ergon-Verl 2010. S. 211–222.

ICOM: CIDOC CRM Mappings, Specializations and Data Examples. http://www.cidoc-crm.org/crm_mappings.html (1.7.2012).

Le Boeuf, Patrick: A Strange Model Named FRBROO. In: Cataloging & Classification Quarterly: Routledge 2012. http://dx.doi.10.1080/01639374.2012.679222 (24.6.2012).

Mazurek, Cezary, Krysztof Sielski u. a.: From MARC21 and Dublin Core, through CIDOC CRM. First Tenuous Steps towards Representing Library Data in FRBRoo. Accepted Paper for the CIDOC Conference 2012, Helsinki. http://www.cidoc2012.fi/en/File/1611/mazurek.pdf (1.7.2012).

Pohl, Adrian: Serials and FRBR. https://wiki1.hbz-nrw.de/display/SEM/2011/10/17/Serials+and+FRBR (1.7.2012).

Riva, Pat, Martin Doerr u. Maja Žumer: FRBRoo: eine Basis zur gemeinsamen Informationsdarstellung in Kulturerbe-Institutionen. http://ifla.queenslibrary.org/IV/ifla74/papers/156-Riva_Doerr_Zumer-trans-de.pdf (1.7.2012).

The Registry!: FRBR Entities for RDA. http://rdvocab.info/uri/schema/FRBRentitiesRDA/ (1.7.2012).

The Registry!: RDA Group 1 Elements. http://RDVocab.info/Elements/ (1.7.2012).

The Registry!: RDA Group 2 Elements. http://RDVocab.info/ElementsGr2/ (1.7.2012).

The Registry!: RDA Group 3 Elements. http://RDVocab.info/ElementsGr3/ (1.7.2012).

The Registry!: RDA Roles. http://RDVocab.info/roles/ (1.7.2012).

The Registry!: The RDA (Resource Description and Access) Vocabularies. http://rdvocab.info/ (1.7.2012).

Kai Eckert

Die Provenienz von Linked Data

Linked Open Data öffnet die Datenmodelle der Bibliotheken für die Nutzung von außen und verheißt im Gegenzug einfachere Möglichkeiten, die eigenen Daten durch andere Daten anzureichern. Zu Recht besteht deshalb der Wunsch, die Herkunft aller Daten festzuhalten und darüber Auskunft geben zu können, welche Daten nun genau in den eigenen Datenbestand eingegangen sind und wer gegebenenfalls dafür verantwortlich zeichnet. Leider ist die Frage der Darstellung von Provenienzinformationen zu Linked Data bisher nur unbefriedigend und uneinheitlich gelöst. In diesem Kapitel stellen wir die grundsätzliche Problematik und mögliche Lösungsansätze vor und beleuchten aktuelle Entwicklungen in den Arbeitsgruppen des World Wide Web Consortium (W3C) und der Dublin Core Metadata Initiative (DCMI), die auf eine einheitliche Lösung in naher Zukunft hoffen lassen.

Einleitung

Laut Duden meint Provenienz den „Bereich, aus dem jmd., etwas stammt; Herkunft, Ursprung" (Baer, 2001). Der Begriff Provenienz wird unter anderem im Kunsthandel verwendet, wenn es um die Herkunft eines Kunstwerks geht. Sowohl für die Authentizität des Werkes selbst, als auch für die Legitimation des Besitzes ist die vollständige Kenntnis der Provenienz wichtig.

Die Provenienz ist allerdings nicht nur für Kunstwerke von Bedeutung; es gibt viele Gründe, sich für die Herkunft beliebiger Ressourcen zu interessieren. In der Automobilindustrie liegen zum Beispiel Informationen darüber vor, wann und wo jedes einzelne Auto hergestellt wurde. Nur so kann im Fall eines Rückrufs klar ermittelt werden, welche Autos von einem Fehler im Herstellungsprozess betroffen sind, bzw. aus Kundensicht, welche Autos ganz sicher nicht betroffen sind. Im Linked Data Web ist der Ursprung von bestimmten Daten entscheidend für die Bewertung ihrer Korrektheit und ob sie gegebenenfalls in einer Anwendung wiederverwendet werden können. Informationen zur Provenienz sind eine Voraussetzung für Vertrauen. Provenienz ist nicht nur bei wenigen, wertvollen Objekten wichtig; gerade Daten können erst durch Provenienzinformationen wertvoll werden.

Eine allgemeine Definition für Provenienz, die für die Datenprovenienz anwendbar ist, stammt von der W3C Provenance Incubator Group (W3C Provenance Incubator Group, 2010):

> Die Provenienz einer Ressource ist ein Datensatz, der Entitäten und Prozesse beschreibt, die an der Produktion oder Auslieferung der Ressource beteiligt waren oder sie anderweitig beeinflusst haben. Die Provenienz liefert die entscheidende Grundlage, um die Authentizität zu bewerten und Vertrauen und Reproduzierbarkeit zu ermöglichen. Provenienzinformationen sind eine Form von Metadaten und können selbst zu wichtigen Datensätzen mit eigener Provenienz werden. (Übersetzung durch den Autor)

Bemerkenswert ist die Einbeziehung und Beschreibung der Prozesse, die zur Herstellung oder Veränderung einer Ressource geführt haben. Das unterscheidet Provenienzinformationen gemäß dieser Definition von einfachen Aussagen zum Ersteller oder Besitzer einer Ressource, wiewohl eben auch diese oft als Provenienzinformationen bezeichnet werden. Auf diese Unterscheidung werden wir im Verlauf dieses Kapitels noch weiter eingehen. Ebenso wichtig ist die Feststellung, dass Provenienzinformationen Metadaten sind und dass derartige Metadaten eigene Provenienzinformationen haben können. Denn genau darin liegt die Herausforderung im Linked Data Web: Wie erfasst man die Provenienz von Linked Data?

Hier müssen wir zunächst kurz klären, was eigentlich Metadaten sind. Oft werden Metadaten als Daten über Daten bezeichnet. Das ist jedoch irreführend, gerade im Bibliotheksumfeld, wo Katalogdaten über Bücher als Metadaten bezeichnet werden. Man könnte Bücher als eine Form von Daten sehen, aber spätestens bei der Beschreibung von anderen Ressourcen, wie dem Inventar eines Museums, passt die Definition nicht mehr. Die griechische Vorsilbe „Meta-" bedeutet unter anderem „über, mit, nach". Es ist zielführender, Metadaten als „Über-Daten" zu sehen, also Daten über etwas. Meta impliziert auch, dass die Daten vom beschriebenen Etwas getrennt sind und sich auf einer anderen Ebene befinden, der Metaebene. Wir definieren daher wie folgt:

> Metadaten sind strukturierte Daten, die die Eigenschaften einer Ressource beschreiben.

Daten im Linked Data Web sind grundsätzlich Metadaten – beschreibende Daten über Ressourcen. Die Daten sind in RDF repräsentiert, dem Resource Description Framework. Eine Ressource kann dabei fast alles sein. Eine Ausnahme sind aber RDF-Daten selbst. Zumindest derzeit ist nicht klar, wie man innerhalb von RDF über RDF spricht. Das ist allerdings notwendig, um Metadaten zu RDF-Daten liefern zu können, also auch zur Repräsentation der Provenienz von RDF-Daten. Im Verlauf dieses Kapitels werden wir einige Entwicklungen auf diesem Gebiet näher beleuchten und auch auf verschiedene Praktiken eingehen, wie derzeit schon Provenienzinformationen im Linked Data Web dargestellt werden können.

Provenienz

Die Erfassung von Provenienzinformationen ist eine wichtige Anforderung in vielen Bereichen, die Anwendungen reichen von der Softwareentwicklung (Davies, German, Godfrey, & Hindle, 2011) über Datenbanken (Buneman, Khanna, & Wang-Chiew, 2001; Green, Karvounarakis, & Tannen, 2007) zu wissenschaftlichen Prozessen (Davidson & Freire, 2008) und vielen anderen.

Für die Darstellung von Provenienzinformationen wurden spezielle Vokabulare und Datenmodelle entwickelt, wie das Open Provenance Model (OPM)[1], Provenir[2] oder das Provenance Vocabulary.[3] Eine gute Übersicht – auch als Forschungsgebiet – findet sich im Abschlussbericht der W3C Provenance Incubator Group (W3C Provenance Incubator Group, 2010) und bei Moreau, 2010. Im Folgenden gehen wir auf zwei sehr unterschiedliche Vertreter ein: zum einen Dublin Core als sehr einfaches, allgemeines Metadatenvokabular, zum anderen PROV, das Provenienzmodell der W3C Provenance Working Group.

Dublin Core als einfaches Provenienzvokabular

Die Dublin Core Metadata Initiative (DCMI) stellt ein einfaches Metadatenvokabular zur Verfügung, das allgemein als Dublin Core bezeichnet wird. Ursprünglich bestand es aus 15 Elementen, die nach wie vor verfügbar sind und als Element Set bezeichnet werden (DCMI, Dublin Core Metadata Element Set, Version 1.1, 2010). Die Elemente sind sehr breit definiert, insbesondere haben sie keine Angabe zum Wertebereich, können also mit beliebigen Werten auf Objektseite arbeiten. Diese Elemente wurden spezifischer gefasst und typisiert. Dieses speziellere Vokabular wird als Dublin Core Terms bezeichnet, von denen es derzeit 55 gibt (DCMI, DCMI Metadata Terms, 2010).

Die Dublin Core Elemente gelten als veraltet und ihr Einsatz wird nicht mehr empfohlen. Die Elemente und die Terms haben verschiedene Namensräume, eine gängige Konvention ist es, das `dc`-Präfix für die Elemente zu verwenden und `dcterms` oder `dct` für die Terms.

---

1 http://openprovenance.org/
2 http://wiki.knoesis.org/index.php/Provenir_Ontology.
3 http://purl.org/net/provenance/

Ein typischer Datensatz, der Dublin Core nutzt, sieht so aus:[4]

```
ex:doc1    dct:title        "A mapping from DC..." ;
           dct:creator      ex:kai ;
           dct:created      "2012-02-28" ;
           dct:publisher    ex:w3c ;
           dct:issued       "2012-02-29" ;
           dct:subject      ex:dublincore ;
           dct:replaces     ex:doc2 ;
           dct:format       "HTML" .
```

Hier wird deutlich, dass sich nicht alle Aussagen auf die Provenienz der beschriebenen Ressource beziehen. So sind zum Beispiel dct:title, dct:subject und dct:format direkte Beschreibungen der Ressource. Sie liefern keinerlei Informationen darüber, wie die Ressource erstellt oder in der Vergangenheit verändert wurde.

Auf der anderen Seite lassen sich aus manchen Aussagen Informationen zur Provenienz der Ressource ableiten, zum Beispiel bezieht sich dct:creator auf den Autor und impliziert, dass die Ressource erstellt wurde. In ähnlicher Weise impliziert dct:issued, dass die Ressource veröffentlicht wurde. Das lässt sich auch aus der Aussage über den dct:publisher ableiten. Zuletzt setzt dct:replaces die Ressource in Beziehung zu einer weiteren Ressource und es kann davon ausgegangen werden, dass diese Ressource einen gewissen Einfluss auf unsere Ressource hatte, was uns weitere Informationen zur Provenienz liefert.

Aus diesen Überlegungen wird ein Muster ersichtlich, das allgemein auf Metadaten anwendbar ist: Man kann zwischen der Beschreibung einer Ressource und der Provenienz einer Ressource unterscheiden. Präziser definieren wir Provenienz-Metadaten als Metadaten, die Informationen zur Provenienz gemäß obiger Definition liefern, und Beschreibungsmetadaten als alle anderen Metadaten.

Nach dieser Definition können die DCMI Terms wie folgt klassifiziert werden:

Beschreibung: abstract, accessRights, accrualPeriodicity, accrualPolicy, alternative, audience, bibliographicCitation, conformsTo, coverage, description, educationLevel, extent, format, identifier, instructionalMethod, isRequiredBy,

---

4 Wir verwenden die gut lesbare Turtle-Syntax für RDF-Aussagen. Eine Aussage besteht aus Subjekt, Prädikat und Objekt, abgeschlossen durch einen Punkt. Durch ein Semikolon getrennt können mehrere Prädikate und Objekte aneinandergereiht werden, wodurch die ständige Wiederholung des Subjekts vermieden wird.

language, license, mediator, medium, relation, requires, rights, spatial, subject, tableOfContents, temporal, title, type.

Provenienz: accrualMethod, available, contributor, created, creator, date, dateAccepted, dateCopyrighted, dateSubmitted, hasFormat, hasPart, hasVersion, isFormatOf, isPartOf, isReferencedBy, isReplacedBy, issued, isVersionOf, modified, provenance, publisher, references, replaces, rightsHolder, source, valid.

Damit beziehen sich 26 der 55 Terme auf die Provenienz einer Ressource. Wir können dabei noch nach verschiedenen Aspekten der Provenienz unterscheiden:

Wer? *(contributor, creator, publisher, rightsHolder)* Alle Terme haben als Wertebereich `dct:Agent`, also eine Ressource, die handelt oder die Macht zum Handeln hat. Beitragende, Autoren und Verleger beeinflussen eindeutig eine Ressource und sind deshalb für ihren Ursprung wichtig. Für den Rechteinhaber mag das nicht unmittelbar einsichtig sein, allerdings verändert der Umstand, dass eine Ressource einen Besitzer hat, der Rechte an der Ressource ausübt, auch Eigenschaften der Ressource, beispielsweise ihre Verfügbarkeit.

Wann? *(available, created, date, dateAccepted, dateCopyrighted, dateSubmitted, issued, modified, valid)* Datumsangaben zählen typischerweise zu den Provenienzinformationen. Auch hier kann gefragt werden, inwiefern manche Daten die Ressource beeinflussen, zum Beispiel das Datum der Veröffentlichung. Auch hier gilt, dass der Einfluss nicht zwingend physischer Art sein muss, es kann auch die Änderung einer Eigenschaft sein, zum Beispiel der Eigenschaft, ob eine Ressource veröffentlicht ist. Die Unterscheidung, ob ein Datum relevant für die Provenienz ist, kann von Fall zu Fall unterschiedlich sein. Ein Beispiel dafür sind die Terme *available* und *valid*: Sie können Datumsbereiche zur Verfügbarkeit, bzw. zur Gültigkeit einer Ressource angeben. Oft ist zum Beispiel die Gültigkeit einer Ressource inhärent und von Anfang an bekannt, wie im Fall einer Kreditkarte oder eines Reisepasses. Dann würde man die Gültigkeit zur Beschreibung der Ressource zählen. Wurde eine Ressource allerdings bewusst als ungültig erklärt, zum Beispiel weil sich die Ressource als fehlerhaft herausgestellt hat, dann zählt diese Information zur Provenienz der Ressource.

Wie? *(isVersionOf, hasVersion, isFormatOf, hasFormat, references, isReferencedBy, replaces, isReplacedBy, source, hasPart, isPartOf, accrualMethod)* Ein wichtiger Teil der Provenienzinformationen bezieht sich darauf, wie die Ressource entstanden ist. Sie kann von anderen Ressourcen abgeleitet worden sein oder aus anderen Ressourcen bestehen. Streng genommen muss man auch hier unterscheiden, ob eine Veränderung der Ressource beschrieben wird. Für die inversen Terme ist das unter Umständen nicht der Fall, zum Beispiel bei *hasVersion*. Wir beziehen hier trotzdem alle Terme mit ein, da sie generell genutzt werden können, um die Beziehungen zwischen voneinander zumindest in einer Richtung abhängigen Ressourcen zu beschreiben.

Damit bleibt ein spezieller Term übrig: *provenance*. Er ist definiert als „Aussage über jedwede Veränderungen in Besitz und Obhut der Ressource seit ihrer Erstellung, die bedeutsam für ihre Authentizität, Integrität und Interpretation ist" (Übersetzung durch den Autor). Das passt ausgezeichnet zu unserer Definition von Provenienz, trotzdem dürften die Informationen aus knapp der Hälfte der verfügbaren Terme mehr über die Provenienz der Ressource aussagen, als dieser einzelne Term.

Zusammenfassend ist festzustellen, dass die DCMI-Terme, bzw. Metadaten, die diese nutzen, eine Menge an Informationen zur Provenienz einer Ressource beinhalten, insbesondere darüber, wann eine Ressource in der Vergangenheit beeinflusst wurde, von wem, und wie.

W3C Provenance Working Group

Die W3C Provenance Working Group entwickelt momentan Spezifikationen für den interoperablen Austausch von Provenienzinformationen in heterogenen Umgebungen wie dem Web (W3C Provenance Working Group, 2012). Die Veröffentlichung einer W3C Recommendation ist für Januar 2013 geplant. Insofern sind die Informationen in diesem Kapitel nur als vorläufig anzusehen. Änderungen sind allerdings nur noch im Detail zu erwarten, die Grundlagen, um die es in diesem Artikel geht, können als stabil angesehen werden.[5]

Die Spezifikationen, die von der Arbeitsgruppe entwickelt werden, werden unter dem Namen PROV zusammengefasst. PROV besteht aus dem Datenmodel (PROV-DM) und der Ontologie (PROV-O). Beide sind in eigenen Dokumenten beschrieben, die derzeit als Working Drafts vorliegen (W3C Provenance Working Group, 2012; W3C Provenance Working Group, 2012). PROV-DM ist in einer formalen Sprache formuliert, die in PROV-O nach RDF übertragen wurde, wobei die

---

[5] Anmerkung der Herausgeber: PROV wurde am 30. April 2013 als Recommendation veröffentlicht. Der Text ist davor entstanden und bezieht sich auf die im Literaturverzeichnis angegebenen Working Drafts, die der Veröffentlichung als Recommendation vorausgingen.

Ontologiesprache OWL2 zum Einsatz kommt (W3C OWL Working Group, 2009). Im Folgenden beziehen wir uns auf PROV-O.

Der wesentliche Unterschied zwischen PROV und anderen Provenienzmodellen wie OPM sowie Dublin Core besteht darin, dass es Aktivitäten in den Mittelpunkt stellt, die die beschriebene Ressource beeinflussen. Dadurch wird eine handelnde Person (Agent) nicht direkt in Beziehung zur Ressource gesetzt, wie bei `dct:creator`, stattdessen ist sie mit einer Aktivität verknüpft, die zur Erstellung der Ressource geführt hat.

Das folgende Beispiel, dem PROV-O Working Draft entnommen, soll das verdeutlichen. Hier geht es um ein Balkendiagramm (`ex:bar_chart`), das von Derek (`ex:derek`) erstellt wurde. Die Erstellung war eine Aktivität (`ex:illustrationActivity`). Aus dieser Aktivität ist das Balkendiagramm hervorgegangen (`prov:WasGeneratedBy`), die Aktivität war verknüpft mit (`prov:wasAssociatedWith`) Derek. Für die Erstellung wurde ein Datensatz (`ex:aggregatedByRegions`) verwendet (`prov:used`), was letztlich bedeutet, dass das Balkendiagramm von diesem Datensatz abgeleitet wurde (`prov:wasDerivedFrom`).

```
ex:bar_chart7
    a6    prov:Entity;
    prov:wasGeneratedBy ex:illustrationActivity;
    prov:wasDerivedFrom ex:aggregatedByRegions.
ex:illustrationActivity
    a prov:Activity;
    prov:used ex:aggregatedByRegions;
    prov:wasAssociatedWith ex:derek.
```

Das ist nur der erste Teil des Beispiels, im Original wird eine vollständige Kette von Provenienzinformationen bis zu den ursprünglichen Daten dargestellt.[7] Hier soll es nur darum gehen, die grundsätzliche Idee zu vermitteln.

Im Beispiel ist zu sehen, dass es neben der indirekten Verbindung zwischen dem Datensatz und dem Balkendiagramm über die Aktivität auch die direkte Aussage gibt, dass das Diagramm vom Datensatz abgeleitet wurde. Es gibt weitere derartige „Abkürzungen" in PROV-O, wie zum Beispiel die Eigenschaft `prov:wasAttributedTo`, die eine handelnde Person direkt mit einer Entität verbindet, ähnlich wie `dct:creator` in Dublin Core.

---

6 a ist eine Kurzform für rdf:type.

7 Hier ist eine interessante Verbindung zum Thema Forschungsdaten zu sehen, das in diesem Sammelband von Ritze et al. behandelt wird.. Durch PROV lassen sich Zusammenhänge zwischen Daten, Aufbereitungen und daraus resultierenden Publikationen detailliert darstellen.

Abbildung 1 verdeutlicht den Unterschied in der Informationsrepräsentation zwischen Dublin Core und PROV. Deutlich ist die höhere Komplexität zu erkennen, die durch die Aktivität entsteht. Die untere linke Kante ist dabei die direkte

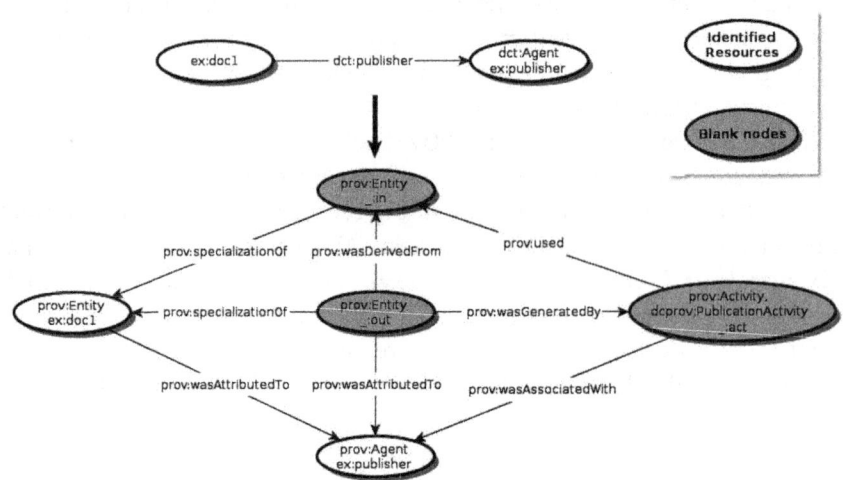

Abbildung 1: Dublin Core im Vergleich zu PROV.

Entsprechung zur dct:publisher Aussage, die in PROV redundant ist.

In Abbildung 1 sind zwei weitere Besonderheiten erkennbar, die für die Modellierung von Bedeutung sind.

Zum einen sieht man, dass die Ressource, um die es eigentlich geht – ex:doc1 – gar nicht direkt mit der Aktivität verbunden ist. Stattdessen gibt es zwei weitere Ressourcen, die hier als Blank Nodes realisiert sind und die die Grundlage, bzw. das Ergebnis der Aktivität repräsentieren. Diese Unterscheidung ist wichtig, wenn man die vollständige Kette der Entstehung und Veränderung einer Ressource beschreiben will. In PROV werden alle Ressourcen, insbesondere auch diese „Zwischenergebnisse", als Entitäten (prov:Entity) bezeichnet. Entitäten sind eigenständige Ressourcen, können aber je nach Anwendung auch als Zustände einer übergeordneten Entität verstanden werden. Diese Beziehungen zwischen Entitäten werden in PROV durch die Prädikate prov:alternateOf und prov:specializationOf beschrieben. Im Allgemeinen sollten die einzelnen Entitäten natürlich auch identifiziert und nicht nur als Blank Nodes repräsentiert werden. Ein einfaches Beispiel soll das verdeutlichen, die Entstehung des Artikels über den Eiffelturm in Wikipedia. Dieser Artikel ist die Ressource, die beschrieben wird, identifiziert durch http://de.wikipedia.org/wiki/ Eiffelturm. Betrachtet man die Versionsgeschichte dieses Artikels, so sieht man, dass er vor rund 10 Jahren angelegt wurde und es seitdem über 1.600 verschiedene Versionen des Artikels gab, er also jedes Mal durch eine Aktivität verändert wurde. Alle diese Versionen mit `http://de.wikipedia.org/wiki/Eiffelturm` zu bezeichnen, wäre sicher nicht sehr hilfreich. Stattdessen gibt es Identifier für jede einzelne Version, die erste Version wird zum Beispiel identifiziert durch `http://de.wikipedia.org/w/index.php?title=Eiffelturm&oldid=3583`.

Die zweite Besonderheit liegt in der fehlenden Spezifikation der Aktivität, durch die der Status einer Ressource geändert wurde. In der Abbildung soll es um eine Veröffentlichungsaktivität gehen, aber die Umsetzung in PROV sähe für die Erstellung einer neuen Version genauso aus. Es gibt zu dieser Unterscheidung in PROV das Konzept von Rollen, außerdem können die Aktivitäten natürlich innerhalb einer konkreten Anwendung weiter spezialisiert werden. Die Ausgestaltung liegt aber beim Anwender, es werden keine konkreten Rollen und Spezialisierungen vorgegeben. Hier ist PROV also allgemeiner gehalten als Dublin Core.

Mit Dublin Core und PROV haben wir zwei grundlegend verschiedene Vertreter von Ontologien vorgestellt, mittels derer die Provenienz von Ressourcen repräsentiert werden kann. Fast die Hälfte der Terme in Dublin Core bezieht sich mehr oder weniger auf die Provenienz der Ressource. Trotz der allgemeinen Ausrichtung von Dublin Core werden dabei schon sehr spezielle Formen der Beeinflussung einer Ressource vorgegeben, die sich weitgehend am Entstehungsprozess schriftlicher Veröffentlichungen orientieren. Dem gegenüber steht mit PROV eine Ontologie zur Verfügung, um feingranular beliebige Provenienzketten zu repräsentieren, die Ausgestaltung für einen konkreten Einsatzbereich liegt dabei allerdings beim Anwender. Je nach Anwendungsfall ist das eine oder das andere zu bevorzugen. Wenn es darum geht, die wichtigsten Aussagen zur Entstehung einer Ressource zusammenzufassen, dann ist Dublin Core klar zu empfehlen. Ist die gesamte Provenienzkette abzubilden, mit der Möglichkeit, weitere Informationen zum darunterliegenden Entstehungsprozess und dem Lebenszyklus der Ressource hinzuzufügen, dann liefert PROV dafür eine solide Basis.

Die Provenienz von Linked Data

Bis hierhin haben wir festgestellt, dass Provenienzinformationen Metadaten sind und wir wissen nun auch, wie Provenienzinformationen *als* Linked Data repräsentiert werden können. Im Folgenden geht es nun darum, Provenienzinformationen *für* Linked Data bereitzustellen.

Auf den ersten Blick ist nicht einsichtig, warum die Darstellung von Provenienzinformationen für Linked Data speziell oder anders sein sollte, als die Darstellung von Provenienzinformationen für andere, beliebige Ressourcen. Das Problem ist, dass Metadaten im Allgemeinen, aber eben auch Linked Data, oft nicht als eine eigenständige Ressource gesehen werden. Metadaten sind einfach „da", sie beschreiben andere Ressourcen. Die Gründe sind vielfältig, die folgenden Faktoren können aber Hinweise darauf liefern, wieso das so ist.

Metadaten entstehen in Anwendungen: In einer typischen Anwendung werden Daten über Ressourcen gespeichert. Weitere Informationen über die Daten werden oft nicht gebraucht. Man denke zum Beispiel an ein Dateisystem, das Metadaten zu Dateien speichert, wie Zeitpunkt der Erstellung, letzten Änderung, und den Besitzer. Warum sollten diese Metadaten weiter beschreibbar sein? Eine typische Datenbankanwendung enthält Daten, zum Beispiel über Kunden oder im Fall eines Bibliothekskatalogs über Bücher. Es ist ein klarer Schnitt erkennbar zwischen dem was beschrieben wird und der Beschreibung. Die Möglichkeit, die Beschreibung selbst zu beschreiben, würde weitreichende Änderungen im Datenbankentwurf und der Softwarearchitektur erzwingen.

Metadaten gehören zu Ressourcen: Oft sind Metadaten mehr oder weniger feste Bestandteile der Ressourcen. Zum Beispiel können PDF-, JPEG- oder MP3-Dateien Metadaten über den Ersteller des Dokuments, Bildes oder Liedes enthalten. Auch hier ist unmittelbar klar, was die Ressource ist und was die Beschreibung.

„Schlampiger" Einsatz von Provenienzinformationen: Trotz dieser fundamentalen Trennung wird manchmal eben doch die Provenienz von Metadaten benötigt. Leider wird das dann oft unsauber umgesetzt und die Provenienzinformationen werden mit den Metadaten vermischt. Ein typisches Beispiel ist eine Spalte „Letzte Änderung" in einer Datenbank. Alle Spalten in einer Kundentabelle beschreiben den Kunden, diese Spalte tut es offensichtlich nicht. Stattdessen beschreibt es die Daten über den Kunden, die in der Datenbank gespeichert sind und gibt an, wann diese Daten (und nicht der Kunde) zuletzt geändert wurden. Diese Unsauberkeit kommt oft vor und lässt sich ebenfalls durch die tief verwurzelte Wahrnehmung der unterschiedlichen Ebenen der Beschreibung erklären: Warum solle man präziser bei der Modellierung sein, es ist doch klar, was zur Beschreibung und was zur beschriebenen Ressource zählt.

Synonymer Einsatz von Beschreibung und beschriebener Ressource: Innerhalb eines Systems entspricht die Beschreibung einer Ressource oft der Ressource. In Bibliothekskatalogen existieren Identifikatoren für die einzelnen Katalogisate und es ist verführerisch, sie als Identifier für die Bücher selbst zu sehen. Dagegen ist auch nichts zu sagen, wenn die Bedeutung der Identifier klar ist und sie konsistent genutzt werden. Aber auf keinen Fall können sie sowohl als Identifier für die Bücher, als auch als Identifier für das Katalogisat genutzt werden. Leider wird genau das oft vernachlässigt, was letztlich zum schlampigen Einsatz von Provenienzinformationen führt, wie oben beschrieben. Die einzige Lösung besteht darin, konsequent zwei Identifier einzuführen, einen für die beschriebene Ressource und einen für die Beschreibung. Nur so können sie konsistent unterschieden werden.

Zusammengefasst: Um für Metadaten Provenienzinformationen bereitstellen zu können, müssen diese losgelöst von der beschriebenen Ressource sein und eigenständig identifizierbar. So werden Metadaten zu eigenständigen Ressourcen. Abbildung 2 verdeutlicht den Prozess. Zunächst sind Ressourcen und Beschreibungen gemischt. Sie sind unterscheidbar, die Ressourcen sind durch Bilder dargestellt, die Beschreibungen durch Text. Das entspricht der intuitiven Unterscheidung von Ressourcen und Metadaten, wie wir sie die ganze Zeit vornehmen, in unserer Wahrnehmung und in unseren Anwendungen. Indem wir die Metadaten identifizierbar machen, wechseln wir von einer intuitiven zu einer expliziten Unterscheidung.

Die Trennung von Beschreibung und Ressource ist in RDF gelöst. Selbst in eingebetteten Versionen von RDF wie RDFa ist die Beschreibung klar von der Ressource unterscheidbar. Leider gibt es (noch) keine allgemein akzeptierte Form in RDF, die Metadaten selbst identifizierbar zu machen. Gleichwohl gibt es verschiedene Ansätze und Best-Practice-Empfehlungen, die wir im Folgenden kurz vorstellen wollen. Derzeit arbeitet die W3C RDF Working Group an der nächsten Version von RDF und es ist davon auszugehen, dass dort der Identifizierbarkeit von RDF-Datensätzen Rechnung getragen wird. Unabhängig vom gewählten Ansatz geht es immer darum, RDF-Aussagen einzeln oder als Gruppe identifizierbar zu machen. In Eckert, Pfeffer, & Stuckenschmidt, 2009 haben wir den Begriff „Metametadaten" geprägt, um die Besonderheit bei der Beschreibung von Metadaten gegenüber beliebigen anderen Ressourcen zu verdeutlichen.

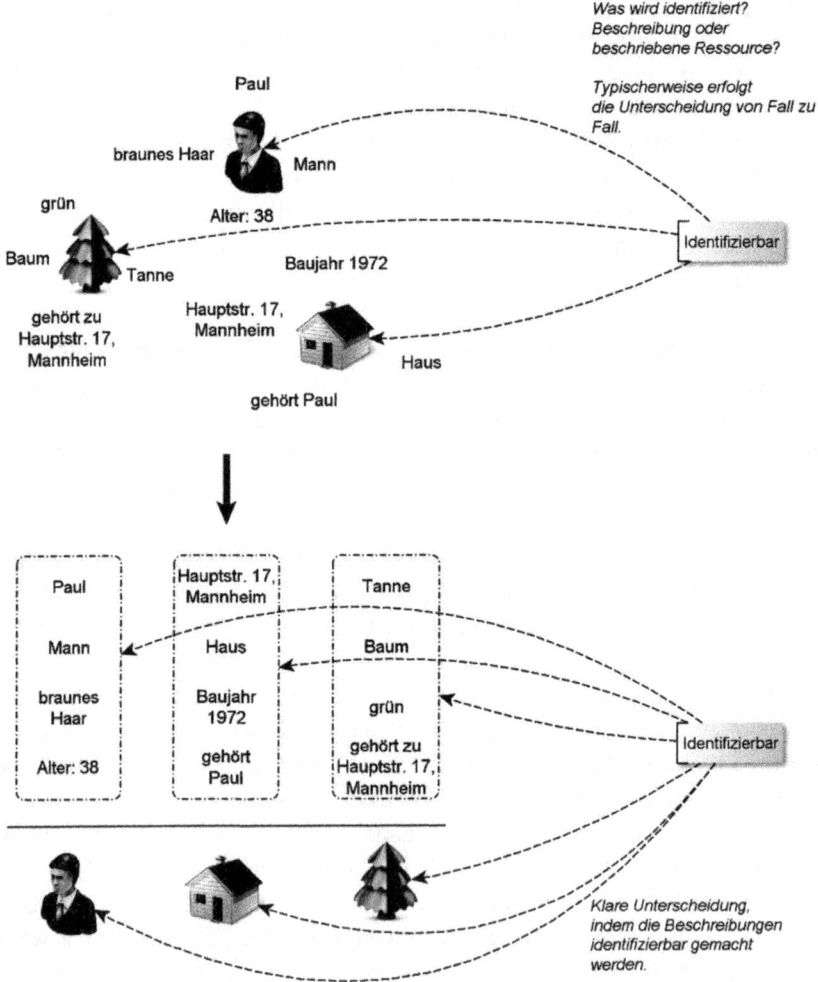

Abbildung 2: Von Beschreibungen zu Ressourcen.

Linked Metadata

Der erste Ansatz nutzt ganz einfach die Linked Data Prinzipien (W3C SWEO Interest Group, 2008; Heath & Bizer, 2011), um Metadaten zu Linked Data bereitzustellen. Immer, wenn Linked Data im Web veröffentlicht wird, muss ein URI geprägt werden, der die Daten zugänglich und damit auch identifizierbar macht, genau wie für jede andere Ressource. Als Beispiel dient wieder der Eiffelturm, über den

Daten als Linked Data veröffentlicht werden (Abbildung 3). Der Eiffelturm selbst wird dabei durch `ex:eiffeltower` identifiziert. Wird `ex:eiffeltower` dereferenziert, d. h. in einen Browser eingegeben oder auf andere Weise angefordert, leitet der Server per 303 redirect auf eine URL weiter, unter der Daten über diese Ressource gefunden werden können, in diesem Fall `ex:eiffeltower-meta`. Damit ist `ex:eiffeltower-meta` eine eigene Ressource, die ebenfalls beschrieben werden kann, entweder mit RDF-Aussagen, die direkt mitgeliefert werden oder unter einer eigenen URI, zum Beispiel `ex:eiffeltower-meta-meta`.

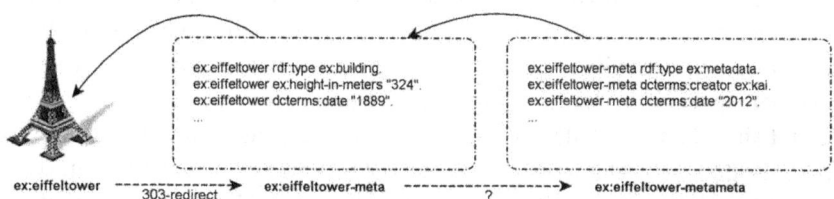

Abbildung 3: Linked Metadata

Im ersten Fall wäre es nicht möglich, weitere Aussagen über die Metametadaten zu treffen, da sie nicht durch einen URI identifiziert werden. In letzterem Fall bleibt die Frage, wie die Metametadaten abgerufen werden können. Ein 303-Redirect kommt hier nicht in Frage, da ja Daten unter `ex:eiffeltower-meta` vorliegen. Normalerweise teilt die Anwendung mit, in welchem Format sie eine Antwort erwartet, so dass man zum Beispiel bei einem Bild entscheiden kann, ob das Bild selbst oder eine Beschreibung des Bildes gewünscht ist. Das kann hier nicht funktionieren, da sowohl Ressource als auch Beschreibung als RDF vorliegen.

Eine mögliche Lösung wäre die Einführung eines neuen HTTP-Request-Headers, der angibt, dass Metadaten zur Ressource gewünscht sind. Immerhin existiert bereits das Gegenstück für die HTTP-Response: der Server kann einen Link-Header schicken, der angibt, dass Metadaten für die angeforderte Ressource unter einer anderen URL vorliegen, z. B.:

```
Link: <http://example.org/eiffeltower-metameta>; rel=meta
```

Die empfohlene Vorgehensweise ist deshalb, die Header für eine Ressource gezielt abzufragen (Head-Request) und zu prüfen, ob ein Link-Header auf zusätzliche Metadaten verweist.

Ein anderer Ansatz, der für RDF funktioniert, wäre, auf die Beschreibung der Daten innerhalb der ausgelieferten RDF-Aussagen zu verweisen. Zum Beispiel könnte man die folgende Aussage hinzufügen:

```
ex:eiffeltower-meta rdfs:seeAlso ex:eiffeltower-metameta.
```

Leider gibt es kein allgemein anerkanntes Prädikat für diesen Zweck – eine andere Variante wäre die Nutzung von `foaf:page`. Beide sind sehr allgemein und insofern unbefriedigend für diesen grundlegenden und speziellen Zweck.

Diese ersten Überlegungen zeigen schon, dass die Darstellung der Provenienz von Linked Data nicht ganz einfach ist. Es ist klar, dass die Provenienzinformationen nahtlos mit den eigentlichen Daten integriert werden müssen. Der Vorteil bei dem hier vorgestellten Ansatz ist, dass er lediglich die Linked-Data-Prinzipien unabhängig vom Typ der Ressource umsetzt und daher auf jeden Fall gültig ist. Es gibt aber eben Nachteile, die den Ansatz nicht allgemein anwendbar machen:

1. Er ist nur geeignet für die Erfassung von Provenienzinformationen auf Datensatzebene, da pro identifizierbare Teilmenge von RDF-Aussagen eine Anfrage an den Server gestellt werden muss. Es gibt aber Forderungen, zum Beispiel durch Hillmann, Dushay, & Phipps, 2004, nach Provenienzinformationen für einzelne Aussagen.
2. Es ist notwendig, die Response-Header und das Verarbeiten von Request-Headern zu beeinflussen, das bedeutet, der volle Zugriff auf den Web-Server wird benötigt.
3. Es gibt immer noch mehrere Freiheitsgrade bei der Implementierung, die die Interoperabilität beeinträchtigen, zum Beispiel, ob Header und/oder Prädikate genutzt werden und ggf. welche, bzw., ob die Provenienzinformationen zusammen mit den Daten ausgeliefert werden oder als eigenständige Ressource.
4. Es ist nicht klar, wie die Provenienzinformationen innerhalb von RDF-Anwendungen repräsentiert und organisiert werden. Zumindest muss erfasst bleiben, über welche URL welche Aussagen abgerufen wurden. Das wird bereits in vielen Triple-Stores umgesetzt, doch selbst dann geht die Information aus den Link-Header verloren und die Verbindung zwischen den Provenienzinformationen und den beschriebenen Ressourcen kann nur noch aus dem Inhalt der Aussagen abgeleitet werden.

In diesem Sammelband beschreibt Pascal Christoph in seinem Beitrag über Datenanreicherung auf LOD-Basis erste Ansätze, Provenienzinformationen in lobid.org als Linked Metadata umzusetzen.

Reification

Schon seit der ersten Version von RDF existiert ein Mechanismus, um auf Aussagenebene Metainformationen auszudrücken: Reification. In Eckert, Pfeffer, & Stuckenschmidt, 2009 haben wir gezeigt, wie mit Reification grundsätzlich auch Provenienzinformationen dargestellt werden können.

Reification erlaubt es, einzelne RDF-Aussagen zu beschreiben. Dazu muss eine Aussage zunächst zu einer Ressource werden, genauer gesagt zu einer Instanz der Klasse `rdf:Statement`. Zur Beschreibung des Statements gibt es drei Prädikate: `rdf_subject`, `rdf:predicate` und `rdf:object`. Die Reification der Aussage „`ex:eiffeltower    ex:height-in-meters` „324"^^`xsd:integer`." sieht dabei wie folgt aus:

```
ex:stmt1 rdf:type rdf:Statement;
         rdf:subject ex:eiffeltower;
         rdf:predicate ex:height-in-meters;
         rdf:object "324"^^xsd:integer.
```

Nun lassen sich weitere Aussagen über diese Aussage treffen, zum Beispiel können wir angeben, wer die Aussage getroffen hat: „`ex:stmt1 dct:creator ex:kai`."

Trotz der allgemeinen Verwendbarkeit von Reification für die Darstellung von Provenienzinformationen auf Aussagenebene ist die Reification kaum verbreitet und es wird sogar diskutiert, sie in der nächsten Version von RDF nicht mehr offiziell zu unterstützen und von ihrem Einsatz abzuraten (Hawke, 2011).

Grund dafür ist unter anderem die umständliche Darstellung einer Aussage, die zu einer Tripel-Explosion führt: Vier Aussagen sind notwendig, um eine Aussage zu reifizieren – vier zusätzliche Aussagen wohlgemerkt, da die Reification die Aussage selbst nicht beinhaltet. Darüber hinaus muss jede einzelne Aussage reifiziert werden und zu anderen Aussagen in Bezug gesetzt werden, falls die Aussagen gemeinsam beschrieben werden sollen.

Trotzdem führen wir die Reification hier noch der Vollständigkeit wegen auf, zumal es derzeit der einzige standardisierte Weg ist, über einzelne RDF-Aussagen innerhalb von RDF zu sprechen. Es gibt aber bereits andere Ansätze, wie die im Folgenden beschriebenen Named Graphs, die bereits eine viel höhere Akzeptanz in der Community haben und als Grundlage für die nächste RDF-Version gesehen werden können.

Named Graphs

Named Graphs wurden von Carroll, Bizer, Hayes, & Stickler, 2005, als eine kleine Erweiterung von RDF eingeführt. Sie entwickelten Named Graphs ausgehend von URI-Referenzen für RDF-Dateien, wie oben beschrieben. Named Graphs sind nicht Teil von RDF, wurden aber in SPARQL aufgenommen, der RDF-Anfragesprache (RDF Data Access Working Group, 2008). Ein Named Graph ist ein normaler RDF-Graph, der mit einem URI versehen wurde, der als Name fungiert. Der Name kann zum Beispiel die URI-Referenz der RDF-Datei sein, in der der Graph gespeichert ist, aber auch jeder beliebige andere URI. TriG (Bizer & Cyganiak, 2007) ist eine mögliche Serialisierung von Named Graphs. In TriG sieht der obige Beispielgraph wie folgt aus:

```
ex:eiffeltower-meta {
    ex:eiffeltower rdf:type ex:building.
    ex:eiffeltower ex:height-in-meters "324".
    ex:eiffeltower dcterms:date "1889".
    ...
}
```

Durch die Aufnahme von Named Graphs in SPARQL unterstützen die meisten Implementierungen heute Named Graphs.

In Eckert, Pfeffer, & Völker, 2010, haben wir gezeigt, dass Named Graphs für die Repräsentation von Provenienzinformationen gemäß den in Eckert, Pfeffer, & Stuckenschmidt, 2009, eingeführten Anwendungsfälle einsetzbar sind.

Sowohl Reification, als auch Named Graphs sind grundsätzlich geeignet, RDF-Aussagen oder Mengen von RDF-Aussagen zu identifizieren. Named Graphs sind dabei intuitiver, da sie sich an Datensätzen orientieren. Allerdings sind sie nicht Teil des RDF-Standards. Reification ist (noch) Teil des Standards, aber der Einsatz ist umständlich und kann nicht mehr empfohlen werden.

Aktuelle Entwicklungen in RDF

Zurzeit arbeitet die W3C RDF Working Group an der nächsten RDF-Version und die Entwicklung eines standardisierten Mechanismus zur Identifizierung von Graphen ist Teil ihrer Aufgabe.[8] Zunächst führte die Arbeitsgruppe dazu vorläufige Bezeichnungen für verschiedene Graph-Konzepte ein, die die Diskussion erleichtern:

---

8 http://www.w3.org/2011/01/rdf-wg-charter

G-Box: Eine G-Box ist ein Graph-Container, der RDF-Tripel enthält. Verschiedene G-Boxes können identische Tripel enthalten. Der Inhalt einer G-Box kann sich verändern.

G-Snap: Ein G-Snap ist eine idealisierte Momentaufnahme einer G-Box. Ein G-Snap enthält demnach ebenfalls RDF-Tripel, aber der Inhalt eines G-Snap kann sich nicht ändern. Ein G-Snap wird durch seinen Inhalt definiert, ein geänderter Inhalt führt zu einem anderen G-Snap. Entsprechend sind zwei G-Snaps, die den gleichen Inhalt haben, in Wirklichkeit derselbe G-Snap.

G-Text: Ein G-Text ist eine bestimmte Folge von Zeichen oder Bytes, die einen G-Snap in einer bestimmten Sprache repräsentieren, zum Beispiel Turtle oder RDF/XML. Der exakte Inhalt einer bestimmten G-Box lässt sich durch einen G-Text darstellen. Der G-Text beinhaltet den G-Snap, der dem gegenwärtigen Status, bzw. Inhalt der G-Box entspricht.

Diese Begriffe verdeutlichen, dass man Linked Data auf verschiedenen Ebenen identifizieren kann. Eine identifizierte G-Box entspricht dabei am ehesten einem im Web publizierten RDF-Datensatz oder einem Named Graph. Die Möglichkeit, dass der Inhalt sich ändert, ist normal im Web und etwas, mit dem man zusätzlich umgehen muss. Auch dazu gibt es viele Überlegungen und Entwicklungen, auf die wir hier aber nicht weiter eingehen wollen. Für die Darstellung von Provenienzinformationen dürfte vor allem der Begriff der G-Box von Bedeutung sein und die Frage, wie nahtlos er sich in die Web-Architektur und die RDF-Implementierungen integrieren wird.

Zur endgültigen Benennung einer G-Box und zur genauen Spezifikation ihrer Bedeutung gibt es zahlreiche Diskussionen innerhalb und außerhalb der Arbeitsgruppe. Man darf gespannt sein, wie die nächste RDF-Version aussehen wird, die Ende 2013 fertig sein soll.

In diesem Zusammenhang ist interessant, dass es auch in PROV das Konzept eines Provenienz-Datensatzes gibt, der wahrscheinlich *Bundle* heißen wird. Beide Arbeitsgruppen arbeiten zusammen, um sicherzustellen, dass das Konzept eines Bundles eine passende Entsprechung in RDF hat.

OAI-ORE

Das Fehlen eines standardisierten Mechanismus, um Informationen über RDF-Daten auszudrücken und die Nachteile der Reification haben dazu geführt, dass Entwickler nach anderen Lösungen suchen mussten, um unter anderem Provenienzinformationen darzustellen. Ein Ansatz, der ohne direkte Metaebene auskommt, ist das *Object Reuse and Exchange* (ORE) Framework, das von der Open Archives Initiative (OAI) angeboten wird (Open Archives Initiative, 2008). OAI-ORE wurde ursprünglich entwickelt um ein etwas anderes Problem zu lösen, für das es ebenfalls keine standardisierte Lösung in RDF gibt: Wie kann man über Ressourcen Aussagen tätigen, die nur in einem bestimmten Kontext gültig sind? Ein typisches Beispiel ist eine Zusammenstellung von Ressourcen, zum Beispiel eine Sammlung von Artikeln. Die Aussage, dass ein Artikel der erste Artikel in der Sammlung ist, ist nur für diese Sammlung gültig, der Artikel ist nicht grundsätzlich der erste Artikel.

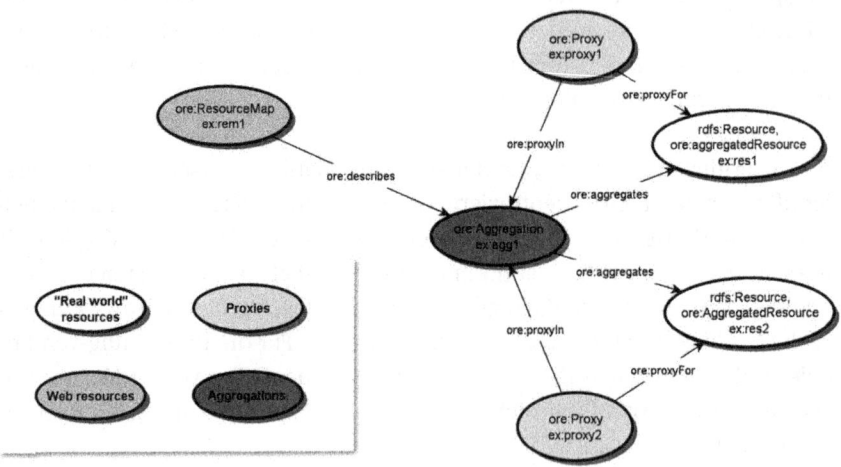

Abbildung 4: OAI-ORE.

Abbildung 4 zeigt das verwendete Datenmodell. ORE führt sogenannte Proxies ein (ore:Proxy). Ein Proxy ist eine spezielle Ressource, die als Platzhalter für die ursprüngliche Ressource (ore:AggregatedResource) innerhalb einer Zusammenstellung (ore:Aggregation) dient. Aussagen über den Proxy sind Aussagen über die ursprüngliche Ressource, aber eben nur gültig im Kontext der Zusammenstellung[9]. Aussagen über die Zusammenstellung selbst und ihre Verbindung zu den aggregierten Ressourcen werden über eine spezielle Ressource zur Verfügung gestellt, der Resource Map (ore:ResourceMap). Abgesehen von

---

9 Proxies sind in ORE eigentlich optional, Ressourcen können auch direkt aggregiert werden. Sie sind aber erforderlich, um verschiedene Beschreibungen auseinanderhalten zu können, eine Voraussetzung für Provenienzinformationen.

den Proxies folgt OAI-ORE damit genau den Linked-Data-Prinzipien, durch die Spezifikation von Resource Maps wird sogar vorgegeben, dass die Beschreibungen der Zusammenstellungen eigenständige Ressourcen mit eigener URI sind.

OAI-ORE wird für den Zweck der Provenienzerfassung insbesondere im aktuellen Europeana Datenmodell (EDM) verwendet. Ein grundsätzliches Problem beim Einsatz von OAI-ORE besteht darin, dass die Semantik von der üblichen Semantik in RDF abweicht, wo Aussagen direkt über Ressourcen getroffen werden. Eine Anwendung muss ORE „verstehen", um Aussagen über Proxies richtig interpretieren zu können. Das wird auch in der Dokumentation von ORE entsprechend berücksichtigt: Ein ORE-Server muss Anwendungen, die nicht „ORE aware" sind, unterschiedlich behandeln und via 303 Redirect direkt auf die aggregierte Ressource verweisen.

Eine nicht ORE-Anwendung stößt sonst auf semantische Probleme beim Versuch, ORE-Daten zu verstehen. Soll eine aggregierte Ressource zum Beispiel durch Dublin Core beschrieben werden (wie im EDM der Fall), so finden sich `dct:creator` Aussagen, die als Subjekt den Proxy verwenden, der ja als Platzhalter für die eigentliche Ressource fungiert. Das Prädikat `dct:creator` ist aber so definiert, dass das Subjekt die erstellte Ressource identifiziert und das Objekt die handelnde Person oder Einrichtung (Agent), die die Ressource erstellt hat. Wenn nun aber das Subjekt, also der Proxy, die erstellte Ressource ist, was ist dann die ursprüngliche Ressource im Datenmodell? Letztlich kann man aus den Aussagen folgern, dass alle Proxies identisch mit der ursprünglichen Ressource sind, was natürlich der Intention zuwiderläuft, verschiedene Aussagen über eine Ressource voneinander zu trennen.

Ein grundlegendes Problem, dass immer auftritt, wenn man versucht, Aussagen über Aussagen ohne die Nutzung eines zusätzlichen Levels auszudrücken, sind die resultierenden komplexen Datenmodelle.

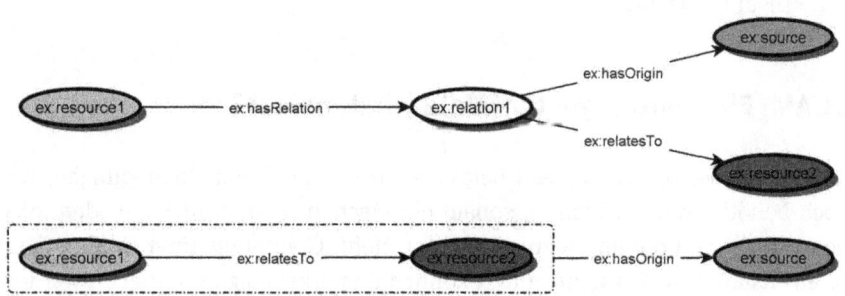

Abbildung 5: Zusätzliche Knoten oder die Einführung einer Metaebene

Abbildung 5 soll das verdeutlichen. Die klassische Vorgehensweise, in RDF (wie auch beim Modellieren relationaler Datenmodelle oder objektorientierter Architekturen) zusätzliche Informationen zu einer Aussage (Relation, Objektbeziehung) hinzuzufügen, ist die Einführung einer Zwischenebene, also eines zusätzlichen Knotens (Tabelle, Objekt). David Wheeler hat das treffend formuliert: „Alle Probleme in der Informatik können durch das Einfügen einer Zwischenebene gelöst werden... bis auf das Problem zu vieler Zwischenebenen."[10]

In diesem Fall wird also eine zusätzliche Ressource eingeführt, die die Prädikatszuweisung in der ursprünglichen Aussage repräsentiert. Das Ziel der ursprünglichen Aussage, also das Objekt, wird entsprechend identifiziert, der neue Knoten wird über ein anderes Prädikat an das ursprüngliche Subjekt gehängt. Nun hat man die Möglichkeit, weitere Informationen, zum Beispiel zur Provenienz der Aussage, an die neue Ressource zu hängen, im Beispiel durch das Prädikat `ex:hasOrigin` dargestellt.

Nutzt man eine Metaebene, die es erlaubt, direkt Aussagen über andere Aussagen zu machen, ist nicht nur das Modell einfacher, die Interpretation ist auch viel intuitiver. Insbesondere bleibt die ursprüngliche Aussage erhalten und wird nicht durch die Zwischenebene auseinandergerissen. Analog zum Beispiel der Proxies in EDM ist ein solches Auseinanderreißen semantisch oft gar nicht möglich, weil die Definition der verwendeten Prädikate vorsieht, dass Subjekt und Objekt direkt verbunden werden. Dieser Umweg über eine Zwischenebene kommt also eigentlich nur für neu erstellte Ontologien in Betracht und kann nicht allgemein für vorhandene Daten verwendet werden.

Zusammenfassend kann man sagen, dass es schon jetzt verschiedene Möglichkeiten gibt, Provenienzinformationen für Linked Data darzustellen. Allerdings liegt die Tücke im Detail und letztlich ist keine Lösung uneingeschränkt anwendbar und interoperabel, insbesondere mangels Berücksichtigung im RDF-Standard. Es ist aber davon auszugehen, dass sich das mit der nächsten Version von RDF ändern wird.

DCAM: Eine Ontologie für (Meta-) Datensätze?

Zum Abschluss dieses Kapitels befassen wir uns noch mit Überlegungen, was noch benötigt werden könnte, sobald ein Mechanismus in RDF zur Identifikation von Graph-Containern zur Verfügung steht. Graph-Container werden dann zu eigenständigen Ressourcen und können damit beliebig beschrieben werden.

---

10 "All problems in computer science can be solved by another level of indirection ... except for the problem of too many levels of indirection." (Spinellis, 2007).

Sie werden für verschiedenste Zwecke zum Einsatz kommen und gegebenenfalls in Anwendungen dynamisch erzeugt, um beliebige Verwaltungsinformationen oder ähnliches strukturiert festhalten zu können. Damit bekommen Graph-Container eine anwendungsbezogene Bedeutung, die sich letztlich in verschiedenen *Klassen* von Graph-Containern niederschlagen wird.

Eine solche Klasse dürfte der Metadatensatz sein, sozusagen die Rückkehr des im Linked-Data-Umfeld totgesagten Records.[11] Die Anwendungsfälle sind vielfältig und kommen vor allem aus dem Bereich des Metadatenmanagements. Zum Beispiel kann man die Konformität der enthaltenen Daten mit bestimmten Standards oder Regelwerken festhalten, oder ihre Vollständigkeit im Bezug auf bestimmte Anforderungen.

Für derartige Szenarien bietet die Dublin Core Metadata Initiative Ansatzpunkte mit dem Dublin Core Abstract Model (DCAM) als Basis zur Beschreibung von Metadatensätzen und den Application Profiles (DCAP), einer formalisierten Angabe, welche Metadatenelemente für eine bestimmte Anwendung wie genau zu verwenden sind.

DCAM wird derzeit ebenfalls vor dem Hintergrund aktueller Entwicklungen überarbeitet, insbesondere Anforderungen aus dem Bereich der Metadatenprovenienz spielen dabei eine Rolle. Auch hier wird darauf geachtet, dass das Ergebnis kompatibel zu den Ergebnissen der W3C Provenance und RDF Arbeitsgruppen ist. Eine zu Named Graphs kompatible Erweiterung von DCAM speziell für die Erfassung von Provenienzinformationen haben wir dazu in Eckert, Garijo, & Panzer, Extending DCAM for Metadata Provenance, 2011, vorgestellt. Die Entwicklung eines Application Profiles für Provenienzinformationen ist geplant, sobald die Grundlagen in DCAM und RDF gelegt sind.

Zusammenfassung

In diesem Kapitel haben wir einen Überblick zur Darstellung von Provenienzinformationen im Linked-Data-Web gegeben. Insbesondere haben wir dabei aktuelle Entwicklungen aus verschiedenen Arbeitsgruppen zusammengefasst und sie zu gängigen Praktiken und tatsächlichen Anwendungen in Beziehung gesetzt. Das bedeutet natürlich, dass einige Aussagen in diesem Kapitel nur als vorläufig

---

11 Da ist sie wieder, die Karteikarte. Wieder einmal besteht die Möglichkeit, sie zum zentralen Element eines Datenmodells zu erklären. Allerdings wächst der Nutzen des Inhalts der Karteikarte beträchtlich, da die Inhalte (hoffentlich) mehr untereinander verknüpft sind, als mit der Karteikarte. Sie dient nur noch dem Zweck, der nie in Frage gestellt war: In einem Kontext zusammengehörige Informationen zusammenzufassen.

anzusehen sind. Wir haben aber versucht, uns auf im Wesentlichen feststehende Grundlagen zu beschränken und auch deswegen auf allzu tiefgreifende Beispiele und Details verzichtet.

Ein Gebiet, das wir vollkommen ausgeklammert haben, ist die Versionierung von Linked Data. PROV kann hier eine wichtige Rolle spielen, wenn es darum geht, die Veränderungen einer Linked-Data-Ressource festzuhalten. Schon als einfache Metadaten zur Entstehung einer Resource, aber erst Recht in Form einer vollständigen Provenienzkette, sind Provenienzinformationen die Basis für Vertrauen in Daten aus dem Web. Das Vertrauen, der sogenannte Trust-Layer, ist ein wichtiges Arbeitsgebiet im Bereich Semantic Web und Linked Data und wir können gespannt sein, wie sich die Entwicklungen zur Provenienz von Daten hier auswirken.

Zum Abschluss dieses Kapitels ist es angebracht, noch auf einen besonderen Aspekt der Provenienz einzugehen: Eine (aber nur eine) Motivation für die Bereitstellung von Provenienzinformationen kann eine rechtliche Verpflichtung sein, das heißt, der Besitzer der veröffentlichten Daten verlangt es. Wie wir gesehen haben, stellt eine adäquate Bereitstellung von Provenienzinformationen eine große technische Hürde dar, es ist fraglich, ob das überhaupt bis in letzter Konsequenz erreicht werden kann. Eine Möglichkeit, das Problem zu umgehen, ist die Freigabe der Daten in die Public Domain, das heißt, der Besitzer gibt alle Rechte an den Daten auf. Das ist die empfohlene Praxis für Daten aus der öffentlichen Hand, insbesondere auch für Bibliotheksdaten. Europeana verlangt die Freigabe aller übermittelten Daten, nicht zuletzt, um damit Interoperabilitätsproblemen wegen der rechtlichen Beschränkungen aus dem Weg zu gehen. In der Tat ist das auch nach wie vor der beste (wenn nicht einzige) Weg und das wird auch vom Autor dieses Kapitels nachdrücklich empfohlen.

Benötigt man dann Provenienzinformationen, wenn die Daten doch alle frei sind? Die Antwort ist ja, denn natürlich brauchen wir trotzdem die Information, aus welcher Quelle bestimmte Informationen stammen und wie die Beziehung zwischen verschiedenen Metadatensätzen ist. Nur so entsteht Vertrauen in die Daten und damit letztlich auch Vertrauen in die Anwendungen, die auf diesen Daten aufbauen. Und schließlich geht es ja bei der Freigabe von Daten nicht darum, dass man den Ersteller von wertvollen Daten nicht nennen will. Beim Weiterverarbeiten der Daten darf man nur nicht dazu verpflichtet sein, diese Information uneingeschränkt und in jedem Fall beizubehalten.

Die Forderung nach freien, offenen Daten wird also durch die Entwicklung geeigneter Mechanismen zur Provenienzerfassung nicht ungültig. Würde man die Angabe der Provenienz erzwingen (zum Beispiel durch eine CC-BY-Lizenz oder ähnliches), so müsste die volle Provenienzkette von allen Daten für alle Zeiten aufbewahrt und zur Verfügung gestellt werden. Daten sind keine Ressourcen, die einfach nur konsumiert werden. Daten werden ständig gemischt, transformiert, integriert, angereichert und verbessert, zum Wohle der Anwendungen. Würde man die Provenienzinformationen ständig mitführen wollen, wäre der Anteil der Provenienzinformationen weit höher als der Anteil der Daten selbst. Die Daten würden schlicht und ergreifend unbenutzbar werden. Deswegen müssen Daten rechtlich offen zugänglich und frei sein.

Mit anderen Worten und als abschließende Zusammenfassung: Der Bedarf an Provenienzinformationen muss von den Anwendungen und Datennutzern getrieben sein, nicht von den Datenanbietern.

Danksagung

Dieses Kapitel basiert auf Teilen meiner Masterarbeit mit dem Titel „Metadata Provenance in Europeana and the Semantic Web", die ich im Rahmen des Studiengangs Bibliotheks- und Informationswissenschaft an der Humboldt-Universität zu Berlin geschrieben habe. Die Grundlage dafür wiederum war meine Arbeit in der DCMI Metadata Provenance Task Group, zusammen mit Daniel Garijo und Michael Panzer. Ihnen sei hiermit in besonderem Maße gedankt.

Literaturverzeichnis

Baer, D. (Hrsg.). (2001). *Duden, Fremdwörterbuch* (7. Ausg.). Mannheim; Leipzig [u.a.] : Dudenverl.

Bizer, C., & Cyganiak, R. (2007). *The TriG Syntax*. Von http://www.wiwiss.fu-berlin.de/suhl/bizer/TriG/Spec/ abgerufen

Buneman, P., Khanna, S., & Wang-Chiew, T. (2001). Why and Where: A Characterization of Data Provenance. In J. Van den Bussche, & V. Vianu (Hrsg.), *Database Theory - ICDT 2001* (Bd. 1973, S. 316-330). Heidelberg: Springer. Von http://dx.doi.org/10.1007/3-540-44503-X_20 abgerufen

Carroll, J. J., Bizer, C., Hayes, P., & Stickler, P. (2005). Named Graphs, Provenance and Trust. *Proceedings of the 14th International Conference on World Wide Web (WWW) 2005, May 10-14, 2005, Chiba, Japan*, (S. 613-622).

Davidson, S. B., & Freire, J. (2008). Provenance and scientific workflows: challenges and opportunities. *Proceedings of the 2008 ACM SIGMOD international conference on Management of data* (S. 1345-1350). New York, NY, USA: ACM. Von http://doi.acm.org/10.1145/1376616.1376772 abgerufen

Davies, J., German, D. M., Godfrey, M. W., & Hindle, A. (2011). Software bertillonage: finding the provenance of an entity. *Proceedings of the 8th Working Conference on Mining*

Software Repositories (S. 183-192). New York, NY, USA: ACM. Von http://doi.acm. org/10.1145/1985441.1985468 abgerufen

DCMI, U. B. (2010). *DCMI Metadata Terms*. Dublin Core Metadata Initiative. Von http:// dublincore.org/documents/2010/10/11/dcmi-terms/ abgerufen

DCMI, U. B. (2010). *Dublin Core Metadata Element Set, Version 1.1*. Dublin Core Metadata Initiative. Von http://dublincore.org/documents/2010/10/11/dces/ abgerufen

Eckert, K., Garijo, D., & Panzer, M. (2011). Extending DCAM for Metadata Provenance. *DC-2011: International Conference on Dublin Core and Metadata Applications*.

Eckert, K., Garijo, D., & Panzer, M. (2011). Metadata Provenance: Dublin Core on the Next Level. *DC-2011: International Conference on Dublin Core and Metadata Applications*.

Eckert, K., Pfeffer, M., & Stuckenschmidt, H. (2009). A Unified Approach For Representing Metametadata. *DC-2009: International Conference on Dublin Core and Metadata Applications*.

Eckert, K., Pfeffer, M., & Völker, J. (2010). Towards Interoperable Metadata Provenance. *Proceedings of the Second International Workshop on the role of Semantic Web in Provenance Management (SWPM 2010)*. Von http://ceur-ws.org/Vol-670/ abgerufen

Green, T. J., Karvounarakis, G., & Tannen, V. (2007). Provenance semirings. *Proceedings of the twenty-sixth ACM SIGMOD-SIGACT-SIGART symposium on Principles of database systems* (S. 31-40). New York, NY, USA: ACM. Von http://doi.acm.org/10.1145/1265530.1265535 abgerufen

Hawke, S. (2011). RDF-ISSUE-25 (Deprecate Reification): Should we deprecate (RDF 2004) reification? [Cleanup tasks]. *RDF-ISSUE-25 (Deprecate Reification): Should we deprecate (RDF 2004) reification? [Cleanup tasks]*. Von http://lists.w3.org/Archives/Public/public-rdf-wg/2011Apr/0164.html abgerufen

Heath, T., & Bizer, C. (2011). *Linked Data: Evolving the Web into a Global Data Space* (1st Ausg.). Morgan \& Claypool. Von http://linkeddatabook.com/editions/1.0/ abgerufen

Hillmann, D. I., Dushay, N., & Phipps, J. (2004). Improving Metadata Quality: Augmentation and Recombination. *DC-2004: Proceedings of the International Conference on Dublin Core and Metadata Applications*. Dublin Core Metadata Initiative. Von http://hdl.handle. net/1813/7897 abgerufen

Moreau, L. (2010). The Foundations for Provenance on the Web. *Foundations and Trends in Web Science, 2*(2--3), 99-241. Von http://eprints.soton.ac.uk/271691/ abgerufen

Open Archives Initiative. (2008). *Open Archives Initiative - Object Reuse and Exchange: ORE User Guide - Primer*. (C. Lagoze, H. van de Sompel, P. Johnston, M. Nelson, R. Sanderson, & S. Warner, Hrsg.) Open Archives Initiative. Von http://www.openarchives.org/ore/1.0/ primer abgerufen

RDF Data Access Working Group. (2008). *SPARQL Query Language for RDF*. (E. Prud'hommeaux, & A. Seaborne, Hrsg.) W3C. Von http://www.w3.org/TR/rdf-sparql-query/ abgerufen

Spinellis, D. (2007). Another level of indirection. In A. Oram, & G. Wilson (Hrsg.), *Beautiful code* (S. 279-291). Sebastopol, CA, USA: O'Reilly and Associates. Von http://www.dmst.aueb.gr/ dds/pubs/inbook/beautiful_code/html/Spi07g.html abgerufen

W3C OWL Working Group. (2009). *OWL 2 Web Ontology Language Document Overview*. W3C. Von http://www.w3.org/TR/owl2-overview/ abgerufen

W3C Provenance Incubator Group. (2010). *Provenance XG Final Report -- W3C Incubator Group Report 08 December 2010*. Tech. rep., W3C. Von http://www.w3.org/2005/Incubator/prov/ XGR-prov/ abgerufen

W3C Provenance Working Group. (2012). *PROV Model Primer (Working Draft)*. (Y. Gil, & S. Miles, Hrsg.) W3C. Von http://www.w3.org/TR/2012/WD-prov-primer-20120503/ abgerufen

W3C Provenance Working Group. (2012). *PROV-DM: The PROV Data Model (Working Draft)*. (L. Moreau, & P. Missier, Hrsg.) W3C. Von http://www.w3.org/TR/2012/WD-prov-dm-20120503/ abgerufen

W3C Provenance Working Group. (2012). *PROV-O: The PROV Ontology (Working Draft)*. (T. Lebo, S. Sahoo, & D. McGuinness, Hrsg.) W3C. Von http://www.w3.org/TR/2012/WD-prov-o-20120503/ abgerufen

W3C SWEO Interest Group. (2008). *Cool URIs for the Semantic Web: W3C Interest Group Note 03 December 2008*. (L. Sauermann, & R. Cyganiak, Hrsg.) W3C. Von http://www.w3.org/TR/cooluris/ abgerufen

Dominique Ritze, Kai Eckert, Magnus Pfeffer
Forschungsdaten

In der Rolle als Informationsdienstleister wird der Umgang mit Forschungsdaten für Bibliotheken immer wichtiger. Forschungsdaten bilden in den meisten Disziplinen den Grundstein wissenschaftlichen Arbeitens und ihre Archivierung und Zugänglichmachung gewährleistet die Nachvollziehbarkeit und Reproduzierbarkeit von publizierten Ergebnissen. Eine besondere Rolle spielt dabei die Zitierbarkeit von Forschungsdaten und damit einhergehend die Verknüpfung von Veröffentlichungen und den ihnen zugrunde liegenden Forschungsdaten. Linked Open Data bietet eine Infrastruktur, um Forschungsdaten einheitlich zu beschreiben, eindeutig zu identifizieren und möglichst vielen Nutzern zur Verfügung stellen zu können. Die Verknüpfung von Forschungsdaten und Literatur eröffnet auch dem recherchierenden Benutzer neue Möglichkeiten: Die Originaldaten sind zugreifbar zur eingehenden Prüfung der publizierten Ergebnisse, darüber hinaus kann gezielt nach weiteren Publikationen gesucht werden, die auf den gleichen Forschungsdaten basieren. Aufbauend auf unseren Erfahrungen aus dem DFG-geförderten Projekt *InFoLiS* stellen wir die Herausforderungen sowie Möglichkeiten und Vorteile dar, die sich aus einer LOD-basierten Infrastruktur zum Beschreiben und Verlinken von Forschungsdaten ergeben.

Einleitung

„Daten sind die Währung der Wissenschaft, auch wenn Publikationen immer noch die Währung für die Festanstellung sind. Für die wissenschaftliche Produktivität, Kollaboration und Entdeckung neuer Ergebnisse ist es jedoch essentiell, Daten auszutauschen, zu kommunizieren, zu extrahieren, wiederzuverwenden und zu begutachten" (Gold, 2007).[1] Obwohl durch den technologischen Fortschritt die Bereitstellung der Daten immer einfacher wird, ist es noch keine gebräuchliche Praxis, Daten zu veröffentlichen, die einer Publikation zugrunde liegen. Und wenn Daten veröffentlicht werden, dann ist nicht immer klar, welche Publikationen sich darauf beziehen. Auch die Referenzierung von Forschungsdaten innerhalb einer Publikation ist uneinheitlich, wenn überhaupt vorhanden, so dass es schwierig ist, die zugehörigen Daten zu finden. Ohne Zugang zu den

---

1 "[...]data is the currency of science, even if publications are still the currency of tenure. To be able to exchange data, communicate it, mine it, reuse it, and review it is essential to scientific productivity, collaboration, and to discovery itself."

Forschungsdaten können weder die genannten Ergebnisse verifiziert oder reproduziert werden, noch die Daten mit anderen verglichen oder wiederverwendet werden.

Für die Organisation von Forschungsdaten und Publikationen bietet sich die dezentrale Architektur von Linked Open Data an. Ausgehend von einer detaillierten Beschreibung für die lokalen Bedürfnisse der Datenanwender lassen sich so Forschungsdaten einrichtungs- und bereichsübergreifend integrieren und vernetzen. Analog zur Verknüpfung von Publikationen untereinander basierend auf Zitationen können so die Forschungsdaten zitierbar gemacht werden und zu darauf aufbauenden Publikationen in Bezug gesetzt werden.

Im Folgenden wird zunächst auf die zyklische Natur wissenschaftlicher Forschung eingegangen und werden anschließend die an unterschiedlichen Punkten entstehenden Forschungsdaten klassifiziert und für den Kontext dieser Betrachtung genauer definiert. Die nächsten Abschnitte beschäftigen sich mit dem wichtigen Aspekt der dauerhaften Archivierung von Forschungsdaten und den Möglichkeiten, die eine auf Linked Open Data basierende Infrastruktur für die Referenzierung von Forschungsdaten bieten kann. Ein kurzer Überblick über das DFG-geförderte Projekt „InFoLiS" zeigt exemplarisch, wie die genannten Möglichkeiten in der Praxis umgesetzt werden können. Eine Zusammenfassung mit einem Ausblick auf kommende Entwicklungen beschließt dieses Kapitel.

Forschungszyklus

Unabhängig vom Forschungsgebiet und dem konkreten Forschungsthema folgt die Forschung einem Ablauf, wie er in Abbildung 1 skizziert ist (angelehnt an (Baskerville & Wood-Harper, 1996)). Am Anfang steht eine *Recherche*, aus der sich entweder die Forschungsfrage ergibt oder die dazu dient, eine vorhandene Forschungsfrage zu untermauern. Aus den gefundenen Forschungsergebnissen kann eine konkrete Forschungsfrage formuliert werden. Es folgt die *Gestaltung einer Studie* bzw. eines Experiments deren *Durchführung* experimentelle Ergebnisse liefert, die weiter untersucht werden müssen. An dieser Stelle unterscheiden sich die einzelnen Disziplinen deutlich: Es kann sich dabei etwa um die Auswertung einer primären Textquelle in den Geisteswissenschaften handeln oder auch um die Durchführung einer Forschungsreise zum Nordpol mit entsprechenden Experimenten, die Daten liefern sollen. Unabhängig von der konkreten Forschungsaktivität folgt eine *Analyse der Ergebnisse*, die hoffentlich zur Beantwortung der ursprünglichen Forschungsfrage führt. Forschungsdaten fallen in diesem Modell sowohl nach der Durchführung (als unbearbeitete Rohdaten) als auch nach der Analyse an (als aufbereitete Daten).

Die Erkenntnisse aus der Analyse, ergänzt durch weitere Ergebnisse, werden zusammen mit einer Beschreibung des Vorgehens in einer *Publikation* festgehalten und somit anderen Wissenschaftlern zur Verfügung gestellt. Damit schließt sich der Kreis: die neue Publikation kann im Rahmen der Recherche anderen Wissenschaftlern als Ausgangsbasis dienen.

Abbildung 1: Forschungszyklus.

Auch wenn also die wesentlichen Erkenntnisse, die aus Sicht des durchführenden Wissenschaftlers aus den angefallenen Forschungsdaten gewonnen werden können, veröffentlicht werden, fehlt im Allgemeinen anderen Wissenschaftlern eine Möglichkeit, auf die ursprünglichen Daten (Rohdaten und aufbereitete Daten) zuzugreifen.

Forschungsdaten

Im Sinne einer klaren Abgrenzung für die unterschiedlichen denkbaren Arten von Forschungsdaten verwenden wir die Definition der Universität Edinburgh (Edinburgh University, 2011). Demnach sind Forschungsdaten alle Arten von Informationen, die gesammelt oder erstellt werden mit dem Zweck der Analyse, um daraus Forschungsergebnisse zu erhalten.[2]

Forschungsdaten werden dabei in fünf unterschiedliche Kategorien unterteilt:

Tabelle 1: Arten von Forschungsdaten.

Art	Charakteristik	Beispiel
Beobachtungen	Daten werden in Echtzeit erfasst meistens unersetzbar	Sensordaten Umfragedaten
Experimente	meist im Labor erstellt reproduzierbar aber teuer	Gensequenzen Chromatogramme
Simulationen	von Testmodellen generiert Model und die Metadaten wichtiger als Ausgabe	Klimamodelle Wirtschaftsmodelle
Abgeleitete Daten	aus anderen Daten abgeleitet oder kompiliert reproduzierbar	Textmining 3D-Modelle
Referenzen	Sammlung kleinerer Datensätze Meist publiziert	Gensequenzdatenbank Primäre Textquellen

Tabelle 1 zeigt die verschiedenen Arten von Forschungsdaten mit ihren spezifischen Charakteristiken. Primäre Kandidaten für eine dauerhafte Aufbewahrung, Dokumentation und Zugänglichmachung sind dabei die Daten aus nicht wiederholbaren Beobachtungen oder Experimenten, die oft nur unter hohem Aufwand reproduzierbar sind.

Zusätzlich liegen die Forschungsdaten auch noch in unzähligen Formaten vor. Beispiele dafür sind Textformate, numerische Formate, Multimedia, Modelle,

---

2 "Research data, unlike other types of information, is collected, observed, or created, for purposes of analysis to produce original research results."

Software- oder disziplinspezifische Formate. Daraus ergeben sich unterschiedliche Anforderungen an die Beschreibung und Speicherung der Daten. Eine Übersicht über die verschiedenen Arten von Forschungsdaten, ihr Umfang und die Formatvielfalt gibt Neuroth, Strathmann, Oßwald, Scheffel, Klump, & Ludwig, 2012.

Metadaten zu Forschungsdaten

Die Forschungsdaten selbst werden mit Hilfe von Metadaten beschrieben. Diese Angaben dienen neben der Beschreibung der Daten auch ihrer Interpretation. So kann zum Beispiel die Angabe des Befragungszeitraums einer Umfrage notwendig sein, um diese dem korrekten Kontext zuordnen zu können. Zusätzlich erschließen sie die Forschungsdaten für die Recherche, so dass andere Forscher sie in entsprechenden Informationssystemen auffinden können.

Durch die breite Spanne an denkbaren Datentypen sind die beschreibenden Metadatenelemente höchst unterschiedlich. Übergreifende Elemente beschränken sich auf allgemeine Angaben, wie zum Beispiel zu beteiligten Personen und Institutionen oder dem Erstellungsdatum, während ansonsten domänenspezifische Elemente erforderlich sind.

Grundsätzlich werden Metadaten in vier verschiedene Kategorien eingeteilt (Razum, 2011):
– Technische Metadaten
– Provenienz Metadaten
– Lizenz-Metadaten
– Deskriptive Metadaten

Technische Metadaten dienen dazu, die Forschungsdaten auf einer formalen Ebene zu beschreiben. Dazu gehören alle Angaben zu Dateiformat, -typ und -größe. Mithilfe dieser kann ein Datenpaket einer bestimmten Art von Forschungsdaten zugeordnet werden (zum Beispiel ein 3D-Modell, Text oder Video).

Provenienz Metadaten geben Aufschluss darüber, wie die Daten entstanden sind und bearbeitet wurden. Dazu gehören neben den Angaben zur Methodik auch die zu beteiligten Personen und Institutionen. Sie sollten eine erste Einschätzung zur Eignung und Vertrauenswürdigkeit der Daten erlauben und im besten Fall eine Rekonstruktion des Experiments für eine unabhängige Validierung ermöglichen.

Lizenz-Metadaten enthalten Angaben darüber, ob und in welchem Rahmen die Forschungsdaten von anderen Wissenschaftlern nachgenutzt werden dürfen. Jegliche zusätzliche Informationen, die spezifisch für die entsprechende Art von

Forschungsdaten sind, zum Beispiel bei einer Umfrage welche Personen befragt wurden und in welchem Zeitraum, werden als deskriptive Metadaten zusammengefasst. Entsprechend unterscheiden sich diese Metadaten sehr stark je nach Art der beschreibenden Forschungsdaten.

Die hohe Vielfalt der Forschungsdaten spiegelt sich also auch in den Metadaten wieder. Zur Integration verwendet man übergreifende Elemente, die sich auf allgemeine Angaben beschränken, wie zum Beispiel zu beteiligten Personen und Institutionen oder dem Erstellungsdatum, während ansonsten domänenspezifische Elemente erforderlich sind. Diese Heterogenität unterscheidet Metadaten zu Forschungsdaten deutlich von Metadaten in anderen Kontexten, wie zum Beispiel bibliografischen Beschreibungen, und ist eine besondere Herausforderung für die Speicherung und Recherche nach Forschungsdaten.

Identifikatoren für Forschungsdaten

Eine adäquate Referenzierung von Forschungsdaten in Publikationen wird immer stärker gefordert, z.B. durch die DataCite Initiative (Brase, 2009), damit unter anderem die Nachweisbarkeit sowie die Wiederverwendbarkeit ermöglicht werden. Um eine dauerhafte und eindeutige Identifizierung der Daten zu ermöglichen, kann es nicht ausreichend sein, diese einfach auf einem Webserver abzulegen und über einen URL zugreifbar zu machen. Persistente Identifikatoren sind ein Ansatz, der sich auch bei der Referenzierung von Online-Veröffentlichungen bewährt hat, sind. Diese sollten Teil der Metadaten sein und die Forschungsdaten eindeutig identifizieren sowie den Zugriff durch Dritte dauerhaft sichern. Es gibt zahlreiche technische Umsetzungen für solche Identifikatoren, die bekanntesten sind unter anderem DOI (Digital Object Identifier), URN (Uniform Resource Name) und PURL (Persistent Uniform Resource Locators) (Jensen, Katsanidou, & Zenk-Möltgen, 2011).

DOIs sind bei Online-Veröffentlichungen weit verbreitet und abstrahieren das digitale Objekt von seinem konkreten Speicherort in einem Netzwerk. Mit dem *DOI name* (dem eigentlichen Identifikator) können bei *DOI resolvern* Speicherort und Metadaten zu dem Objekt angefragt werden. Im Fall von Änderungen muss die neue Information nur in den Resolvern hinterlegt werden. Bereits jetzt ist es möglich, auch für Forschungsdaten DOIs zu beantragen. Dies kann in Deutschland beispielsweise bei der Initiative DataCite[3] oder bei der Registrierungsagentur für sozialwissenschaftliche Daten da|ra[4] von GESIS[5] geschehen.

Veröffentlichung und Referenzierung von Forschungsdaten

Obwohl es bereits seit Jahren als gute wissenschaftliche Praxis beschrieben wird (Deutsche Forschungsgemeinschaft, 1998), werden Forschungsdaten derzeit nach wie vor selten veröffentlicht. Das hat mehrere Gründe (Weichselgartner, Günther, & Dehnhard, 2011):

Zeit- und Geldaufwand: Um Forschungsdaten zu veröffentlichen, müssen diese entsprechend aufgearbeitet werden. Dies beinhaltet eine aussagekräftige Beschreibung durch Metadaten, die Klärung von rechtlichen Gesichtspunkten und die dauerhafte Bereitstellung in einem geeigneten Repository. Für Wissenschaftler, die sich noch nie mit der Thematik beschäftigt haben, ist das insbesondere bei der ersten Veröffentlichung mit einem hohen Aufwand verbunden.

Nachteil im wissenschaftlichen Wettbewerb: Stehen Daten anderen Wissenschaftlern zur freien Verfügung, so können sie diese entsprechend für ihre eigene Forschung verwenden. Die Ergebnisse können publiziert werden und möglicherweise dem ursprünglichen Ersteller der Forschungsdaten zuvorkommen.

Reputationsverlust: Durch die Veröffentlichung der Daten können Schwächen in der zugehörigen Veröffentlichung sichtbar werden, die ansonsten nicht aufgefallen wären. Obwohl eine solche inhaltliche Auseinandersetzung Kern des wissenschaftlichen Diskurses ist, kann dies dem Ruf der betroffenen Wissenschaftler schaden.

Vorteile werden gesehen bei:

Zugang zu Ressourcen: Es bestehen Förderprogramme für das Veröffentlichen von Forschungsdaten. Da die Daten in der Regel bereits erfasst wurden, können Wissenschaftler auf diese Weise zusätzliche Ressourcen für eine „Zweitverwertung" der geleisteten Arbeit erhalten.

Reputationsgewinn und erhöhte Sichtbarkeit: Mit der Veröffentlichung hochwertiger Daten, die durch Dritte nachgenutzt werden, ist ein Reputationsgewinn verbunden, da auf die Nutzung der Daten in Veröffentlichungen hingewiesen wird. Dadurch erhöht sich automatisch auch die Sichtbarkeit in der Fachcommunity, was insbesondere für Wissenschaftler am Anfang ihrer Karriere relevant sein kann.

---

3 http://www.datacite.org/
4 http://www.gesis.org/dara/
5 GESIS - Leibniz-Institut für Sozialwissenschaften: http://www.gesis.org

Kooperationsmöglichkeiten: Die Veröffentlichung von Daten kann durch die Nachnutzung Kooperationen zwischen Wissenschaftlern befördern und zu neuen Ansätze und Ideen für die eigene Arbeit führen.

Insbesondere der mögliche Zugewinn an Reputation könnte für Wissenschaftler ausschlaggebend sein, den initialen Aufwand für die Veröffentlichung eigener Daten in Kauf zu nehmen. Dazu bedarf es aber einer Kultur der aktiven Nutzung und sauberen Referenzierung von Daten, die von Dritten bereitgestellt werden. In Fachdisziplinen wie der Teilchenphysik, die auf die gemeinsame Nutzung von Daten aus extrem aufwendigen Experimenten angewiesen sind, ist dies bereits heute der Fall. In anderen Disziplinen vollzieht sich der Wandel langsamer und in der individuellen Abwägung werden die Vorteile für die wissenschaftliche Community (Vermeidung von Doppelarbeit, Nachvollziehbarkeit von Ergebnissen) die Nachteile für den Einzelnen nicht ausgleichen können.

Neben der Möglichkeit der Förderung von Datenveröffentlichungen können auch die Herausgeber von wissenschaftlichen Zeitschriften und Konferenzbänden direkt dazu beitragen, dass mehr Daten veröffentlicht werden: Autoren werden verpflichtet, ihre Daten im Fall einer Veröffentlichung bereitzustellen. Diese Möglichkeit wird allerdings noch nicht übergreifend genutzt, wie eine Untersuchung im Rahmen des EDaWaX-Projekts[6] mit wirtschaftswissenschaftlichen Zeitschriften zeigt: Von den 141 untersuchten Zeitschriften verfügen nur 20% über Richtlinien, die das Einreichen der Forschungsdaten zu einem gewissen Zeitpunkt einfordern. Oftmals werden zudem nur die Datensätze selbst gefordert, aber zum Beispiel nicht zwingend die Programme, die zum Erstellen oder Ausführen benötigt werden (Vlaeminck, 2012). Ohne die dazugehörigen Programme kann jedoch eine Rekonstruktion eines Experiments nicht gewährleistet werden.

LOD als Infrastruktur

Um LOD als Infrastruktur für Forschungsdaten verwenden zu können, müssen die LOD-Prinzipien (Bizer, Heath, & Berners-Lee, 2009) entsprechend verfolgt werden. Um Forschungsdaten per URI identifizierbar zu machen, wird zuerst pro Ressource ein eindeutiger Identifier benötigt. Beispielsweise kann dafür ein Schlüssel aus der Datenbank genommen werden, falls die Daten bereits in einer Datenbank gespeichert sind. Basierend auf diesem Identifier kann eine HTTP URI pro Ressource erstellt werden. Normalerweise besteht der URI aus einem festen Teil, der für alle Daten gleich ist und dem Identifier.

---

6 http://www.edawax.de

Ein Beispiel wäre http://link.bib.uni-mannheim.de/primo/ als fester Teil und MAN_ALEPH001437414 als interner Identifier. Zusammen würde http://link. bib.uni-mannheim.de/primo/MAN_ALEPH001437414 einen URI ergeben, die die entsprechende Ressource referenziert. Beim Erstellen der URIs sollte darauf geachtet werden, dass man selbst im Besitz dieser URIs ist und diese nicht bereits anderweitig belegt sind. Ist die Ressource bereits mit einer DOI versehen, so kann dieser Identifier entsprechend verwendet werden.

Damit die Daten in den standardisierten Formaten vorliegen, müssen gegebenenfalls einige Transformationen ausgeführt werden. Zuerst muss man sich für ein Vokabular entscheiden, in dem die Forschungsdaten beschrieben werden.

Inzwischen sind bereits einige Vokabularien vorhanden, die wiederverwendet werden. Diese können sehr generell oder spezialisiert sein. Beispielsweise können mit Hilfe des Vokabulars Dublin Core[7] die Kernmetadaten ausgedrückt werden, die alle Ressourcen teilen, zum Beispiel einen Titel und einen Autor.

Im Gegensatz dazu gibt es auch Vokabulare, die auf Forschungsdaten aus bestimmten Bereichen spezialisiert sind, wie die DDI[8] für Forschungsdaten aus den Sozialwissenschaften.

Tabelle 2: Metadaten.

Metadaten Feld	Inhalt
dc.contributor.creator	GESIS
dc.identifier.uri	doi:10.4232/1.1000
dc.subject.keyword	Gesellschaft
	Allgemeine Bevölkerungsumfrage der Sozialwis-
dc.title	senschaften ALLBUS 1980
ddi.questionScheme.questionitem.	Wie beurteilen Sie heute Ihre eigene wirtschaft-
literalText.text	liche Lage?

Beispiele dafür sind in **Tabelle 2** aufgezeigt. Mit Dublin Core lassen sich grundlegende Informationen festhalten wie der Ersteller, der Identifier, Schlagwörter oder auch der Titel. Allerdings kann man nur mit spezielleren Vokabularien wie DDI die Forschungsdaten genauer beschreiben. Wie in der Tabelle gezeigt, kann man entsprechend zu der Umfrage ALLBUS auch direkt die Fragen festhalten, in diesem Fall, wie die Befragten ihre eigene wirtschaftliche Lage bewerten.

---

7 http://dublincore.org/
8 http://www.ddialliance.org/

Zusätzlich gibt es bereits Ontologien, die zur Verknüpfung der Forschungsdaten mit anderen Datensätzen verwendet werden können, wie die CiTO[9] Citation
Typing Ontologie. Diese bietet ein reichhaltiges Vokabular, um die Beziehungen
zwischen Dokumenten über das reine „A zitiert B" zu qualifizieren. So kann zum
Beispiel ausgedrückt werden, dass der Autor eines Dokuments dem Inhalt eines
anderen widerspricht (Propertiy `cito:disagreesWith`). Um die Beziehungen zwischen Dokumenten und Daten auszudrücken, gibt es in der Ontologie
zwei zueinander inverse Property-Paare: `cito:citesAsDataSource` und
`cito:isCitedAsDataSourceBy` sowie `cito: providesDataFor` und
`cito:usesDataFrom`.

Falls keins der zur Verfügung stehenden Vokabularien eine passende
Beschreibung enthält, ist es jeder Zeit möglich, selbst entsprechende Spezifikation zu erstellen. Werden die bereits vorhandenen Vokabularien genutzt, so
können Verknüpfungen zu anderen Daten einfacher gefunden werden.

Sobald das Vokabular definiert ist, kann man die Forschungsdaten damit
beschreiben. Liegen die Daten bereits in einem anderen Format vor, zum Beispiel in einer Datenbank, so kann man diese mit Hilfe von Transformationen in
das gewünschte Format überführen. Dieser Schritt kann abhängig vom aktuell
verwendeten Format einen gewissen Aufwand erfordern. Speziell wenn dieses
Format in keiner Weise standardisiert ist, kann es aufwendig sein, die enthaltenen Informationen zu extrahieren.

Anschließend können die Daten entsprechend unter dem jeweils dafür
erstellten URI verfügbar gemacht werden. Dabei sollte darauf geachtet werden,
dass die Informationen über die Ressource auch menschen- und nicht nur
maschinenlesbar sind. Wenn ein Benutzer an diesen Informationen interessiert
ist, dann sollte es zum Beispiel nicht nötig sein, RDF zu kennen und zu wissen,
wie man damit umgeht.

Als Letztes können noch die Verknüpfungen zu anderen Datensätzen einge-
fügt werden. Diese Verknüpfungen können sehr unterschiedlich sein. Beispielsweise sind Verknüpfungen zu Publikationen, aber auch zu weiteren Informationen über die Stadt, in der die Forschungsdaten erhoben wurden, denkbar.
All diese Verknüpfungen helfen zum einen, die Daten entsprechend im Web zu
finden, zum anderen dienen sie dem Benutzer dazu, mehr Informationen zu
erhalten. Sind diese Verknüpfungen nicht angegeben, so muss sich der Benutzer gegebenenfalls diese Informationen selbst in mühsamer Arbeit zusammen-
suchen.

---

9 http://purl.org/spar/cito/ (Namensraum cito:)

Forschungsdaten in Recherchesystemen

Wie im Forschungszyklus beschrieben, beginnt jede Forschung mit einer Recherche vorhandener Publikationen. Jedoch können nicht nur die Publikationen, sondern auch die Forschungsdaten selbst für den Wissenschaftler in dieser Phase hilfreich sein. Gibt es beispielsweise schon Studien oder Umfragen zu einem Thema, so könnte der Forscher diese je nach Verfügbarkeit selbst nutzen, zum Beispiel um einen bestimmten Aspekt zu analysieren. Meist sind die Forschungsdaten sowie schon ihre Metadaten und Beschreibungen in einer Vielzahl von verschiedenen Systemen unterschiedlicher Institutionen gespeichert. Entsprechend schwierig ist es daher für Wissenschaftler, die passenden Daten zu finden. Deshalb kann es hilfreich sein, die Forschungsdaten direkt in ein Recherchesystem, zum Beispiel einer Bibliothek, zu integrieren, in dem der Forscher sowieso nach existierenden Publikationen recherchiert.

Um Forschungsdaten über Systemgrenzen hinweg zu finden, ist eine Möglichkeit, eine Metasuche anzubieten, die wiederum in den einzelnen Systemen nach entsprechenden Daten sucht und die Ergebnisse zusammenfasst. Allerdings müsste man dafür zuerst die Metasuche entwickeln und hat ein zusätzliches System, in dem nur Forschungsdaten gefunden werden können. Möchte man die Forschungsdaten in bereits existierende Systeme, z.B. in Bibliothekskataloge, integrieren, so gibt es generell zwei Möglichkeiten: server- und clientseitige Anreicherung (Ritze & Eckert, 2012).

Serverseitige Anreicherung

Bei einer serverseitigen Anreicherung werden die Beschreibungen der Forschungsdaten direkt in das Recherchesystems, genauer gesagt die Datenbank des Systems, geladen. Im Normalfall reicht es dabei nicht aus, die Daten in ein Format zu überführen, das vom Recherchesystem verarbeitet werden kann. Oftmals gibt es in einem System, das auf Publikationen spezialisiert ist, keine entsprechenden Felder, mit denen die Daten adäquat ausgedrückt werden können. Es gibt zwar einige Gemeinsamkeiten, wie Urheber, Titel und Jahr, aber auch spezifische Informationen, zum Beispiel den Erhebungszeitraum einer Studie. Speziell wenn man an Modelle aus Simulationen denkt, wird es recht schwer, diese Daten ohne Erweiterung im Recherchesystem abzubilden. Dementsprechend muss man das System teilweise sehr anpassen, um alle Informationen laden zu können. Allerdings sind die Forschungsdaten nach dem Laden Bestandteil des Katalogs und können analog zu allen anderen Daten verwendet werden.

Ein besonderes Problem der serverseitigen Anreicherung ist, dass die erforderlichen Schritte nicht von einem auf ein anderes System übertragen werden können. Je nach Komplexität kann es sogar durchaus sein, dass eine solche Anpassung noch nicht einmal 1:1 auf eine andere Instanz des gleichen Systems übertragen werden kann, da durch die grundsätzlich vorhandenen Anpassungsmöglichkeiten der Systeme einrichtungsspezifische Unterschiede bestehen können. Ein weiterer Nachteil kann auch die notwendige Datenreplikation sein, speziell die daraus resultierende Frage nach der Aktualität. Entsprechend müsste ein manueller Updatemechanismus eingebunden werden. Grundlegende Änderungen zum Beispiel am Format oder den anzuzeigenden Daten erzeugen einen relativ hohen Wartungsaufwand. Nicht zuletzt müssen ggf. auch Lizenzvereinbarungen beachtet werden, wenn externe Daten auf diese Weise dupliziert werden.

Auf der anderen Seite ist es vorteilhaft, dass die externen Informationen direkt in die Datenbank geladen werden. So verhalten sie sich wie jegliche andere Art von Daten im System und können dadurch auch recherchierbar gemacht werden. Auch andere Funktionen wie die Facettierung können genutzt werden. Eine serverseitige Anreicherung ist generell erforderlich, wenn Forschungsdaten direkt im System wie alle anderen Ressourcen gesucht werden sollen. Am einfachsten wäre eine generelle Integrierbarkeit jeglicher Art von LOD in das System. Dies ist allerdings bei den aktuellen Systemen, zum Beispiel Primo von Ex Libris[10] , soweit wir wissen, nicht möglich. Sonst wäre es gegebenenfalls möglich, die Daten ohne jegliche Transformation direkt zu integrieren.

Clientseitige Anreicherung

Unter einer clientseitigen Anreicherung verstehen wir, dass Daten erst zur Laufzeit im Client eingebunden werden, im Fall von Primo also zum Beispiel per JavaScript im Browser des Benutzers. Dies könnten zum Beispiels Links zu Forschungsdaten sein, die für den Benutzer entsprechend der aktuellen Suche relevant sein könnten. Eine Transformation der Daten in das interne Format des Recherchesystems ist deshalb nicht nötig.

Natürlich bedeutet eine Anreicherung der Daten in der Präsentationsschicht, dass die zusätzlichen Daten nicht direkt für die Recherche genutzt werden können. Allerdings lässt sich damit dennoch die Recherche unterstützen.

Die clientseitige Anreicherung bietet den Vorteil, dass zusätzliche Informationen auf einfache Weise zur Verfügung gestellt werden können, auch ohne direkte Unterstützung des Recherchesystems. Bei geschickter Implementierung kann die

---

10 http://www.exlibrisgroup.com/

systemabhängige Einbindung in den Client von der eigentlichen Umsetzung der Anreicherung getrennt werden, so dass eine weitgehende Systemunabhängigkeit erreicht wird. Durch die direkte Einbindung der externen Datenquellen stehen auch stets die aktuellsten Daten zur Verfügung.

Für die Frage, ob eine client- oder serverseitige Anreicherung verwendet wird, kann auch die gewünschte Präsentation für den Benutzer eine Rolle spielen. Viele clientseitige Anreicherungen verzögern die Anzeige. Zwar können die Daten asynchron im Hintergrund geladen werden, doch die Verzögerung, mit der die zusätzlichen Daten dann auf der Seite eingeblendet werden, ist für den Benutzer wahrnehmbar und unter Umständen nicht gewünscht.

Ähnlich wie bei der serverseitigen Anreicherung gibt es auch für diesen Ansatz Anwendungsfälle. Ein sehr typisches Beispiel ist das Einbinden von Wikipedia-Artikeln zu Publikationen oder Autoren. Die Informationen werden normalerweise nicht für die Recherche verwendet, sondern lediglich dem Benutzer bei Bedarf zur Verfügung gestellt, um dem Benutzer zu helfen.

Bei welchem Anwendungsfall welche Art der Anreicherung am besten verwendet wird, hängt demnach von einigen Faktoren ab. Diese sollten von der jeweiligen Institution, die eine Anreicherung plant, im Voraus betrachtet und untersucht werden.

Im Kapitel „Datenanreicherung auf LOD-Basis" wird der Aspekt der Kataloganreicherung noch genauer besprochen, allerdings ohne Fokus auf Forschungsdaten.

Praktische Anwendung im InFoLiS-Projekt

Das Projekt „Integration von Forschungsdaten und Literatur in den Sozialwissenschaften", kurz *InFoLiS*,[11] ist ein DFG-gefördertes Projekt dreier Kooperationspartner. Dazu gehören die GESIS – Leibniz-Institut für Sozialwissenschaften, die Universitätsbibliothek Mannheim und der Lehrstuhl für Künstliche Intelligenz an der Universität Mannheim.

Obwohl die Wichtigkeit von Forschungsdaten für die Forschung und die wissenschaftliche Informationsversorgung bekannt ist, ist der Umgang mit Forschungsdaten oftmals nicht adäquat. Zum einen gibt es sehr viele verschiedene Systeme, in denen jeweils einzelne Forschungsdaten gespeichert sind, und zum anderen sind die Forschungsdaten weder untereinander noch mit den resultie-

---

11 http://www.gesis.org/en/research/external-funding-rojects/projektuebersicht-drittmittel/ infolis/

renden Publikationen verknüpft. Dies stellt besonders bei den empirisch ausgerichteten Wissenschaften wie den Sozialwissenschaften eine unvorteilhafte Situation dar. Sind Wissenschaftler daran interessiert, Forschungsdaten zu finden, auf denen Publikationen basieren, müssen einige Schritte ausgeführt werden.

Zuerst muss der Wissenschaftler manuell in den Publikationen nach Referenzen zu Forschungsdaten suchen. Anders als bei Zitierungen gibt es normalerweise keine Liste mit verwendeten Daten. Zusätzlich werden Forschungsdaten nicht standardisiert referenziert. Sie können unter anderem im Text selbst, in Fußnoten oder auch Bildunterschriften genannt sein. Außerdem werden häufig synonyme Namen oder Abkürzungen zum Referenzieren verwendet, wie zum Beispiel „ALLBUS" für die „Allgemeine Bevölkerungsumfrage der Sozialwissenschaften". Deshalb kann es notwendig sein, dass der Wissenschaftler die Publikation Satz für Satz durchlesen muss, um die entsprechenden Referenzen zu finden. Im Anschluss muss der Wissenschaftler das richtige System finden, in dem die entsprechenden Forschungsdaten gespeichert sind. Durch die vielen unterschiedlichen Namen für Forschungsdaten und den zahlreichen Systemen stellt dies neben dem Finden der Referenzen selbst ein weiteres Problem dar.

Im InFoLiS-Projekt haben sich daher die Kooperationspartner zum Ziel gesetzt, zum einen Referenzen zu Forschungsdaten automatisch zu erkennen und so Forschungsdaten (zumindest ihre Metadaten) zu einer Publikation über das Recherchesystem der Universitätsbibliothek Mannheim direkt zugänglich zu machen sowie umgekehrt Publikationen (zumindest ihre Metadaten) über das System der GESIS. Unabhängig vom genutzten System soll es möglich sein, Forschungsdaten sowie Publikationen gleichzeitig zu suchen und die entsprechenden Verknüpfungen angezeigt zu bekommen. Somit kann die Arbeit der Wissenschaftler enorm erleichtert und zusätzlich die Transparenz der Forschung erhöht werden.

Um Referenzen von Forschungsdaten in Publikationen zu finden, haben wir einen entsprechenden Algorithmus entwickelt. Dieses sogenannte Bootstrapping Verfahren versucht Muster zu erkennen, die typisch für die Referenzierung von Forschungsdaten, hier insbesondere Studien, sind. Mit diesen Mustern können neue Studien gefunden werden, die gegebenenfalls wieder neue Muster liefern (Boland, Ritze, Eckert, & Mathiak, 2012). Dabei verwenden wir insbesondere die Volltexte der Publikationen, da Referenzen andernorts, zum Beispiel in Titeln oder Abstracts, kaum zu finden sind. Das reine Suchen nach Studiennamen schlägt zudem meist fehl, da es zum einen keine vollständige Liste mit allen verfügbaren Studien gibt und zum anderen oftmals Abkürzungen oder alternative Namen verwendet werden.

Nachdem wir diesen Algorithmus auf unsere Daten angewendet haben, sollen die gefundenen Verknüpfungen als LOD veröffentlicht werden. Somit kann jedes System diese Verknüpfungen in das eigene System einfügen. Zusätzlich stehen sie auch allen anderen frei zur Verfügung und können entsprechend nachgenutzt werden.

Die Integration der Daten selbst ist zurzeit noch nicht abgeschlossen. Allerdings haben wir sehr schnell festgestellt, dass die Forschungsdaten aus da|ra[12] entsprechend nicht ohne weiteres in das Bibliotheksystem, in diesem Fall Primo, eingebunden werden können. Eine serverseitige Anreicherung würde demnach sehr viel Aufwand bedeuten, da alle Daten zuerst transformiert werden müssten. Zudem ist das System auf Publikationen ausgelegt und spezielle Informationen zu den Studien können nicht adäquat abgebildet werden. Deswegen arbeiten wir daran, LOD als Infrastruktur zu verwenden.

Schlussfolgerungen

Der Forschungszyklus sollte sich erweitern so wie in **Abbildung 2** dargestellt. Nach der Durchführung des Experiments/der Studie etc. sollten die Forschungsdaten möglichst direkt veröffentlicht werden. Damit können zum Beispiel auch Gutachter von Publikationen direkt überprüfen, ob die Ergebnisse korrekt sind und richtige Schlüsse aus den Daten gezogen wurden. Neben den Publikationen können die Forschungsdaten ebenso für andere Wissenschaftler während der Recherche verwendet werden.

---

12 http://www.gesis.org/dara/

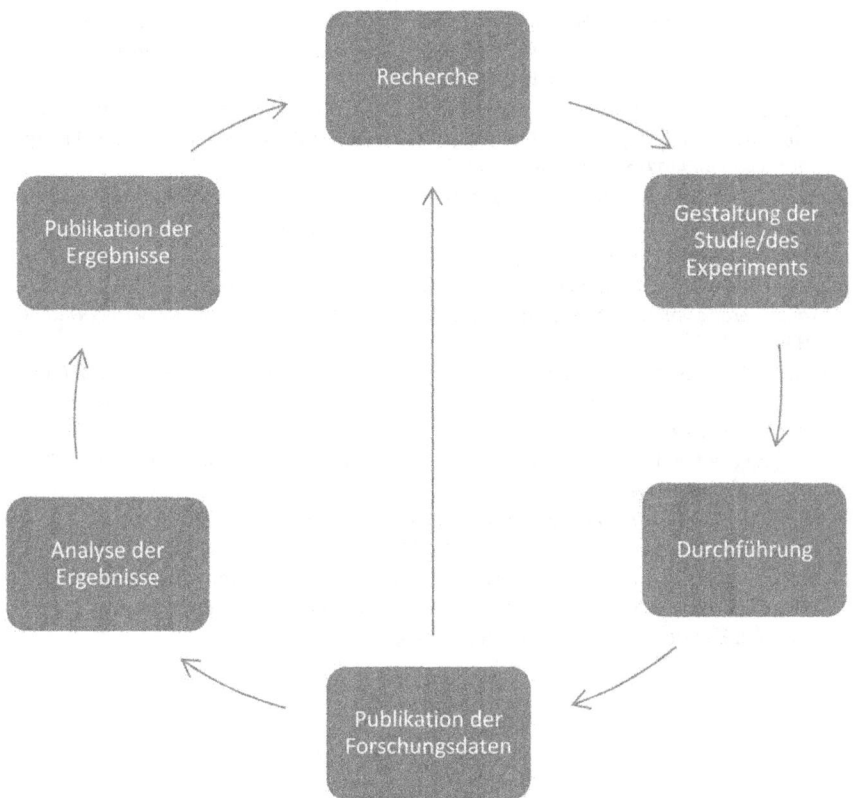

Abbildung 2: Verbesserter Forschungszyklus mit Forschungsdaten.

Literaturverzeichnis

Baskerville, R., & Wood-Harper, A. T. (1996). A Critical Perspective on Action Research as a Method for Information Systems Research. *Journal of Information Technology 11 Nr. 3*, S. 235-246.

Bizer, C., Heath, T., & Berners-Lee, T. (2009). Linked Data - The Story So Far. *International Journal on Semantic Web and Information Systems (IJSWIS)*, S. 1-22.

Boland, K., Ritze, D., Eckert, K., & Mathiak, B. (2012). Identifying References to Datasets in Publications. *Theory and Practice of Digital Libraries*, S. 150-161. Berlin Heidelberg: Springer.

Brase, J. (2009). DataCite - a global registration agency for research data. *Eleventh Interlending and Document Suppy Conference*, S. 257-261. New York: IEEE.

Deutsche Forschungsgemeinschaft. (1998). *Sicherung Guter Wissenschaftlicher Praxis*. Weinheim: Wiley VCH Verlag.

Edinburgh University. (2011). *Edinburgh University Data Library Research Data Management Handbook*. Abgerufen am 13. Mai 2013 von http://www.docs.is.ed.ac.uk/docs/ data-library/EUDL_RDM_Handbook.pdf

Gold, A. (2007). Cyberinfrastructure, Data, and Libraries, Part 1: A Cyberinfrastructure Primer for Librarians. *D-Lib Magazine 13 Nr. 9*. Abgerufen am 13. Mai 2013 von http://www.dlib.org/ dlib/september07/gold/09gold-pt1.html

Jensen, U., Katsanidou, A., & Zenk-Möltgen, W. (2011). Metadaten und Standards. In S. Büttner, H.-C. Hobohm, & L. Müller, *Handbuch Forschungsdatenmanagement*, S. 83-100. Bad Honnef: BOCK + HERCHEN Verlag.

Neuroth, H., Strathmann, S., Oßwald, A., Scheffel, R., Klump, J., & Ludwig, J. (2012). *Langzeitarchivierung von Forschungsdaten. Eine Bestandsaufnahme*. Boizenburg: Verlag Werner Hülsbusch.

Razum, M. (2011). Systeme und Systemarchitekturen für das Datenmanagement. In S. Büttner, H.-C. Hobohm, & L. Müller, *Handbuch Forschungsdatenmanagement*, S. 123-138. Bad Honnef: BOCK + HERCHEN Verlag.

Ritze, D., & Eckert, K. (2012). Data Enrichment in Discovery Systems using Linked Data. *GfKl 2012*. to be published.

Vlaeminck, S. (2012). *Wirtschaftswissenschaftliche Forschungsergebnisse replizierbar machendas Projekt EDaWaX*. Abgerufen am 13. Mai 2013 von urn:nbn:de:0290-opus-12794

Weichselgartner, E., Günther, A., & Dehnhard, I. (2011). Archivierung von Forschungsdaten. In S. Büttner, H.-C. Hobohm, & L. Müller, *Handbuch Forschugnsdatenmanagement*, S. 191-202. Bad Honnef: BOCK + HERCHEN Verlag.

Pascal Christoph

Datenanreicherung auf LOD-Basis

1 Einleitung

„[A]ccess to information is not so much of an issue anymore, but rather aggregation and contextualisation of data and information and thus knowledge enabling... And with knowledge on their agenda libraries are back in the role they once had, before the advent of printing."[1]

Immer weniger Metadaten werden in Bibliotheken erstellt: Metadaten kommen zunehmend von Verlagen, aus großen Systemen wie z. B. Ex Libris' Alma oder OCLCs Worldshare, und potentiell aus Crowdsourcing-Projekten wie Open Library[2], oder zukünftig Wikidata[3]. Bibliothekare werden daher in Zukunft eher „Information Broker" denn „Information Provider" sein, d. h. die Aufgabe wird eher darin bestehen, *Kontexte* zu (Titel- und Norm-)Daten herzustellen als diese gänzlich neu zu erfassen. Die Herstellung von Kontext kann als Kataloganreicherung einen Mehrwert bei der Recherche mit sich bringen: Ein Buch, das häufig in den 1990er Jahren von Linguisten zitiert wurde, hat eben eine wichtige Bedeutung für die Linguistik der 90er Jahre und ist eben deshalb interessant für jemanden, der sich einen Einblick in die Linguistik des ausgehenden 20. Jahrhunderts verschaffen möchte.

Doch wozu ist Kataloganreicherung überhaupt wichtig?

Die originäre Aufgabe bibliographischer Daten besteht in der Unterstützung des Menschen, relevante bibliographische Ressourcen aufzufinden. Wenn bibliographische Daten mit zusätzlichen Daten angereichert werden, dann kann diese Aufgabe unter Umständen besser erfüllt werden. Zusätzliche Schlagwörter oder Tags machen ein Dokument besser recherchierbar – sei es durch Erweiterung des Suchindexes oder der Möglichkeit mittels Facetten durch die Ressourcen zu „browsen". Deshalb ist ein Desiderat der Bibliothekswelt die Kataloganreicherung. Die Anreicherung von Katalogdaten findet statt durch Daten*verknüpfungen*, z. B. zu Klassifikationen, Inhaltsverzeichnissen, Cover-Bildern und zu anderen

---

[1] Stefan Gradmann in „From Containers to Content to Context: the Changing Role of Libraries in eScience and eResearch", siehe http://conference.ub.uni-bielefeld.de/programme/abstracts/gradmann.htm

[2] http://openlibrary.org/

[3] http://meta.wikimedia.org/wiki/Wikidata/de

Kontexten (z.B. nach Domänen geordnete Referenzierungen[4], Ausleihhäufigkeit usw.). Das schon im Begriff von Linked Open Data (LOD) steckende Wort „linked" (also: *„verknüpft"*) legt nahe, dass die Vorhaltung bibliographischer Metadaten in Form von Linked Data prädestiniert ist, um Kataloganreicherung durchzuführen.

Durch Linked Open Data ist es aber nicht nur möglich, Daten zu *konsumieren* (und damit den eigenen Katalog anzureichern), vielmehr ist die Basis von LOD das *Publizieren* der Daten. Ein Seiteneffekt dieser Art der Arbeit an den eigenen Daten ist die Steigerung ihres Wertes, da sie dadurch in größeren und in ganz anderen Zusammenhängen als der Bibliothekswelt gebraucht werden können. Als LOD exponierte Daten können wiederum von anderen konsumiert werden und sich mit deren Datentöpfen verbinden.[5] Geschieht dies wiederum auf Basis von Linked (Open) Data, dann lassen sich diese *von anderen erzeugten* Verknüpfungen prinzipiell wieder *re*konsumieren: Es kann sich also (bis zu einem gewissen Sättigungsgrad) ein sich selbst verstärkender Kreislauf der wechselseitigen Datenanreicherung entwickeln.

Dieser Beitrag beleuchtet einführend theoretische Aspekte, die im Zusammenhang mit Kataloganreicherung auf Basis von Linked (Open) Data wichtig sind. Danach wird anhand des vom Hochschulbibliothekszentrum des Landes Nordrhein-Westfalen (hbz) betriebenen LOD-Services lobid.org beispielhaft gezeigt, wie bibliographische Daten auf Basis anderer LOD-Quellen angereichert werden können. Abschließend werden zukünftige Chancen und Möglichkeiten der Kataloganreicherung betrachtet.

2 Definition von Kataloganreicherung

Die Wikipedia definiert: "Mit **Kataloganreicherung** (englisch *catalog enrichment*) werden Einträge eines Bibliothekskatalogs um weiterführende Informationen ergänzt, die über die reguläre Formal- und Sacherschließung hinausgehen."[6]

---

4 Im Linked-Data-Netz kann gezählt werden, wie viele Ressourcen die eigene Ressource referenzieren. Die Anzahl der Referenzierungen ist alleine schon eine neue Information. Werden jetzt diese Referenzierungen auch noch nach ihrer Ursprungsdomäne aufgeschlüsselt – handelt es sich z. B. um Universitätswebseiten oder Fernsehwebseiten - dann können weitere erkenntnisfördernde Aussagen hinzugefügt werden.
5 Siehe auch den Beitrag in diesem Sammelband „Open Data und Linked Data in einem Informationssystem für die Archäologie" von Maike Lins und Hans-Georg Becker.
6 Seite „Kataloganreicherung". In: Wikipedia, Die freie Enzyklopädie. Bearbeitungsstand: 5. Juli 2012, 12:41 UTC. URL: http://de.wikipedia.org/w/index.php?title=Kataloganreicherung&oldid=105215379 (Abgerufen: 5. Oktober 2012, 13:31 UTC)

Dazu gehören also beispielsweise Inhaltsverzeichnisse und -angaben, Rezensionen, Volltexte, Coverabbildungen und zusätzliche Schlagwörter. Dabei spielt es im Prinzip keine Rolle, ob die Daten maschinell oder intellektuell, von einer Bibliothekarin oder durch Crowdsourcing von einem Studenten angefertigt wurden.[7]

Die sogenannte „Query Expansion", bei der die Sucheingaben des Benutzers erweitert werden durch Hinzuziehen etwa eines Thesaurus oder Synonymwörterbuchs, zählt an dieser Stelle nicht als ein Mittel zur dynamischen Kataloganreicherung[8]: „Katalog" wird hier Katalogdatenzentriert verstanden, d. h. ein Kopieren der *Katalogdaten* (also Texte oder Links) muss genügen, um die Daten präsentieren zu können. Da die vom Benutzer eingegebenen Suchbegriffe nicht Teil dieser Katalogdaten sind, reichern sie auch nicht den Katalog an – sie reichern lediglich die Suchanfrage an.

3 Berücksichtigung von Lizenzen

Nicht immer ist die Entscheidung für oder wider eine der drei im folgenden Kapitel beschriebenen Anreicherungsarten freiwillig – die Auswahl einer Nachnutzungsform kann neben technischen insbesondere rechtlichen Beschränkungen unterliegen. Ist – wie z. B. in LibraryThing – das Verwenden von Teilen der Daten nur in einem nicht-kommerziellen Rahmen erlaubt[9], so ist die Datenübernahme in einen LOD-Dienst nicht möglich[10], lediglich der Link zu einer Ressource darf gespeichert werden. Sind die Daten hingegen frei verwendbar, wie z. B. die Public-Domain-Daten der Open Library[11], dann dürfen die Daten in jedes Anwendungsszenario integriert werden. Alleine aus lizenzrechtlichen Gründen wird es wahrscheinlich in einem komplexeren LOD-Portal eine Mischung aller drei im folgenden Kapitel beschriebenen Szenarien geben.

---

7 Das soll nicht heißen, dass es nicht wichtig wäre, die Information über die Herkunft der Daten oder die Benennung des Algorithmus vorzuhalten – siehe dazu Abschnitt „Provenienz".
8 Im Gegensatz zu der genannten Wikipediadefinition (ebd.), wo es heißt: „Die so genannte Query Expansion, [...] die Erweiterung der Benutzeranfragen durch zusätzliche semantische Ressourcen (Thesaurus, Ontologie, [...]) ist eine weitere Option."
9 Siehe https://www.librarything.com/wiki/index.php/LibraryThing_APIs.
10 Schließlich bedeutet das „Open" in „Linked Open Data", dass die Daten auch einer kommerziellen Nachnutzung offenstehen. Vgl. Pohl/Danowski in diesem Sammelband, Abschnitt 4.
11 http://Open Library.org/about

4 Drei Formen der Kataloganreicherung

Werden Daten angereichert, kann dies entweder lediglich durch Speichern von Referenzen geschehen (z. B. durch einen Link zu einem Inhaltsverzeichnis) oder/ und durch direkte Verspeicherung der durch diese Referenzen erreichbaren Neudaten (z. B. Inhaltsverzeichnisse in maschinenlesbarer Textform). Im Zusammenhang mit der Lizenzbestimmung folgen drei technisch grundlegend verschiedene Ansätze der Anreicherung, mit jeweils spezifischen Vor- und Nachteilen.

4.1 Bloße Verlinkung

Die primitivste Form der Kataloganreicherung funktioniert auch mit restriktiv lizenzierten Daten. In den bibliographischen Daten werden dabei lediglich URLs zu den Anreicherungsdaten hinterlegt. Diese Links lassen sich im Portal darstellen, die Benutzerin kann diese Links anklicken und somit durch die Daten browsen. Dadurch verlässt die Benutzerin das eigene Portal, wobei sie in eine andere Anwendung gelangt.

4.1.1 Nachteil

Der Bruch der Anwendungsoberfläche beim Browsen wird oft als verwirrend empfunden, u. a. weil die neue Oberfläche meist ein ganz anderes (Navigations-)Design haben dürfte. Es bedeutet einen Mehraufwand für die Benutzerin, um in der neuen Umgebung erfolgreich recherchieren zu können. Wenn zudem in diesem neuen Portal ebenfalls Links zu anderen Portalen führen, steigt die Gefahr eines „Verirrens" stetig, und es ist nicht immer leicht, zum eigentlichen Ausgangspunkt zurückzukehren.

Dazu ein Beispiel: folgt die Benutzerin den Links in das fremde Portal und kann sie dort vielleicht tatsächlich eine passende Ressource finden, so wird wahrscheinlich dort eine Verfügbarkeitsrecherche nicht für die Bibliotheken ihrer Wahl durchführbar sein. In diesem Fall muss durch das händische Kopieren von Identifizierungsmerkmalen in das Ausgangsportal eine Verfügbarkeitsprüfung angestoßen werden.

Der größte Nachteil besteht sicherlich darin, dass über Daten, die lediglich verlinkt sind, keine integrierte Suche stattfinden kann.[12]

---

12 Handelt es sich bei den Links um Daten, die über einen SPARQL-Endpoint angeschlossen sind, so lassen sich zwar sog. „federated searches" konstruieren (siehe hierzu auch den Ab-

Die genannten Nachteile zeigen, dass diese Form der Anreicherung eine umständliche Nutzererfahrung bewirkt, weshalb bloße Verlinkung oft suboptimal ist.

4.1.2 Vorteil

Die Einfachheit dieser Anreicherungsart ist ihr Vorteil. Handelt es sich bei den Anreicherungsdaten z.B. um Volltexte oder Inhaltsverzeichnisse oder Ähnliches, so kann diese Art der Anreicherung durchaus sinnvoll sein. Die Verlinkung ist schnell und ohne großen technischen Aufwand durchgeführt, wobei es nicht notwendig ist, Daten lokal zu speichern, für ihre Synchronisierung zu sorgen oder ähnliches.

Ein weiterer Vorteil ist, dass Verlinkungen auch zu restriktiv lizensierten Datenquellen erfolgen können.

Der Link auf die Fremdressource sollte zudem auf jeden Fall - auch bei Umsetzung der anderen Anreicherungsformen - immer auch mit verspeichert werden, da er grundlegend für die Rekonstruktion der Provenienz (also der Herkunft) der Daten ist.[13]

4.2 Dynamische Kataloganreicherung

Bei der dynamischen Kataloganreicherung werden, wie im Szenario „Verlinkung", in den bibliographischen Daten lediglich HTTP-URIs zu den neuen Daten hinterlegt. Liegt hinter diesen URIs *direkt* ein konsumierbares Objekt (z.B. ein Textdokument, ein PDF oder ein Bild) oder eine strukturierte Quelle (wie etwa RDF)[14], dann lassen sich diese externen Datenquellen dynamisch, also zur Laufzeit generiert, konsumieren, indem sie etwa durch ein Javascript Mashup in das eigene Portal eingeblendet werden.[15]

---

schnitt „API"), aber aus Performanzgründen sind diese Abfragen eher nicht zu empfehlen, weil nur eingeschränkt möglich (z.B. ist eine Suche über kontrolliertes Vokabular vielleicht möglich; eine Freitextsuche mit Wildcards auf ein Dataset mit 100 Millionen Tripeln ist aber nicht in annehmbarer Zeit durchführbar).

13 Siehe auch den Abschnitt „Provenienz" und den Beitrag von Kai Eckert in diesem Band.

14 Im Gegensatz zu einer HTML-„Landing-Page", die lediglich - und dies gilt leider für die meisten Dokumentenserver – wiederum nur das gewünschte Objekt maschinenunlesbar verlinkt.

15 Ein Beispiel für die Javascript-basierte Integration von DBpedia in Primo bietet die Suchmaschine des Österreichischen Bibliotheksverbunds (OBVSG): http://search.obvsg.at/primo_library/libweb/action/search.do (dort z.B. nach „Harry Potter" suchen). Ein anderes Beispiel ist

4.2.1 Nachteil

Da die Anreicherungsdaten bei der dynamischen Kataloganreicherung extern gespeichert sind, können sie nicht in eigene Suchindexe eingespielt werden. Viele Dienste, die ein Kopieren und Verspeichern ihrer Daten verbieten, erlauben aber dynamische (Such-)Abfragen durch Bereitstellung einer API. Ist z.b. ein SPARQL[16] Endpoint[17] verfügbar, so lassen sich sog. Federated Queries über diese HTTP-URIs absetzen – dabei werden mehrere Endpoints in einer einzigen Suchanfrage gleichzeitig abgefragt. Die Ergebnisse lassen sich dann ebenfalls dynamisch in die Benutzersicht einblenden. Auf diese Weise kann über Daten gesucht werden, obwohl sie nicht in einen lokalen Index eingespielt werden dürfen.[18] Bei Anwendung dieser Technik sollte man sich allerdings auf das Suchen über URIs beschränken[19], weil bei anderen Anfragen die Performanz leidet.[20]

Aus dem gleichen Grund, nämlich dem Fehlen der Daten in einem lokalen Suchindex, gibt es normalerweise keine Facettierung ohne Portalgrenzenbruch. Diesem Umstand kann wiederum mit einer API begegnet werden.[21]

Da die Daten immer aktuell bei Anfrage abgeholt werden, entfällt der Aufwand von Updates. Es besteht jedoch die Gefahr bei einer eventuellen Umstel-

---

lobid.org, wo die Schlagworte aus den GND-Links mit einer SPARQL-Abfrage dynamisch aufgelöst werden, um dem Benutzer auf der Webseite einen menschenlesbaren Namen der URI zu präsentieren, siehe z.B. http://lobid.org/resource/HT002948556 .

16 SPARQL ist eine graph-basierte Abfragesprache für RDF. Der Name ist ein rekursives Akronym für **S**PARQL **P**rotocol **A**nd **R**DF **Q**uery Language, siehe : https://en.wikipedia.org/wiki/SPARQL

17 Endpoints sind die Schnittstellen zu den Tripel Stores, in denen die RDF Daten liegen.

18 Z.B LibraryThings JSON-APIs: „License: Must be run as Javascript on user's browser, not fetched by a server; cannot be stored, except for browser caching.", siehe: https://www.library-thing.com/wiki/index.php/LibraryThing_APIs

19 Z.B. „Suche Ressourcen, deren Autoren unter „Personen zu Mathematik" (http://d-nb.info/standards/vocab/gnd/gnd-sc#28p) subsumiert sind".

20 So sind Suchen mit Wildcards über 100 Millionen Tripel in einem Tripel Store nicht performant zu haben. Für Suchen wird deshalb oft auf Suchmaschinen oder suchmaschinenähnliche Indexe zurückgegriffen, siehe z.B. „Virtuoso": „Virtuoso has an optional full-text index on RDF literals. Searching for text matches using the SPARQL regex feature is very inefficient in the best of cases." (http://virtuoso.openlinksw.com/virt_faq/"Do you support full-text search?")

21 Siehe z. B. die Webservices von LibraryThing: ein Browsen durch Tags ist möglich, *ohne* die eigenen Portalgrenzen zu verlassen. Doch dies bedingt, dass Bestandsangaben der eigenen Bibliothek an LibraryThing weitergegeben werden, damit eine API auf Seiten von LibraryThing die Auflösung von Tag zu Ressource ermöglichen kann. Damit ist es notwendig, anders als in den anderen Anreicherungsformen, dass auch auf Seiten des verlinkten Fremdanbieters Datenintegrationsaufwand betrieben wird. Die Datenhoheit liegt bei LibraryThing. Für ein Beispiel siehe den Katalog der Dortmunder Stadt- und Landesbibliothek: http://katalog.dortmund.de:8080/webpac-bin/wgbroker.exe?+new+-access+top.do_intern_ger+search+open+ISBN+3423071516

lung der Datenstruktur oder gar bei einem Ausfall des Services des Fremdanbieters, dass zeitgleich die Daten im eigenen Portal nicht mehr ordentlich dargestellt werden. Zudem kann die dynamische Integration zu spürbaren Performanzeinbußen führen.

4.2.2 Vorteil

Da die Daten immer aktuell bei Anfrage abgeholt werden, entfällt der Aufwand von Updates.

Die dynamische Kataloganreicherung funktioniert auch mit restriktiver lizenzierten Daten, die z.B. für die im nächsten Abschnitt beschriebene Kataloganreicherungsform „Datenübernahme" nicht verwendet werden dürfen.

Der Datenintegrationsaufwand beschränkt sich auf das Portal – in den eigenen Datenspeichern muss nichts angepasst werden (siehe dazu das Kapitel „Datenintegration").

4.3 Datenübernahme

Der durch die Verknüpfung erreichte Anschluss der Fremddaten an die eigenen Daten wird durch eine teilweise oder vollständige Integration der Fremddaten in den eigenen lokalen Index vollendet.

4.3.1 Nachteil

Die zur Datenintegration notwendigen Arbeiten sind mindestens ebenso hoch wie bei der dynamischen Anreicherung. Höher wird der Aufwand, wenn eine einheitliche Feldersuche oder Facettierung über alle Daten aus diesen verschiedenen Quellen möglich sein soll: Hierzu bedarf es, je nach Art der Vokabulare, verschiedener Mappings, um zu einer für Facettierung oder Feldersuche notwendigen Vereinheitlichung zu gelangen.[22]

Da die Daten vom Datenanbieter abgeholt werden müssen, fällt die Aktualität der Daten mit der Periodizität der Datenabholung zusammen. Wenn der Datenanbieter keine inkrementellen Updates bietet, sondern lediglich Vollab-

---

22 Z.B. kann der Zeitpunkt der Erscheinung einer Ressource mit dct:issued oder isbd:P1021 angegeben sein.

züge, dann ist bei größeren Datenmengen eine zeitnahe Aktualisierung unmöglich oder zumindest erschwert.

4.3.2 Vorteil

Im Gegensatz zur dynamischen Anreicherung sind mit einer Datenübernahme auch Freifeldsuchen, Einzelfeldsuchen und Facetten zum explorativen Suchen über die Fremddaten möglich, je nach dem Grad des betriebenen Datenintegrationsaufwandes.

Ein weiterer Vorteil liegt in der Unabhängigkeit von der technischen Infrastruktur des Fremdanbieters: Die Daten können performant aus dem eigenen Backend geholt werden und einer eventuellen Datenstrukturumstellung des Datenanbieters kann kontrolliert begegnet werden, da die neuen Daten aktiv abgeholt werden und somit vor einer Übernahme validiert werden können. Sollte sich dabei herausstellen, dass für die neuen Daten z.B. ein neues Mapping benötigt wird, kann die automatische Integration der neuen Daten zurückgestellt werden, um vorerst mit den alten, aber in die Portallogik integrierten Daten weiterzuarbeiten.

4.4 Resümee

Vor einer Daten*integration*, egal ob dynamisch oder per Übernahme, muss zuerst immer ein Blick auf die Lizenzen geworfen werden.[23] Dies ist bei einer **reinen Verlinkung** nicht notwendig. Auch technisch ist die reine Verlinkung am einfachsten umzusetzen. Allerdings bringt sie auch den geringsten Mehrwert für den Benutzer mit sich. Aus lizenzrechtlichen Gründen führt manchmal kein Weg am bloßen Verknüpfen vorbei. Aus der Erfahrung lässt sich aber leider berichten, dass viele Volltextlinks, Links zu Abstracts oder zu Inhaltsverzeichnissen keine *direkten* Links zur Ressource darstellen. Sie führen oft lediglich zu einer Landing Page (oder „Splash"-Seite, also eine Webseite), auf der wiederum der Link zur tatsächlichen Ressource hinterlegt ist.[24] Ein Inhaltsverzeichnis lässt sich dann nicht als Mashup in das Portal einblenden. Daraus folgt, dass auch bei den beiden anderen Anreicherungsformen immer ein Anteil an einfacher Verlinkung

---

23 Siehe hierzu das Kapitel „Lizenzen"
24 Beispiel für Landing Pages sind: http://dx.doi.org/10.1007/978-1-4419-9443-1 und http://edoc. vifapol.de/opus/volltexte/2012/3730. Für die damit verbundenen Probleme siehe meinen Blog-Post http://www.dr0i.de/lib/2011/03/23/publisher_make_urls_useless.html.

mitsamt Portalanwendungsbruch vorhanden sein wird. Außerdem ist der Link zur Fremddatenressource obligatorisch für die Nachhaltung von Provenienzangaben und sollte deshalb auch bei den beiden anderen Formen nachgehalten werden.

Aus Anwendersicht bietet die **Datenübernahme** am meisten: Selbst wenn die Daten nicht zu 100% zu den eigenen Daten passen, um z. B. nahtlose Facettenintegration zu ermöglichen, so ist doch allein die Möglichkeit, über alle Daten suchen zu können, ein Gewinn. Die komplette Datenübernahme ist außerdem die nachhaltigste Form: Werden die Daten, die durch die Anreicherungen gewonnen wurden (z. B. Social Tags und Rezensionen usw.) als Open Data wieder zurückgegeben, dann sind sie direkt auch außerhalb der eigenen Anwendung wiederverwendbar und tragen mit dazu bei, dass der Pool an freien Daten mit dem ihm inhärenten Potential weiter wächst.[25] Diese Form ist hingegen mit dem größten Entwicklungsaufwand verbunden.

Sowohl was die Lizenzen als auch was die Technik angeht, ist die **dynamische Anreicherung** ein Kompromiss aus einfacher Verlinkung und kompletter Datenübernahme: Das dynamische Einbinden der Daten ist häufiger erlaubt als die Möglichkeit alle Daten zu laden und zu verändern; und wenn es schon keine Suchmaschinenintegration gibt, so ist doch eine Integration der Daten in ein Portal möglich und der Portalanwendungsbruch, wie bei der reinen Verlinkung, entfällt.

Aus den oben detaillierter beschriebenen Vor- und Nachteilen ergibt sich folgende, grob verallgemeinerte Kurzübersicht:[26]

---

25 Ein willkommener Seiteneffekt der Nachnutzung und Verbreitung von Open Data ist – im Hinblick auf Langzeitverfügbarkeit – die redundante Datenhaltung nach dem LOCKSS-Prinzip („Lots Of Copies Keep Stuff Safe").
26 Die Smilies sind der „Open Icon Library" entnommen, siehe: http://sourceforge.net/projects/openiconlibrary/

Tabelle 1: Kurzübersicht Vor- und Nachteile der Anreicherungsarten.

	nur Verlinkung	dynamisch	Übernahme
Lizenzbeschränkung	🙂	😐	☹️
Aktualisierungsaufwand	🙂	🙂	☹️
Datenaufbereitungsaufwand	🙂	😐	☹️
Präsentationsperformanz	🙂	☹️ 😐	☹️
Fremdanbieterunabhängigkeit	😐	☹️	🙂
Portalintegration	☹️	😐	🙂
Suchmaschinenintegration	☹️	☹️	🙂

5 Provenienz[27]

Das Nachhalten von Informationen zur Provenienz (also: Herkunft) der Daten ist unter verschiedenen Aspekten wichtig. Sowohl bei der Datenhaltung in den Backends als auch bei der Datenpräsentation im Frontend sollten nachgenutzte Daten aus anderen Quellen von selbst erstellten, „eigenen"[28] Daten unterscheidbar sein: Im Backend lassen sich z. B. besondere Suchfelder verwenden, die eine andere Rankinggewichtung haben als die Originärdaten[29]; im Frontend ließe

---

27 Siehe auch Kai Eckerts Beitrag zum Thema Provenienz in diesem Band.

28 Was sind eigentlich „eigene" Daten? Die „Originärdaten" des Katalogs bestehen ja oft schon aus Übernahmen sog. Fremddaten. Da die Herkunft der Quellen der Daten in den Katalogen bisher oft nicht oder nur unzureichend festgehalten wurde, kann für einen solchen Katalogdatensatz nur gelten, dass er der „Originärdatensatz" ist.

29 Z.B. können bei der Open Library Tags frei vergeben werden, und dies zudem von allen Benutzern und nicht nur von Bibliothekaren. Es ist also nicht unwahrscheinlich, dass auch Ressourcen, die sich nur am Rande z.B. mit dem Thema „Semiotik" beschäftigen, trotzdem dieses Tag bekommen, wenn eine Benutzerin einen interessanten, aber kleinen Abschnitt dazu in der Ressource gelesen hat. Im Suchindex könnten z.B. die Tags mit einem Faktor von 0.3 gewichtet sein, sodass dieses bibliographische Objekt durchaus gefunden würde bei einer Suche nach „Semiotik", es würde aber nicht so hoch gerankt wie eine Ressource mit dem vom Bibliothekar vergebenen Schlagwort „Semiotik".

sich z. B. selektieren, ob (und welche) Fremddatenquellen zur Anzeige gebracht werden sollen. Über An- und Abschalten von Datenquellen können z. B. verschiedene Ebenen von Verlässlichkeit oder auch von Details, oder domänenspezifische Ausschnitte erzeugt werden. Dies kann wichtig sein, da die Daten aus sehr verschiedenen Quellen stammen können, angefangen von anderen Bibliotheken mit einer dementsprechend hohen Authentizität, über teilweise supervisierte Crowdsourcing-Projekte wie Wikipedia und Open Library, bis hin zu privaten Webseiten auf denen Aussagen über Katalogressourcen vorliegen.[30]

6 Vokabular

Sollen Datenquellen angebunden werden, so muss man sich mit dem verwendeten Vokabular auseinandersetzen, um die Daten richtig miteinander in Beziehung bringen zu können. Das Vokabular ist für zweierlei Dinge grundlegend: Zum einen gilt es – um überhaupt Daten miteinander verknüpfen zu können - Anknüpfungspunkte zu finden, im Idealfall sind dies Identifier wie z. B. die ISBN.[31] Zum anderen müssen auch andere Daten bei der Zusammenführung, ob im Backend oder im Frontend, in Beziehung gebracht werden, z. B. für Facettierung. Es ist also ein Mapping von Fremdvokabular zum eigenen Vokabular notwendig.

Die Prädikate definieren die Beziehungen von Subjekt und Objekt. Sie sind also mindestens das, was in MARC/MAB/PICA die Felder und Unterfelder sind. Verwenden beide Datasets die gleichen für die Verlinkung notwendigen Prädikate, z. B. bibo:isbn[32] und dct:issued, dann ist das Mapping eine einfache 1 zu 1 Abbildung. Werden verschiedene Prädikate verwendet, so müssen diese Prädikate erst in Verbindung gebracht werden. Fehlt ein sog. Vocabulary Alignment (also die Beschreibung der Beziehung unterschiedlicher Vokabulare zueinander), so muss die Beziehung durch eigene Arbeit hergestellt werden. Ist aber schon der Gebrauch von z. B. dct:title teilweise unterschiedlich (z. B. mal mit, mal ohne Zusätze zum Hauptsachtitel), so verschärft sich potentiell die Differenz bei Verwendung unterschiedlicher Vokabulare – zumindest wird der zu betreibende Aufwand des Vokabularmappings größer sein. Deshalb ist es vorteilhaft, für das

---

30 Z. B. eine Kurzrezension über Thomas Bernhards „Auslöschung" in RDFa: http://www.dr0i. de/lib/2012/06/03/thomas_bernhard_auslschung_ein_zerfall.html
31 Es kommt natürlich darauf an, welche Daten verknüpft werden sollen: für eine Verknüpfung von FRBR-Manifestationen ist eine ISBN alleine nicht ausreichend, hier muss z. B. noch die Auflage berücksichtigt werden.
32 zur Auflösung aller in diesem Beitrag genannten Präfixe, aka Namespaces, siehe http://prefix.cc/.

Datenmapping die zu integrierenden Daten mit einem geläufigen Vokabular zu beschreiben. So ist die Wahrscheinlichkeit größer, dass die beiden Datensets die *gleichen* Vokabulare benutzen und damit überhaupt die Notwendigkeit eines Datenmappings entfällt.[33] Zudem ist der Gebrauch von häufig vorkommenden Vokabularen wahrscheinlich besser dokumentiert.[34] Für die Datenmodellierung sind spezielle, genauere Vokabulare natürlich besser geeignet, um die Informationen zu beschreiben: z. B. ist isbd:P1004 und isbd:P1006 für die Beschreibung des Sachtitels genauer als ein sehr allgemein definiertes Prädikat wie dct:title. Es spricht aber nichts gegen Redundanz: Beispielsweise wird in lobid.org sowohl das Prädikat dct:title verwendet, da es auch in nicht-bibliothekarischen Kreisen bekannt ist, als auch die genaueren isbd-Prädikate.

7 API

Eine API (englisch: *application programming interface*, deutsch: *„Schnittstelle zur Anwendungsprogrammierung"*) ist eine Programmierschnittstelle. APIs können abgefragt werden und liefern eine Antwort. Somit können sie von anderen Programmen benutzt werden. Mit Aufkommen des WWW enstand die Möglichkeit, APIs über das Internet anzubieten, und somit jedem zur Verfügung zu stellen, der an das Internet angebunden ist. Solche APIs werden auch Web-Services genannt. Web-Services können z. B. programmiersprachenspezifisch sein, d. h., dass für ihre Nutzung eine bestimmte Programmiersprache benutzt werden muss.[35] Web-Services können oft einfach über HTTP angesprochen werden. Genügen diese APIs dann vor allem auch noch der Anforderung „[...] dass eine URL genau einen Seiteninhalt als Ergebnis einer serverseitigen Aktion (etwa das Anzeigen einer Trefferliste nach einer Suche) darstellt, wie es der Internetstandard HTTP für statische Inhalte (Permalink) bereits vorsieht [...]",[36] dann heißen sie *RESTful* Web-Services oder auch Web-API. Die URLs lassen sich z.B. einfach im Browser

---

33 Um eine möglichst einfache Integration der eigenen Daten in fremde Kontexte zu ermöglichen, setzt OCLC deshalb vor allem auf schema.org, siehe dazu auch Ed Summer unter http://inkdroid.org/journal/2012/07/06/straw/

34 Um zu entscheiden, welche Vokabularien geeignet sind, siehe auch den Beitrag in diesem Sammelband „Vokabulare für bibliographische Daten - Zwischen Dublin Core und bibliothekarischem Anspruch" von Carsten Klee.

35 Siehe z. B. http://wiki.ckan.org/API

36 Seite „Representational State Transfer". In: Wikipedia, Die freie Enzyklopädie. Bearbeitungsstand: 2. Oktober 2012, 05:36 UTC. URL: http://de.wikipedia.org/w/index.php?title=Representational_State_Transfer&oldid=108774737 (Abgerufen: 9. Oktober 2012, 15:32 UTC).

aufrufen.[37] Das Ergebnis des URL-Aufrufs ist unabhängig vom Zustand des anfragenden Programms (etwa eines Browsers). Der Aufruf ist also „Session-unabhängig". Solche URLs lassen sich z. B. „bookmarken" oder jemand anderem per Mail senden.

LOD *ist* bereits auch eine API, nämlich eine Web-API[38] (was ein Synonym für RESTful Web-Service ist). Kommen neben den basalen Prinzipien von LOD, nämlich Dereferenzierung von HTTP-URIs und Bereitstellung von Daten in RDF, noch die SPARQL-Technik hinzu (heutzutage, abhängig vom Tripel Store, meist ebenso über HTTP anwendbar), dann lassen sich Daten z. B. nicht nur lesen, sondern optional auch schreiben. Die Daten lassen sich vor allem durch elaborierte Weise abfragen und kombinieren, sogar über mehrere SPARQL Endpoints hinweg.[39] Beispiele hierzu liefert der Laborberichts-Abschnitt „Datenintegration".

Es spricht nichts dagegen, die basale API und die SPARQL-API durch andere APIs zu kapseln. Die Reduktion an Komplexität geht zwar Hand in Hand mit einem Verlust an Möglichkeiten, aber oftmals werden nur ein paar einfache Funktionen von Frontend-Entwicklerinnen benötigt und somit deren Arbeit erleichtert.

8 Laborbericht: Kataloganreicherung in lobid-resources

Der hbz LOD Service „lobid.org" existiert seit Mitte 2010.[40] Wie der Ausschnitt aus der LOD-Cloud von 2010[41] in Abbildung 1 zeigt, bestanden bereits zu Anfang Verlinkungen zu zwei anderen Datenquellen: zur GND (Verlinkung zu Personennormdaten und Schlagwörtern) und zum Linked-Data-Index kultureller Institutionen „lobid-organisations"[42], um Titel mit besitzenden Organisationen zu

---

37 Z. B. liefert http://thedatahub.org/api/rest/dataset/lobid-resources die Informationen über die lobid-Ressourcen in JSON zurück.
38 https://en.wikipedia.org/wiki/Web_API
39 http://www.w3.org/2009/sparql/wiki/Feature:BasicFederatedQuery
40 Zu Hintergrund, Motivation und zugrunde liegender Technik von lobid.org siehe Ostrowski / Pohl (2012).
41 Linking Open Data cloud diagram, erstellt von Richard Cyganiak and Anja Jentzsch, 2010-09-22: http://richard.cyganiak.de/2007/10/lod/lod-datasets_2010-09-22.png
42 http://lobid.org/organisation/. lobid-organisations ist ein internationales Linked-Data-Adressverzeichnis von Bibliotheken und verwandten Organisationen. 15.000 Einträge beschreiben Bibliotheken und Museen aus Deutschland. Das Datenset ist leider (noch) nicht Open Data, doch können die einzelnen Datensätze durchaus genutzt werden. U.a. enthält das Dataset Geo-In-

verbinden. Diese Links basieren auf den originär im hbz-Verbundkatalog vorhandenen Daten. Die Links zu den Organisationen leiten sich aus den Bestandsangaben im Verbundkatalog ab, wozu einem Titel die International Standard Identifier for Libraries and Related Organizations (ISIL) der Institutionen verspeichert ist, die ein Exemplar besitzen.

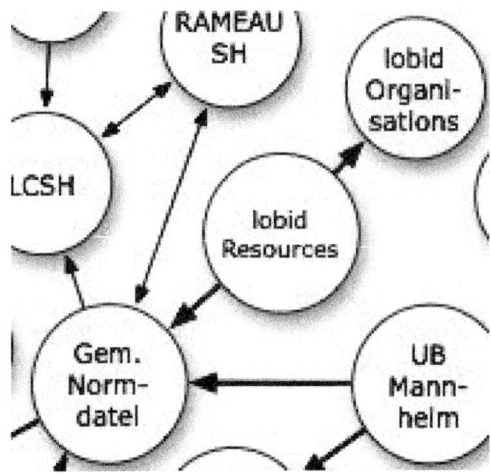

Abbildung 1: Ausschnitt aus der LOD Cloud 2010.

Seit Mitte 2012 ist lobid-resources zu zwölf anderen Datenquellen verlinkt.[43] Teilweise basieren die Links ebenfalls auf den originären hbz-Daten und wurden nur nicht von Anfang an in Form von HTTP-URIs verspeichert. Dazu gehören etwa die Links zur Dewey Decimal Classification und den LOC-Sprachcodes ISO 639-2. Teilweise sind erst nach Mitte 2011 Datasets als Linked Data publiziert worden (wie z.B. der B3Kat[44] und die ZDB[45]) und konnten folglich erst ab diesem Zeitpunkt verlinkt werden. Interessant sind hier die Links zu DBpedia, Projekt Gutenberg und der Open Library, denn diese wurden nachträglich erzeugt und sind nicht originärer Teil des Verbundkatalogs.

Die folgenden Kapitel erläutern Techniken zur Herstellung von Verknüpfungen zu Fremddaten und, anhand eines Beispiels, das in lobid.org tatsächlich

---

formationen. Damit lassen sich Geo-Suchen durchführen (sogar über SPARQL – siehe https://wiki1.hbz-nrw.de/pages/viewpage.action?pageId=5144604), und es lassen sich die Organisationen in einer Karte, z. B. OpenStreetMap, einblenden. Genutzt wird lobid-organisation momentan vom GBV (http://uri.gbv.de/organization/) und vom LODUM Projekt (http://lodum.de/post/28619267432/linking-bibliographic-resources) .

43 http://thedatahub.org/dataset/lobid-resources
44 Siehe dazu den Beitrag von Ceynowa et. al. in diesem Band.
45 http://www.zeitschriftendatenbank.de/services/schnittstellen/linked-data/

zum Einsatz kommende Verfahren mit der Software *Silk*. Es wird auf Matching-
probleme und mögliche Disambiguierungslösungen eingegangen. Im Anschluss
werden Wege für die Portalintegration der lobid-Daten aufgezeigt. Anschließend
wird der Gewinn durch – und das Potential von – verknüpften Daten angerissen.

8.1 Software zur Verknüpfung: Silk

Es existieren verschiedene Software-Werkzeuge um Datenverknüpfungen herzustellen, z. B. Google Refine[46], Silk[47] und culturegraph[48]. In lobid.org kam bisher
lediglich Silk zum Einsatz. Nachfolgend werden einige Ergebnisse einer Anreicherung mit Daten der deutschen DBpedia dargestellt.[49]

8.1.1 Vorteile von Silk

Neben der Verarbeitung von RDF Dumps lassen sich mit Silk auch SPARQL Endpoints abfragen, d.h. es ist nicht notwendig, einen Vollabzug der nachzunut-
zenden Daten herunterzuladen. Somit sind auch Linked-Data-Quellen einfach
verknüpfbar, die nicht mit der Open Knowledge Definition konform gehen. Ein
großer Vorteil von Silk ist die sehr gute Dokumentation und die einfache Bedie-
nung. Matchingalgorithmen werden hauptsächlich durch SPARQL-Abfragen definiert, zudem gibt es diverse „Linkage Rules"[50].

Silk gibt es in verschiedenen Varianten. Für kleinere Anreicherungen kann
auf einfache Installationen zurückgegriffen werden. Für Anreicherungen über
größere Datensets gibt es komplexere Cluster-Versionen. Zum Einsatz für die
lobid Anreicherungen kam die hadoop-Variante.[51]

Die Konfiguration von Silk kann entweder durch Manipulation eines XML
Files geschehen oder durch Verwendung einer Weboberfläche, der Silk Workbench. Für lobid.org Anreicherungen wurde nicht die Workbench verwendet,
sondern direkt die XML Datei angepasst. Eine Beispieldatei folgt weiter unten.

---

46 https://code.google.com/p/google-refine/
47 http://www4.wiwiss.fu-berlin.de/bizer/silk/
48 http://culturegraph.sourceforge.net/
49 Für weitergehende Informationen wie z. B. das Silk Konfigurationsfile siehe Christoph, 2012.
URL:https://wiki1.hbz-nrw.de/display/SEM/2012/05/03/First+results+using+SILK+to+link+to+
DBpedia .
50 http://www.assembla.com/spaces/silk/wiki/Linkage_Rule
51 https://www.assembla.com/wiki/show/silk/Silk_MapReduce

8.1.2 Nachteile von Silk

Die Abfrage vom lobid-SPARQL Endpoint von 16 Millionen Ressourcen dauert 40 Stunden. Auch wenn ein einmal erzeugtes Binärfile durch einfaches Kopieren mehrmals benutzt werden kann, um z. B. einmal mit der deutschen DBpedia und danach mit der internationalen DBpedia usw. zu verknüpfen, so ist dies insgesamt sehr langsam und der offensichtliche Flaschenhals bei der Herstellung der Verknüpfungen. Zum Vergleich: Das Matching der Daten dauerte gerade einmal 4 Minuten.[52]

8.1.3 Konfiguration für das Matching

Die triviale Feststellung: „Es kann nur gematcht werden, was auch vorhanden ist," mündet in einen eher primitiven Matchingalgorithmus, dessen Ergebnisse[53] *nachträglich* mit weiteren Heuristiken verbessert werden müssen.[54]

Es folgt die Silk XML Konfigurationsdatei mit der die Verknüpfungen zur deutschen DBpedia erzeugt wurden:[55]

```
<DataSources>
 <DataSource id="lobid" type="sparqlEndpoint">
  <Param name="endpointURI" value="http://lobid.org/sparql/"/>
 </DataSource>
 <DataSource id="DBpedia" type="sparqlEndpoint">
  <Param name="endpointURI" value="http://de.DBpedia.org/sparql"/>
  <Param name="retryCount" value="100"/>
  <Param name="retryPause" value="400"/>
 </DataSource>
</DataSources>
<Interlinks>
```

---

52 Zum Zeitpunkt der Erstellung der Verknüpfungen gab es einen Bug in Silk, der nun behoben ist. Nun kann auch mit der hadoop Variante ein Filedump verwendet werden. Somit ist es nicht mehr notwendig, die Daten in einen SPARQL Endpoint zu laden. Damit entfällt dieser Flaschenhals. Die hier gemachten Zeitangaben dürften sich demnach bei Verwendung des Filedumps stark unterscheiden, so dass es sich lohnen wird, einen vorhandenen Dump zu nutzen. Der Dump wird allerdings direkt in das RAM geladen. Deswegen ist es zwingend erforderlich, genügend RAM zu haben.
53 Siehe Abschnitt „Verknüpfungsergebnisse".
54 Siehe Abschnitt „Postprozessierung".
55 Diese und weitere Silk-Konfigurationsdateien finden sich auf dem github Account von lobid unter https://github.com/lobid/silk-xml-configs.

```
<Interlink id="workManifested">
<LinkType>rdrel:workManifested</LinkType>
<SourceDataset dataSource="lobid" var="b">
 <RestrictTo>
 ?b rdf:type bibo:Book
 </RestrictTo>
</SourceDataset>
<TargetDataset dataSource="DBpedia" var="a">
 <RestrictTo>
  ?a dcterms:subject category:Literarisches_Werk
 </RestrictTo>
</TargetDataset>
<LinkageRule>
 <Aggregate type="max">
  <Compare metric="equality">
   <TransformInput function="lowerCase">
    <TransformInput function="replace">
     <TransformInput function="regexReplace">
     <Input path="?a/rdfs:label"/>
     </TransformInput>
     <Param name="search" value="_"/>
     <Param name="replace" value=" "/>
    </TransformInput>
   </TransformInput>
   <TransformInput function="lowerCase">
    <Input path="?b/isbd:P1004"/>
   </TransformInput>
  </Compare>
 </Aggregate>
</LinkageRule>
<Filter/>
</Interlink>
</Interlinks>
```

Der hier konfigurierte Matchingalgorithmus kann natürlichsprachlich wie folgt ausgedrückt werden:

Nimm alle Titel der deutschen DBpedia Ressourcen der Kategorie „Literarisches Werk", wandle alle Zeichen in Kleinbuchstaben, ersetze alle Unterstriche mit einem Leerzeichen und vergleiche diese Zeichenkette mit dem ebenfalls nach Kleinbuchstaben gewandelten Titel aller Bücher aus lobid. Wenn beide identisch sind, speichere die Beziehung als Tripel mit dem Prädikat rdrel:workManifested.[56]

---

[56] Es ist evident, dass dieser Matchingalgorithmus zu primitiv ist und somit viele falsche Matches produzieren wird. Das anschließende Kapitel „Verknüpfungsergebnisse" geht auf die not-

8.1.4 Verknüpfungsergebnisse von Silk

Mit dem oben beschriebenen Algorithmus wurden ca. 28.000 Verknüpfungen zwischen lobid-Ressourcen und der DBpedia hergestellt. Da der Algorithmus zu primitiv ist, gibt es viele „false positives": So haben z. B. die folgenden Ressourcen den gleichen Titel (dc:title) „Helden", zeigen also laut dem oben beschriebenen Algorithmus alle auf denselben DBpedia URI, haben aber unterschiedliche Autoren:

http://lobid.org/resource/HT009535982
http://lobid.org/resource/HT013915133
http://lobid.org/resource/HT002957164
http://lobid.org/resource/HT003564841

Diese verschiedenen Ressourcen verlinken nun zu einem gemeinsamen Identifier (dem DBpedia URI) und könnten deshalb unter einem einzigen URI gebündelt werden. Dies wäre aber falsch, da die einzelnen Ressourcen *nicht* Manifestationen desselben Werks sind. Für eine Bereinigung ist eine Postprozessierung notwendig.

8.2 Postprozessierung

Eine Postprozessierung zur Disambiguierung baut auf einfachen bis komplexen Heuristiken auf. Sie kann bis zu einem gewissen Grad automatisiert erfolgen, doch sollte am Ende auch immer eine intellektuelle Überprüfung anstehen.[57] Eine einfache Heuristik ist: Ein Bündel von Manifestationen, die ein gleiches Werk identifizieren wollen, ist dann zu verwerfen, wenn die Ressourcen auf unterschiedliche Autoren verweisen.[58] Eine komplexere Heuristik wäre: Wenn ein Bündel mit z. B. 10 Manifestationen besteht, wobei 9 Manifestationen den Autor A haben und nur eine Manifestation den Autor B, dann wird nicht das gesamte Bündel verworfen, sondern lediglich die Manifestation mit Autor B, denn es wird angenommen, dass je bekannter ein Werk ist, umso mehr Manifestationen davon im Katalog vorhanden sind. Und ebenso, dass zumindest das bekannteste Werk in der DBpedia beschrieben ist (wenn zusätzlich auch noch die anderen – unbe-

---

wendige Postprozessierung ein.

57 Dies sollte idealerweise unter Mithilfe der Nutzer geschehen, also durch sog. „Crowdsourcing".

58 Das Script zu dieser Disambiguierung liegt unter: https://github.com/lobid/linked-data-tools

kannteren - Werke beschrieben sind, ist das in der Wikipedia durch die sogenannte Disambiguierungsseite kenntlich gemacht).[59]

In lobid.org wurde bisher nur der oben beschriebene einfache Postprozes-
sierungsalgorithmus angewendet. Dadurch schrumpfte die Anzahl der Links zur
DBpedia von 28.000 auf nunmehr 6.000.

Um eine noch größere Sicherheit bei der Verknüpfung von Datensets zu erreichen, sollten die automatisch hergestellten Beziehungen (oder zumindest ein
durch bestimmte Kriterien maschinell bestimmbares, „unsicheres" Subset dieser
Beziehungen) intellektuell überprüft werden. Wenn auf intellektuelle Aufarbei-
tung nicht verzichtet werden sollte, wozu ist dann eine Automatisierung überhaupt sinnvoll? Ganz einfach: Zumindest der Schritt, der die Liste von möglichen
Beziehungen herstellt, entfällt. Diese Liste manuell herzustellen, auf Grundlage
gleicher Titel und für 16 Millionen Ressourcen, würde ein paar Dutzend Bibliothekare ein paar Jahre beschäftigen.[60]

Für diesen letzten Schritt, der intellektuellen Evaluierung, bietet sich super-
visiertes Crowdsourcing an, also die durch z. B. einen Bibliothekar überprüfte
Zusammenführung durch die Katalognutzer.

8.3 Speicherung

Im Folgenden wird gezeigt mit welchen Prädikaten die Verknüpfung zur DBpedia
und Wikipedia geschieht, welche Arten der Anreicherung verwendet werden, wie
die Provenienz vorgehalten wird, und wie die Daten abgefragt werden um sie z. B.
in ein Portal integrieren zu können. (Um die Beispiele nachvollziehen zu können,
ist es wichtig zu wissen, dass das Webfrontend unter lobid.org mittels Phresnel[61]
gerendert wird. Phresnel ist auf Basis der Daten im Tripel Store konfiguriert und
gibt nicht notwendigerweise alle im Tripel Store befindlichen Aussagen über eine
Ressource wieder. Die Beispiele funktionieren also zumindest mit dem Tripel
Store, aber nicht notwendigerweise über das lobid.org-Portal).

---

59 siehe „dbpedia-owl:wikiPageDisambiguates" unter z. B. http://de.dbpedia.org/resource/
Helden

60 Gesetzt den Fall, ein Bibliothekar schafft manuell für 1000 Titel am Tag nachzuschlagen,
welche Ressourcen den gleichen Titel haben. Daraus folgt: 16 Millionen / (200 Arbeitstage * 12
Bibliothekare * 1000 Titel pro Tag) = 6 Jahre.

61 https://github.com/lobid/Phresnel. Zur Funktionsweise von Phresnel siehe Ostrowski / Pohl
(2012).

8.3.1 Vokabular

Es gibt eine reiche Auswahl an Verknüpfungsprädikaten, z. B. owl:sameAs[62] wenn es sich um identische Ressourcen handelt; foaf:isPrimaryTopicOf wenn die Zielressourcen lediglich das primäre Objekt der Katalogressource sind; rdf:seeAlso für eine eher unspezifische Verbindung u.v.m. Im vorliegenden Fall wird rdrel:workManifested verwendet. Zwar lässt sich argumentieren, dass eine Anwendung des WEMI-Modells hier problematisch ist, allerdings haben wir uns nach einiger Diskussion für diesen pragmatischen Ansatz einer FRBRisierung entschieden. Ein Wikipedia-Eintrag zu einem literarischen Werk beschreibt eben in der Regel die Werk-Ebene und nicht bestimmte Expressionen oder konkrete Manifestationen.

Da die DBpedia auf Grundlage der Wikipeda erzeugt wird, bedeutet eine Verknüpfung zu DBpedia immer auch zugleich eine Verknüpfungsmöglichkeit zur Wikipedia. Ein passendes Prädikat haben wir in der Music Ontology gefunden.[63] Auch wenn die Wikipedia nicht maschinenlesbar ist, so kann eine Verknüpfung durchaus Sinn machen, da hier mehr Informationen stehen als in der DBpedia extrahiert wurden und die Benutzerin kann sogar die Grundlage der Kataloganreicherung, nämlich die DBpedia, durch Veränderung der Wikipediaartikel modifizieren.[64]

Es folgen zwei Tripel – als Beispiele zur Verknüpfung von lobid.org-Ressourcen zur DBpedia und Wikipedia:

```
<http://lobid.org/resource/HT014797039> rdrel:workManifested <http://de.dbpedia.org/resource/
Gödel,_Escher,_Bach> .
<http://lobid.org/resource/HT014797039> mo:wikipedia <http://de.wikipedia.org/wiki/Gödel,_
Escher,_Bach> .
```

---

62 Die owl:sameAs-Property ist im Semantic Web häufig fehlerhaft gebraucht worden. In Fällen der Verlinkens verschiedener Datenquellen gibt es gute Gründe gegen eine Verwendung von owl:sameAs und für das Erwägen von Alternativen. Siehe dazu Halpin / Hayes (2010), wo es etwa heißt (S.1): „Much of the supposed "crisis" over the proliferation of owl:sameAs in Linked Data can be traced to the fact that these uses of owl:sameAs tend to be mutually incompatible, and almost always violate the rather strict logical semantics of identity demanded by owl:sameAs."
63 http://musicontology.com/#term_wikipedia
64 Ein Phänomen von LOD ist die sog. „positive Rückkopplung": miteinander verknüpfte Daten sorgen potentiell auch für eine Verbesserung der Zielressource.

8.3.2 Arten der Anreicherung

Neben der Verspeicherung des Links ist es darüber hinaus auch lizenzrechtlich gestattet, alle Daten aller direkt in lobid-resources verlinkten Quellen in das eigene Backend zu integrieren. So könnte es z. B. zu einem Merge mit den Daten des B3Kat kommen, denn trotz Datenaustauschs der Verbünde untereinander („Ringtausch") und der beide Katalogeinträge als identisch definierenden Erstkatalogisierungs-ID (EKI), fehlt im hbz-Katalog teilweise die Verschlagwortung, die der B3Kat vorhält.

In lobid.org wurden die Daten der DBpedia-Matches bisher lediglich in den lobid.org Tripel Store eingespielt. Die Anreicherung des Suchmaschinenindex soll noch in 2012 geschehen.

8.3.3 Provenienz

In lobid.org lässt sich die Herkunft jedes Datums (aka Tripel) zurückverfolgen.[65] Um diese Provenienzinformationen zu liefern, werden vier Arten von Einheiten unterschieden:

1. die tatsächliche Ressource, das Objekt, sei es eine Organisation, ein Buch, eine Zeitschrift etc., z. B. http://lobid.org/resource/HT014797039.
2. der Datensatz, also das eine Ressource beschreibende RDF-Dokument, z. B. http://lobid.org/resource/HT014797039/about[66]
3. das Datenset, also z. B. die gesamten bibliographischen Daten des lobid-resources Datasets oder das im selben Tripel Store liegende Verzeichnis kultureller Institutionen „lobid-organisations"[67] (z. B. http://lobid.org/dataset/resource) und
4. der (Herkunfts-)Graph als Named Graph, dem Tripel aufgrund ihrer Herkunft (Verbundkatalog, DBpedia-Matching etc.) zugewiesen werden.

Das nebenstehende Bild veranschaulicht die Zusammenhänge zwischen den verschiedenen RDF-Graphen 2. bis 4.

---

65 Für mehr Hintergrund siehe https://wiki1.hbz-nrw.de/display/SEM/Provenienzinformationen.

66 Da das Objekt selbst (1.), für die der URI steht (z. B. ein Buch), meist nicht direkt über das Netz geliefert werden kann, wird per Content Negotiation eine Beschreibungsseite dieses Objektes (2.) geliefert: die Metadaten. Zu dieser Nutzung des 303-Redirect im Semantic Web siehe auch http://www.w3.org/TR/cooluris/#r303gendocument.

67 http://lobid.org/organisation

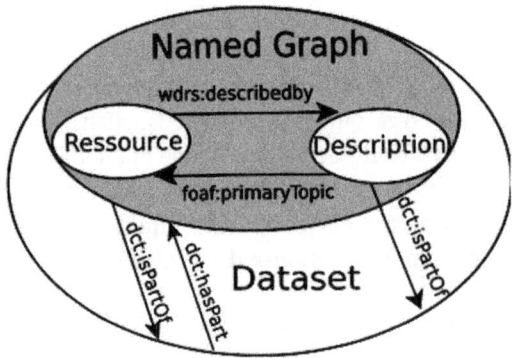

Abbildung 2: Zusammenhang
Datensatz, Datenset und
Named Graph

Anhand eines Beispiels wird im Folgenden gezeigt, wie sich die Provenienz ermitteln lässt.[68] Die Beschreibung beispielsweise einer bibliographischen Ressource enthält u.a. das folgende Tripel:

<http://lobid.org/resource/HT014797039> powder:describedby <http://lobid.org/resource/HT014797039/about> .

Der Subjekt-URI steht für die bibliographische Ressource, die durch die Metadaten – identifiziert durch den Objekt-URI – beschrieben wird. Da es bei den Provenienzinformationen ja um Informationen zu den Metadaten geht, müssen darüber entsprechende Aussagen getroffen werden, wie etwa:

<http://lobid.org/resource/HT014797039/about> dct:isPartOf <http://lobid.org/dataset/resource> .

Die Beschreibung ist also Teil des Datasets lobid-resources, das wiederum selbst genauer beschrieben wird (Lizenz, letzte Änderungen, benutzte Vokabulare etc.). Auch werden Aussagen über die Named Graphs gemacht, die Teil eines Datasets sind, z. B.:

<http://lobid.org/dataset/resource> dct:hasPart <http://lobid.org/graph/dbpedia-de>

Der Objekt-URI des vorhergehenden RDF-Tripels identifiziert einen Named Graph[69]. Für das Kernset von RDF-Tripeln, die aus dem Verbundkatalog generiert wurden, wie für die Ergebnisse einer jeden Datenanreicherung, existiert ein

---

68 http://www.w3.org/TR/cooluris/#r303gendocument
69 http://patterns.dataincubator.org/book/named-graphs.html

Named Graph. Die Metadaten zu einem Named Graph enthalten die Informationen über das „Wann – Wie - von Wem" usw., also die Provenienzinformationen über die Erstellung der Anreicherung, z. B.:

<http://lobid.org/graph/dbpedia-de/about> opmv:wasGeneratedBy _:process1 .[70]
_:process1 opmv:wasControlledBy <http://lobid.org/person/pc> .

Ein Named Graph kann wie ein Container verwendet werden: In dem DBpedia-Graph sind alle Tripel eingespielt worden, die die Titelkatalogressourcen mit der DBpedia verbinden. So kann auf diesen Daten via SPARQL unabhängig vom Rest der Daten im Tripel Store[71] gearbeitet werden, als handele es sich um eine separate Datenbank.[72] Somit lassen sich auch Aussagen über die Provenienz machen. Folgende Anfrage liefert alle Tripel der Beispielressource, die explizit aus dem deutschen DBpedia-Graphen kommen:

```
SELECT * FROM <http://lobid.org/graph/dbpedia-de> WHERE {
        <http://lobid.org/resource/HT014797039> ?p ?o .
}
```

Der hier gezeigte Weg Provenienzinformationen zugänglich zu machen, ist sicher nur einer von mehreren, zeigt aber die prinzipielle Möglichkeit, Provenienzangaben bis auf Tripelebene abzubilden und deutet die Wichtigkeit sowie die Möglichkeiten an, die sich damit eröffnen.[73]

8.3.4 Datenintegration via API

Prinzipiell ist das LOD-Netz schon die API, alle Daten lassen sich RESTful abholen. Das Antwortformat wird per Content Negotiation bestimmt und kann z. B. RDF-XML, Turtle, RDFa in HTML oder auch JSON sein. Hier ein Beispiel, um

---

70 Der Objekt-URI ist eine sog. „Blank Node", also eine Referenz, die es nur innerhalb des Tripel Stores gibt bzw. nur dort gültig ist.
71 Zum Einsatz kommt der Tripel Store „4Store", der, wie der Name schon sagt, auch ein sog. Quad-Store ist, also mit Named Graphs arbeiten kann.
72 Für ein komplexeres SPARQL Beispiel siehe den folgenden Abschnitt „Datenintegration".
73 Diese Form der Provenienzinformationen macht sich das Konzept der Named Graphs zunutze, das noch keinen W3C-Standard darstellt. Da der in lobid.org benutzte Tripel Store – 4store – eben mit Named Graphs umgehen kann, lag der Rückgriff darauf nahe. Detaillierte Erläuterungen und weitere Ansätze zur Provenienzinformation finden sich in Kai Eckerts Beitrag in diesem Band.

die Daten – unter Verwendung des Kommandozeilen-Programms cURL– so zu bekommen, wie sie das Phresnel Webfrontend präsentiert:

```
curl -L http://lobid.org/resource/HT016508950
```

Dasselbe als RDF-XML:

```
curl -H „Accept: application/rdf+xml" -L
http://lobid.org/resource/HT016508950
```

usw. Um elaboriertere Abfragen zu gestalten, z. B. um alle Bücher zu erhalten, die mit dem Hugo-Award ausgezeichnet wurden, lässt sich folgende RESTFul Anfrage an den SPARQL Endpoint stellen:

```
curl -H "Accept: application/json" --data-urlencode 'query=
SELECT ?slo WHERE {
    ?sdb <http://purl.org/dc/terms/subject>
<http://dbpedia.org/resource/Category:Hugo_Award_for_Best_Novel_winning_works>.
    ?slo <http://rdvocab.info/RDARelationshipsWEMI/workManifested> ?sdb .
}' http://lobid.org/sparql/
```

Das Antwortformat ist JSON und sollte sich einfach z. B. mittels Java-Script oder serverseitige Programme in eigene Portalanwendungen einbinden lassen.

Die hier durch curl gezeigten Beispiele lassen sich auch als Links für den Browser beschreiben, doch ist die Antwort dann immer in XML[74]. Für einen Anwendungsfall: „Ich schreibe eine E-Mail und möchte dort einen Link mitteilen der alle Ressourcen auflistet, die von Philip K. Dick geschrieben wurden", sieht der Link wie folgt aus (es lassen sich natürlich beliebig komplexe, durch SPARQL beschreibbare Abfragen formulieren):

```
http://lobid.org/sparql/?query=SELECT%20*%20WHERE%20%7B?s%20%3Chttp://purl.org/
dc/elements/1.1/creator%3E%20%3Chttp://d-nb.info/gnd/174660774%3E%7D
```

Durch die Named Graphs lassen sich die abzufragenden Daten einschränken, z. B. kann über alle Graphen *außer* dem DBpedia Graphen gesucht werden um z. B. die DBpedia Daten aus einer Anwendung auszublenden. Ebenso kann über alle Daten des gesamten Tripel Stores gearbeitet werden, als ob es keine Container

---

74 http://www.w3.org/TR/rdf-sparql-XMLres/

gäbe. Beispiel für eine SPARQL Abfrage, die Ressourcen sucht, deren frbr:Work Ebene durch einen bestimmten Wikipedia-Eintrag beschrieben wird:

```
SELECT * FROM <http://lobid.org/graph/dbpedia> WHERE {
?s    <http://rdvocab.info/RDARelationshipsWEMI/workManifested>    <http://dbpedia.org/
resource/Do_Androids_Dream_of_Electric_Sheep%3F> .
}
```

Trotz der relativen Einfachheit von SPARQL neigen Frontendprogrammierer zum Konsum von in der Mächtigkeit stark reduzierten Schnittstellen der folgenden Art:

http://lobid.org/ISBN-lookup/$isbn

Diese Schnittstellen geben als Antwort eine Aggregation in einem einfachen JSON-Format zurück. Solche Schnittstellen herzustellen ist allerdings nicht schwer: sie sind nichts weiter als kleine Proxies für die oben genannten RESTful SPARQL Abfragen mit einer zusätzlichen Wandlung in ein einfaches JSON.[75,76] Die Proxies könnten aber durchaus an Komplexität gewinnen, wenn über diese Zwischenschicht z. B. eine sich verändernde Datenbasis, etwa durch Umbenennung der Prädikate,[77] durch ein Mapping von Feldern auf die vom Konsumenten erwarteten Feldnamen begegnet werden würde. Dies würde zudem sicherlich Arbeit ersparen, wenn mehr als nur ein Konsument diese API verwendet, da sich der Mappingaufwand auf den zentralen Proxy beschränkt, statt in zahlreichen Anwendungen nachimplementiert werden zu müssen.

Da wir im konkreten Fall Linked *Open* Data vorliegen haben, kann prinzipiell jede Programmiererin diese einfachen Schnittstellen implementieren.

Dank Open Data lässt sich die Datenbasis ebenso gut auf die eigenen Server spiegeln und beliebig aufbereiten, z. B. für Suchmaschinen, und somit idealerweise in das eigene Datenökosystem integrieren, ganz ohne die Notwendigkeit

---

75 Siehe z. B. die Web Services der ZBW unter http://zbw.eu/beta/econ-ws/, die zum Teil auf SPARQL-Abfragen basieren.

76 Wünschenswert wären sicherlich kleine Web-Bausteine, die sich einfach in eine Webseite einbauen lassen, wie die sog. „Widgets" von LibraryThing.

77 Wegen der Offenheit und Flexibilität der Datenbeschreibung mittels RDF änderten neu entstandene LOD-Services öfter ihr Vokabular (auch wenn schon anfangs darauf geachtet wurde, Vokabulare zu nutzen, die möglichst weit verbreitet sind (wie etwa Dublin Core oder bibo)). Mittlerweile gibt es die Gruppe „DINI AG KIM Titeldaten" in Deutschland, um eine Art Kernelementeset zu beschreiben und damit eine stabile RDF Repräsentation für diese Kerndaten zu erreichen, siehe https://wiki.d-nb.de/display/DINIAGKIM/Titeldaten+Gruppe .

der Schaffung einfacher Schnittstellen. Nur weil die Daten durch LOD erzeugt wurden und als LOD zur Verfügung gestellt wurden, heißt das nicht, dass sie nicht in eine nicht-LOD konforme Form zu bringen und zu verwenden wären. LOD schließt das keinesfalls aus und eröffnet im Gegenteil eine breite Palette an Nachnutzungsszenarien.

Egal, ob LOD nun über LOD-Schnittstellen konsumiert wird, ob die Daten über einfachere Schnittstellen angeboten und konsumiert werden,[78] oder ob Daten direkt in eigene Datensysteme übertragen werden sollen: Da das Ermöglichen des Konsums der Daten der eigentliche Zweck von LOD ist, ist LOD ideal für Menschen, die Daten integrieren wollen.

9 Ausblick

> If Content is King, then Context is Queen.

Der Katalog ist für Bibliotheken wichtiger denn je. Das, was Jakob Voss über e-Ressourcen schreibt, gilt auch für Metadaten:

> Libraries that license eResources to be accessed from publisher sites, limit their role to temporary, intermediary retailers. Advice: Data that cannot be copied and modifed is lost. Libraries must actually collect and process digital documents (or won't be in the document business anymore).[79]

Ohne die Möglichkeit, fremde Metadaten frei zu kopieren und den eigenen Bedürfnissen nach anzupassen, bleiben diese Metadaten temporäre Artefakte. Zwar können Kataloganreicherungen, wie sie beispielsweise von LibraryThing und Amazon angeboten werden, einen momentanen Nutzwert bieten; die Form der Nutzung ist jedoch in der Regel von den Anbietern vorgegeben und damit beschränkt. Zudem steigt so die Abhängigkeit der Bibliotheken von Fremdanbietern. Bleibt der eigene Katalog ein „Rumpfkatalog", der lediglich mit geschlossenen Datentöpfen verbunden ist, führt das langfristig dazu, dass es letztendlich gar keines eigenen Katalogs mehr bedarf.[80] Dies kann durchaus gewünscht sein,

---

78 Siehe hierzu auch das einführende Kapitel „API" in diesem Beitrag.
79 Voss (2012). Online: http://de.slideshare.net/nichtich/libraries-in-a-datacentered-environment
80 Die Mindestvorraussetzung eines „Katalogs" ließe sich beschränken auf eine Liste von Identifiern, um auf die Fremddaten verweisen zu können, die dann dynamisch eingeblendet werden.

um, zumindest kurz- oder mittelfristig, Kosten zu sparen. Eine Konsequenz ist die Aufgabe von eigenen, selbst anpassbaren Suchmaschinen und letztendlich von eigenen, speziellen Portalfunktionalitäten. Bibliotheken wären dann nur noch Wieder"verkäufer" der Daten anderer: aggregierte Daten werden von lizenzierbaren Indexen eingekauft und durch ein Portal den Kunden zugänglich gemacht. Die Chance, selber als „Information Broker" aufzutreten oder *jedem* anderen die Möglichkeit dazu zu geben, wäre vertan. Ein unwahrscheinliches, aber nicht ganz unmögliches Szenario, ist: *Alle* Daten gelangen in geschlossene Datentöpfe, es entwickeln sich zentrale Gewaltstrukturen (also: Monopole), mit den daraus folgenden Kontrollmöglichkeiten (z. B. Präferierung im Suchmaschinenranking aufgrund von Verlagszugehörigkeit oder politischer Ausrichtung).[81] Dieser pessimistischen Möglichkeit der Entwicklung der Zukunft kann mit (Linked) Open Data, dem Teilen und der Anreicherung der Daten, begegnet werden.

Neben den direkten Verbesserungen von Katalogen durch Datenanreicherung, gibt es ein gewaltiges *indirektes* Potential. Dazu gehören z. B. die Schaffung einer frbr:Work-Ebene über eine Bündelung von Ressourcen, egal ob dies z. B. über die Verknüpfung mit der in Open Library vorhandenen frbr:Work-Ebene geschieht,[82] oder durch die interne Zusammenführung im eigenen Katalog (sog. Deduplizierung)[83]. Durch diese maschinelle Bündelung können prinzipiell die Titeldaten der verschiedenen Manifestationen voneinander partizipieren, um z. B. Schlagworte zu (ver)erben.

Werden, wie in der Einleitung angeklungen, die eigenen Katalogressourcen von anderen Benutzern konsumiert, z. B. in Literaturlisten oder Handapparaten (per RDFa in HTML[84] oder sogar in PDF via XMP[85]), dann lassen sich diese Daten rekonsumieren und an die eigenen Ressourcen anhängen, mit dem Effekt z. B. einen Impact Factor[86], Ähnlichkeitsbeziehungen, Empfehlungen und einen Social Graph[87] von Autoren berechnen zu können.

---

81 Auch diese Sicht, nämlich die Betrachtung gesamtgesellschaftlicher Auswirkungen von (Daten-)Lizenzierung, verbindet die Open-Data- mit der Open-Source-Bewegung, und so ist es auch kein Zufall, dass Richard Stallmann (Gründer und Präsident von http://gnu.org/ und http://fsf.org/) auf der Open Knowledge Conference 2011(http://okcon.org/2011) als Gastredner auftrat.

82 Siehe dazu auch http://www.slideshare.net/h_jansen/dynamische-kataloganreicherung-auf-basis-von-linked-open-data, Seite 17 ff.

83 Siehe dazu auch http://www.culturegraph.org/

84 Eine mit RDFa angereicherte Version dieses Artikels wird unter http://www.dr0i.de/lib/pages/Datenanreicherung_auf_LOD_Basis.html erscheinen.

85 https://www.adobe.com/devnet/xmp.html

86 https://de.wikipedia.org/wiki/Impact_Factor

87 https://en.wikipedia.org/wiki/Social_graph

Durch die LOD-Technik können Benutzer dem Datengraphen Informationen zufügen, ohne die Datenbank, auf die sie sich beziehen, direkt verändern zu müssen.[88] Zukünftig könnten deshalb Bücher aus der dem Internetbenutzer nächsten Bibliothek in Online-Fernsehzeitungen als Programmbegleitung angezeigt und die Bücher im Gegenzug mit dem Hinweis auf den sie erwähnenden Film versehen werden.

Es ließen sich auch noch weitere Beispiele aufführen. Ihnen gemeinsam ist die dem LOD inhärente „Win-Win-Situation".

Der Begriff *Wissensallmende*[89] bringt das Ziel von LOD auf den Punkt: Es wird davon ausgegangen, dass das Wissen, anders als natürliche Ressourcen, durch Gebrauch aufgewertet wird. Der Gebrauch von Daten wird sich erhöhen, wenn sich deren Nutzbarkeit und Nützlichkeit erhöht, wenn also die Daten maschinenlesbar, offen und mit anderen Daten verknüpft sind. Aus diesem Grund ist LOD ideal, um die Idee der *Wissensallmende* für Daten umzusetzen. Und da vor allem die Bibliotheken der Idee der Wissensallmende schon immer verpflichtet waren (oder sein sollten), sind sie intrinsisch motiviert, diese Technik zu nutzen.

10 Quellen

Alle verwendeten Links dieses Beitrages sind zuletzt geprüft worden am 11.9.2012.

Berners-Lee, Tim (2006): Linked Data. Online: http://www.w3.org/DesignIssues/LinkedData.
html

Brenner, Simon (2012): LibraryThing for Libraries. Web Widgets für die Anreicherung von Bibliothekskatalogen mit Community-generierten Daten einer Social Cataloging-Plattform. Online: http://*www.b-i-t-online.de/heft/2012-03/fachbeitrag-brenner.pdf*

Christoph, Pascal (2012): First results using SILK to link to DBpedia. Online: https://wiki1.
hbz-nrw.de/display/SEM/2012/05/03/First+results+using+SILK+to+link+to+DBpedia

Christoph, Pascal (2012): 1.2 M links to Open Library. Online: https://wiki1.hbz-nrw.de/display/
SEM/2012/05/23/1.2+M+links+to+Open+Library

Dodds, Leigh; Davis, Ian (2012): Linked Data Patterns. A pattern catalogue for modelling, publishing, and consuming Linked Data. Online: http://patterns.dataincubator.org/book/

---

88 Ein existierendes Beispiel ist „LODUM". Dort werden Veröffentlichungen von Mitarbeitern der eigenen Universität (https://www.uni-muenster.de/forschungaz/) mit lobid-Ressourcen verknüpft. Dadurch gewinnen die LODUM-Ressourcen Bestandsangaben zu den Exemplaren in besitzenden Bibliotheken. Diese werden auf einer Landkarte visualisiert (siehe z.B. http://data.uni-muenster.de/context/cris/publication/41562). Im Gegenzug können die lobid-Ressourcen leicht mit den durch LODUM bereitgestellten Abstracts verknüpft werden.

89 https://de.wikipedia.org/wiki/Wissensallmende

Halpin Harry; Hayes, Patrick J. (2010): When owl:sameAs isn't the Same: An Analysis of Identity Links on the Semantic Web. Online: http://events.linkeddata.org/ldow2010/papers/ldow2010_paper09.pdf.

Heath, Tom; Bizer, Christian (2011): Linked Data: Evolving the Web into a Global Data Space. Online: http://linkeddatabook.com/editions/1.0/

Jansen, Heiko; Christoph, Pascal (2012): Dynamische Kataloganreicherung auf Basis von Linked Open Data. Online: http://www.slideshare.net/h_jansen/dynamische-kataloganreicherung-auf-basis-von-linked-open-data

Koster, Lukas (2012): Discovery tools: a rearguard action? Online: http://de.slideshare.net/lukask/discovery-tools-a-rearguard-action

Kreutzer, Till (2011): Open Data – Freigabe von Daten aus Bibliothekskatalogen. Leitfaden von Dr. Till Kreutzer, i.e. - Büro für informationsrechtliche Expertise Berlin. Hbz. Online: http://www.hbz-nrw.de/dokumentencenter/veroeffentlichungen/open-data-leitfaden.pdf

Ostrowski, Felix; Pohl, Adrian (2012): Zur Entwicklung eines Linked-Open-Data-Dienstes für Bibliotheksdaten. Erscheint im Tagungsband zur WissKom 2012.

Pohl, Adrian (2012): Provenienzinformationen. Online: https://wiki1.hbz-nrw.de/display/SEM/Provenienzinformationen

Voss, Jakob (2007) : LibraryThing: Web 2.0 für Literaturfreunde und Bibliotheken, Mitteilungsblatt der Bibliotheken in Niedersachsen und Sachsen-Anhalt(137), Seite 12-13. Online: http://hdl.handle.net/10760/11077

Voss, Jakob (2012): Libraries in a data-centered environment. Online: http://de.slideshare.net/nichtich/libraries-in-a-datacentered-environment

Markus M. Geipel, Christoph Böhme, Julia Hauser,
Alexander Haffner

Herausforderung Wissensvernetzung

Impulsgebende Projekte für ein zukünftiges LOD-Konzept der
Deutschen Digitalen Bibliothek

Einleitung

Ziel der Deutschen Digitalen Bibliothek[1] (DDB) ist es, das kulturelle Erbe Deutschlands, gesammelt in einer Vielzahl von Kultur- und Wissenschaftseinrichtungen, über ein Portal zugänglich zu machen und zu vernetzen. Ein institutions- und spartenübergreifender Zugang zu Kultur birgt ungeahntes Potential: Allein die Möglichkeit, mit nur einer Anfrage die Bestände zehntausender Gedächtnisorganisationen auf einmal zu durchsuchen, lässt auf neue Erkenntnisse hoffen. Angesichts solcher Chancen übersieht man jedoch leicht die Risiken, die ein zentrales Portal birgt: Wenn alles auf einen gemeinsamen Nenner herunter gebrochen wird, um in das Korsett einer einheitlichen Darstellung zu passen, wenn Verbindungen nur innerhalb dieses normierten Datensilos existieren, dann läuft das Portal Gefahr, von einem Einstiegspunkt zu einem Endpunkt zu degenerieren. Dies wäre inakzeptabel, da Wissen und Kultur von der offenen Vernetzung leben.

Das Konzept von *Linked Open Data (LOD)* formalisiert diese Vision von offenen und vernetzten Daten in Hinblick auf eine technische Umsetzung. Jedoch ist *Linked Open Data* keine fertig vorliegende Lösung, die durch die Installation einer Standardsoftware auf die Schnelle einem Web-Portal hinzugefügt werden könnte. Ein LOD-Konzept muss individuell erstellt und an die vorhandenen Daten angepasst werden. Im Falle der DDB ergeben sich zwei große Herausforderungen:

- Die Heterogenität der teilnehmenden Institutionen schlägt sich in einer immensen Datenvielfalt nieder. Wie können diese Daten spartenübergreifend modelliert und in einer gemeinsamen Ontologie verankert werden?
- In einem Datenbestand, der sich aus einer großen Zahl von Einzelbeständen zusammensetzt, existieren in vielen Fällen keine Verknüpfungen zwischen den Objekten der Einzelbestände. Solche Verknüpfungen bilden jedoch eine Grundlage von *Linked Open Data*. Wie können die Daten der DDB sowohl

---

1 http://www.deutsche-digitale-bibliothek.de/

innerhalb des Datenbestandes als auch mit externen Beständen verknüpft werden?

Der Umfang dieser Herausforderungen mag entmutigen. Jedoch muss das Rad nicht neu erfunden werden. Es gibt bereits eine Reihe von Projekten, von denen gelernt werden kann und deren Ergebnisse nachgenutzt werden können. Einige könnten sogar eine aktive Rolle in einem zukünftigen LOD-Konzept der Deutschen Digitalen Bibliothek spielen.

Prominent ist das europäische Gegenstück zur DDB, die Europeana. Sie steht vor denselben Herausforderungen wie die DDB und hat bereits zahlreiche Erfahrungen gesammelt, auf denen aufgebaut werden kann. Davon abgesehen wurde auch im Bibliotheksbereich bereits essenzielle Vorarbeit geleistet. Mehrere Bibliotheksportale bieten LOD sowohl für Titeldaten als auch für Normdaten an. Eine zentrale Rolle kommt hierbei dem LOD-Dienst der Deutschen Nationalbibliothek[2] zu, welcher unter anderem die Gemeinsame Normdatei in RDF (*Resource Description Framework*[3]) publiziert und damit eine institutionsübergreifende integrative Funktion erfüllt. Zahlreiche Services von Verbünden bieten Titeldaten offen in RDF an: lobid.org oder lod.b3kat.de. Projekte wie CONTENTUS[4] oder Culturegraph[5] geben wichtige Impulse im Bereich Erkennung, Abgleich und Vernetzung von Entitäten. Schließlich existieren im Bereich Normdatenvernetzung erste leicht handhabbare Standardlösungen: Zum Beispiel Dateiformate wie BEACON für den einfachen Austausch von Konkordanzlisten.

Im Folgenden werden verschiedene Projekte und Technologien vorgestellt und ihre potentiellen Beiträge zur Deutschen Digitalen Bibliothek herausgearbeitet. Wir orientieren uns dabei an zwei Themenkomplexen: Datenmodellierung und Vernetzung von Entitäten. In jedem dieser Teile wird zunächst die Problemstellung umrissen und anschließend eine Reihe von Projekten vorgestellt, welche die Aufgabenstellung auf innovative Weise adressieren. Beide Abschnitte enden jeweils mit einer Diskussion dieser Ideen in Bezug auf ihre Nutzung in der DDB. Der Artikel schließt mit einem Ausblick auf die Perspektiven der zukünftigen Entwicklung der DDB.

---

2 http://www.dnb.de/datendienste/linkedData
3 http://www.w3.org/RDF/
4 http://www.contentus-projekt.de/
5 http://www.culturegraph.org/

Datenmodellierung

Bibliographische Metadaten liegen in einem der etablierten Metadatenformate vor, sei es MARC 21[6], einer Variante von Pica oder dem Maschinellen Austauschformat für Bibliotheken (MAB2). Umwandlungen zwischen diesen Formaten gehören zum Tagesgeschäft großer Bibliotheken und Bibliotheksverbünde. Für die Veröffentlichung als *Linked Open Data* hat sich RDF als Format durchgesetzt. Dabei sind allerdings einige besondere Herausforderungen für die Konversion zu berücksichtigen.

Problemstellung

Den üblichen bibliographischen Metadatenformaten liegt ein anderes Datenkonzept zu Grunde als RDF. Man kann sich einen MARC-, Pica- oder MAB-Datensatz wie eine Karteikarte vorstellen, deren Felder ausgefüllt werden. RDF dagegen betrachtet Daten als ein Netzwerk. Es existieren in diesem Sinne keine einzelnen Datensätze mehr, sondern nur noch Knoten, die durch Aussagen verknüpft sind. Dieser Paradigmenwechsel macht die Umwandlung von bibliographischen Daten in RDF kompliziert. Bisher existiert keine standardisierte Konkordanztabelle zwischen einem der gängigen Bibliotheksformate und RDF. Eine solche Tabelle zu erstellen, ist auch kaum möglich, da RDF hinsichtlich des Vokabulars unbegrenzt ist: Während beispielsweise MARC 21 eine klar definierte Auswahl an Feldern vorgibt, können in RDF die „Felder" frei definiert werden: Existierende Vokabulare können kombiniert werden, oder es können sogar gänzlich neue Vokabulare entwickelt werden.

In den letzten Jahren ist in kurzer Zeit eine Vielzahl neuer Vokabulare entstanden. Dies hat – entgegen des Versprechens von *Linked Open Data* – zu einer Einschränkung der tatsächlichen Nachnutzbarkeit der RDF-Daten geführt, denn Anwendungen können nur solche RDF-Daten verarbeiten, deren Vokabulare sie kennen und verstehen. Letztendlich liegt die Prämisse beim Einsatz von Vokabularen im *Semantic Web* wie bei klassischen Metadatenformaten auf einer hohen Interoperabilität, um eine breite Nachnutzung der Daten sicherzustellen.

Die *W3C Library Linked Data Incubator Group*[7] ist gemeinsam mit Experten aus der Bibliothekscommunity und dem Bereich Semantic Web der Frage nachgegangen, wie weltweit existierende Bibliotheksdaten im Web eine höhere Inte-

---

6 http://www.loc.gov/marc/marcdocz.html
7 http://www.w3.org/2005/Incubator/lld/

roperabilität untereinander erlangen können. Die Gruppe schlägt hierzu zwei Ansätze in ihrem Abschlussbericht[8] vor:

1. die Nachnutzung von bereits existierenden *Linked Data*-Vokabularen,
2. die Definition von expliziten Bedeutungsbeziehungen („*Vocabulary Alignments*") zwischen den Begrifflichkeiten in verschiedenen Vokabularen.

Nachfolgend werden Vor- und Nachteile beider Ansätze anhand potentieller Anwendungsfälle betrachtet.

Die Nachnutzung existierender Vokabulare bietet sich an, wenn es bereits Vokabulare gibt, die die zu veröffentlichenden Informationen und ihr Datenmodell vollständig oder größtenteils abdecken. Sollte das Datenmodell nicht vollständig durch das Vokabular erfasst werden, können Erweiterungsvorschläge an den Herausgeber des Vokabulars herangetragen werden. Alternativ können eigene zum Vokabular in Beziehung stehende zusätzliche Elemente spezifiziert werden.

Bei der Veröffentlichung von *Linked Open Data* im Bibliotheksumfeld zeigte sich, dass oft eine Vielzahl verschiedener Vokabulare gleichzeitig zur eindeutigen Beschreibung einer Entität (Buch, Tonträger, Person etc.) eingesetzt werden muss. Häufig ist es sogar notwendig, darüber hinaus noch zusätzlich eigene Elemente zu definieren.

Die langfristige Stabilität eines Vokabulars ist ein wichtiges Kriterium, wenn Informationen – wie bei Gedächtnisinstitutionen üblich – dauerhaft beschrieben werden sollen. Bei der Nachnutzung existierender Vokabulare verbleibt deren Definition und Pflege in der Verantwortung und dem Einfluss der jeweiligen Herausgeber. Es obliegt dem Nachnutzer, die langfristige Stabilität der Vokabulare einzuschätzen. Eine Reihe von Vokabularen hat sich als stabil bewiesen – Beispiele sind das *Dublin Core Metadata Element Set*[9] oder das *Friend-of-a-Friend (FOAF) Vocabulary*[10]. Bibliotheksspezifische Vokabulare gibt es allerdings nur wenige, die zum augenblicklichen Zeitpunkt als stabil bezeichnet werden können.

Unabhängig von der Stabilität stellt sich die Frage der Interoperabilität und Nachnutzbarkeit der bereitgestellten LOD-Repräsentation. Beim gleichzeitigen Einsatz vieler verschiedener Vokabulare muss im Blick behalten werden, ob potentielle Anwendungen mit den so beschriebenen Daten umgehen können. Versteht eine Anwendung nur einen Teil der verwendeten Vokabulare, so können die Informationen nicht oder nur teilweise interpretiert werden. Wenn beispiels-

---

8 http://www.w3.org/2005/Incubator/lld/XGR-lld-20111025/
9 http://dublincore.org/documents/dces/
10 http://xmlns.com/foaf/spec/

weise eine Körperschaft zum Großteil mit RDA[11]-Elementen beschrieben, die Website jedoch mit dem Element „foaf:homepage" abgebildet wird, ist die Ressource für eine Anwendung, die nur das FOAF-Vokabular versteht, weitestgehend wertlos, da diese nur die Websiteangabe interpretieren kann, die damit verbundene Beschreibung der Körperschaft aber nicht.

Eine Kompromisslösung wäre die Beschränkung auf nur ein Vokabular, das eine partielle Abbildung des Datenmodells erlaubt, insoweit es mit dem präferierten Vokabular möglich ist. Einen solchen minimalen Ausschnitt darzustellen, ist jedoch meistens nicht im Interesse der veröffentlichenden Organisation.

Wenn für die vollständige Abbildung des eigenen Datenmodells zu viele verschiedene Vokabulare zusammen getragen werden müssen, besteht die Alternative, ein komplett eigenes Vokabular zu definieren. Der sich daraus ergebende Nachteil ist, dass man für die Pflege und die Verbreitung bzw. Bekanntmachung selbst verantwortlich ist. Ohne eine Abbildung auf bestehende Vokabulare kann ein solches selbst definiertes Vokabular nicht ohne weiteres von anderen Anwendungen interpretiert werden.[12]

Laut der Empfehlungen der *Library Linked Data Incubator Group* ist die Spezifikation eines neuen Vokabulars dementsprechend nicht ausreichend. Der Herausgeber des Vokabulars ist zusätzlich in der Pflicht, Elemente – wo möglich – mit Elementen aus existierenden Vokabularen zu verknüpfen („*Vocabulary Alignment*"). Im Optimalfall sollte ein *Alignment* nicht nur mit einem Vokabular, sondern mit mehreren vorgenommen werden. Am Beispiel der Körperschaft wird der Vorteil deutlich: Wenn für den Namen der Körperschaft ein eigenes Element verwendet wird und diesem ein Äquivalent sowohl in den *RDA Element Sets* als auch im FOAF-Vokabular zugewiesen ist, können Anwendungen, die eines der beiden Vokabulare verstehen, über *Reasoning* auch das neu definierte Element interpretieren.

Für das *Alignment* gibt es neben der Ausweisung der Äquivalenz zweier Elemente auch weitere Konzepte wie Inverse oder Unterklasse, wodurch eine detailliertere Ausweisung der Beziehungen zwischen Vokabularen möglich ist.

Der Ansatz des *Vocabulary Alignments* ist relativ neu und daher in der Praxis noch nicht weit verbreitet[13]. Die Entscheidung, welcher Ansatz der besser geeignete ist, ist immer abhängig von den bereitzustellenden Daten. Die im Folgenden

---

11 http://rdvocab.info/
12 Vgl. auch das in diesem Band von Klee vorgestellte 5-Sterne-Schema zur Veröffentlichung von Vokabularen.
13 www.kimforum.org/Subsites/kim/SharedDocs/Downloads/DE/Berichte/internationalisierungDerGndDurchDasSemanticWeb.html

beschriebenen Anwendungsfälle sollen als Hilfestellung für die Entscheidungsfindung dienen.

Impulsgebende Projekte

Für eine LOD Modellierung kann die DDB bereits auf die Erfahrungen zahlreicher
Projekte zurückgreifen. Im Folgenden ein Überblick.

Europeana

Ziel der Europeana ist es, Europas wissenschaftliches und kulturelles Erbe online
zugänglich zu machen. Europeana ist daher das europäische Gegenstück zur
DDB und steht in der LOD-Modellierung daher vor den gleichen Herausforderungen. Nachdem Europeana nach der Entwicklung ihres ersten Datenmodells, den
Europeana Semantic Elements (ESE) festgestellt hatte, dass durch ein minimalis-
tisches und flaches *Dublin Core* ähnliches Modell die Semantik der Original-Meta-
daten verloren geht und keine Verknüpfung mehr möglich ist, entschloss man
sich zur Entwicklung eines neuen Datenmodells, dem *Europeana Data Model
(EDM)*[14].

Das EDM erlaubt eine Unterscheidung zwischen dem realen Objekt (z.B.
Buch, Bild, Akte, mediale Aufzeichnung), seiner digitalen Repräsentation und
den es beschreibenden Metadaten. Durch die Bereitstellung von Metadaten
durch verschiedene *Data Provider* müssen in Europeana mehrere Sichten auf dasselbe Objekt möglich sein, selbst mit gegebenenfalls einander widersprechenden
Aussagen[15].

Für die technische Umsetzung nutzt das EDM Elemente etablierter Vokabu-
lare: *Dublin Core* beschreibt die deskriptiven Metadaten, OAI-ORE wird für die
Abbildung der Aggregationen (Proxy-Konzept) von realen Objekten und Web-
Ressourcen verwendet, die diese realen Objekte repräsentieren, und das *Simple
Knowledge Organization System (SKOS)*[16] erfasst die Repräsentation von Wissens-
organisationsystemen und deren Verbindungen untereinander. Um das zugrundeliegende Datenmodell abzubilden, wurden darüber hinaus eigene Klassen und
Eigenschaften spezifiziert, die nicht durch existierende Vokabulare abgedeckt
werden konnten.

---

14 http://pro.europeana.eu/edm-documentation
15 http://pro.europeana.eu/web/guest/tech-details
16 http://www.w3.org/2004/02/skos/

Das EDM setzt ebenfalls auf *Vocabulary Alignment*, z.B. zu der CIDOC CRM Repräsentation von FORTH-ICS[17], um die Interoperabilität zu erhöhen.

Erlangen CRM/OWL

Das Erlangen CRM/OWL[18] ist eine OWL-DL 1.0 Implementierung des *CIDOC Conceptual Reference Model (CIDOC CRM)*. Im Rahmen der DDB ist dieses Projekt relevant, da das Internformat der DDB auf CRM aufsetzt und Erlangen CRM/ OWL die bisher einzige vollständige Umsetzung von CRM in einer Ontologie darstellt. Sollte die DDB weiter auf CRM setzen, mag Erlangen CRM/OWL als Vorlage dienen.

Die Ontologie wurde gemeinschaftlich vom Lehrstuhl für Künstliche Intelligenz der Friedrich-Alexander-Universität Erlangen-Nürnberg, dem Germanischen Nationalmuseum und dem Zoologischen Forschungsmuseum Alexander Koenig erstellt. Sie findet derzeit Einsatz im Projekt Wissenschaftliche Kommunikationsinfrastruktur (WissKI)[19] und im Projekt *ArcheoInf*[20].

Das CIDOC CRM ist in ISO 21127:2006[21] standardisiert und stellt ein formalisiertes Begriffsmodell bereit, um die Integration, Zugriffsvermittlung und den Austausch verschiedenartig strukturierter Informationen aus dem Bereich des kulturellen Erbes zu unterstützen. Das objektorientierte Modell wird seit den 1990er Jahren entwickelt und basiert auf in der Praxis existierenden Datenstrukturen. Das Schlüsselkonzept des Modells ist die explizite Ereignismodellierung. Die im Dezember 2011 veröffentlichte Version 5.0.4 umfasst 90 Klassen in einer Klassenhierarchie und 149 eindeutige Eigenschaften[22].

Das Erlangen CRM/OWL ist eine Interpretation des CIDOC. Aktuell ist die Ontologie die einzige aktiv gepflegte Umsetzung des CIDOC CRM in OWL. Die Implementierung setzt alle Merkmale des CIDOC CRM um. Zusätzlich existieren Erweiterungen mit einer FRBRoo[23]-Umsetzung sowie einer *Time-Spans*-Umsetzung in RDF/OWL.

Im Erlangen CRM/OWL werden keine bereits existierenden Vokabulare nachgenutzt und es wird kein *Vocabulary Alignment* vorgenommen.

---

17 http://www.cidoc-crm.org/rdfs/cidoc_crm_v5.0.2_english_label.rdfs
18 http://erlangen-crm.org/current-version
19 http://wiss-ki.eu/
20 Vgl. den Beitrag von Lins/Becker in diesem Band
21 http://www.iso.org/iso/home/store/catalogue_tc/catalogue_detail.htm?csnumber=34424
22 http://www.cidoc-crm.org/docs/cidoc_crm_version_5.0.4.pdf
23 http://www.cidoc-crm.org/frbr_inro.html

Linked Data Service für deutschsprachige Normdaten

In der DDB werden Normdaten als verbindendes Element zwischen verschiedenen Objekten eine zentrale Rolle spielen. Im Idealfall bilden sie das verbindende Element zwischen den verschiedenen Sammlungen. Normdaten sind damit wichtiger Bestandteil eines Linked Data Konzepts für die DDB und mit dem *Linked Data Service* der Deutschen Nationalbibliothek (DNB) steht bereits eine etablierte Normdatenmodellierung als Vorlage zur Verfügung. Seit April 2012 wird eine vollständige Abbildung der Gemeinsamen Normdatei (GND) veröffentlicht. Das bereitgestellte Datenset umfasst Ressourcenbeschreibungen für individualisierte und nicht-individualisierte Personen, Familien, Körperschaften, Kongresse und Veranstaltungen, Geografika, Schlagwörter und Werke.

Für die *Linked Data*-Repräsentation konnte auf die objektorientierte Struktur der GND zurückgegriffen werden. Dadurch gestaltete sich die Datenanalyse relativ unkompliziert, da die enthaltenen Entitäten bereits eindeutig definiert und sogar in der klassischen MARC 21-Abbildung differenziert werden. Durch weitere Analysen des Erfassungsleitfadens sowie des Datenformates konnte ein Datenmodell abgeleitet werden.

Die Mächtigkeit der GND konnte durch kein verfügbares Vokabular abgedeckt werden. Selbst beim Einsatz von Elementen verschiedener Vokabulare hätte für die erstrebte Abbildung ein Großteil eigener Elementdefinitionen vorgenommen werden müssen. Aus diesem Grund wurde eine komplett eigene GND Ontologie[24] definiert.

Entsprechend den Empfehlungen der *W3C Library Linked Data Incubator Group* wurde für die GND Ontologie – als eigenständiges Vokabular – der Ansatz des *Vocabulary Alignment* eingesetzt. In einem ersten Schritt wurden FOAF und die *RDA Element Sets*[25] verknüpft. *Alignments* zu weiteren Vokabularen sollen folgen.

Die auf OWL basierende Ontologie enthält 49 Klassen in einer Klassenhierarchie, 162 Objekteigenschaften, 54 Datentypeigenschaften und eine Annotationseigenschaft für die Ausweisung der MARC 21-Äquivalenz. Insgesamt konnten 14 *Alignments* zu FOAF und 90 zu den *RDA Element Sets* vorgenommen werden.

---

24 http://d-nb.info/standards/elementset/gnd#
25 http://rdvocab.info/

Linked Data Services für Titeldaten

In der Bibliothekswelt steht eine wachsende Anzahl von LOD-Diensten zur Verfügung, denn in den letzten Jahren haben immer mehr Bibliotheken erkannt, welches Potential sich mit der Veröffentlichung ihrer Daten entfaltet: Die qualitativ hochwertigen, größtenteils intellektuell gepflegten bibliographischen Daten, die bisher in den Bibliothekskatalogen eingekapselt waren, werden neuen Nutzergruppen zugänglich und können Grundlage für die Etablierung neuer Services und Anwendungen werden. Bibliographien werden zunehmend als Teil des *World Wide Web* begriffen und der daraus entstehende Mehrwert wird genutzt (Kett 2012).Die LOD-Dienste für Titeldaten können daher als Inspirationsquelle für zukünftige LOD-Dienste der DDB dienen.

Die Präsentation von Titeldaten in der *Linked Data Cloud* ist allerdings heterogen: Sowohl einzelne Bibliotheken (z.B. UB Mannheim[26] und DNB[27]) als auch Bibliotheksverbünde (z.B. hbz[28], BVB und KOBV[29] und HeBIS[30]) entwickeln und betreiben *Linked Data Services*. Da die Dienste unabhängig voneinander entstanden sind, die Institutionen teilweise verschiedene Katalogisierungsrichtlinien haben und mit unterschiedlichen Bibliothekssystemen und Formaten arbeiten, sind die Datenmodellierungen und technischen Umsetzungen vielfältig. Bisher verwenden allerdings alle den Ansatz der Nachnutzung bestehender Vokabulare. Teilweise wurden eigene Elemente geprägt, wenn bestehende Ontologien keine geeigneten Elemente boten. Sowohl der Umfang der umgesetzten Quellformate als auch die Auswahl der jeweiligen RDF-Elemente und deren Einsatz variieren.

Die Varianz der eingesetzten Vokabulare und des Umfangs der Umsetzung machen eine Nachnutzung der bibliographischen Daten schwierig. Den *Linked Data Services* steht jedoch ein gemeinsames Ziel voran: Bibliographische Daten sichtbar und für Bereiche außerhalb des klassischen Bibliothekswesens zugänglich und nutzbar zu machen. Um die Interoperabilität zwischen unterschiedlichen bibliographischen Datenquellen zu gewährleisten, sollten diese Dienste also möglichst eine gemeinsame Sprache sprechen.

Viele *Linked Data Services* befinden sich noch in einem experimentellen Stadium und werden weiter ausgearbeitet. In dieser Phase ist die Datenmodellierung noch nicht abschließend geklärt. Deshalb ist es sinnvoll, Kompetenzen und bereits gesammelte Erfahrungen zu bündeln. Daher hat sich eine deutschland-

---

26 http://data.bib.uni-mannheim.de/
27 http://www.dnb.de/datendienste/linkedData
28 http://lobid.org/
29 http://lod.b3kat.de/
30 http://www.hebis.de/de/1ueber_uns/projekte/lod/lod_index.php

weite Arbeitsgruppe gegründet, die eine Harmonisierung der Titeldatenmodellierungen anstrebt[31]. Hierin vertreten sind Mitarbeiter aller deutschen Bibliotheksverbünde, der Deutschen Nationalbibliothek sowie einige weitere interessierte und engagierte Kollegen mit entsprechender Expertise. Die Arbeitsgruppe agiert seit April 2012 als eine Untergruppe der DINI-AG KIM[32].

In der Arbeitsgruppe wird zunächst unabhängig vom Ausgangsformat aus fachlicher Sicht analysiert, welche Metadaten zur Beschreibung eines bibliographischen Datensatzes erforderlich sind und wie sie logisch gruppiert werden können. Hierbei darf nicht aus den Augen verloren werden, dass die Zielgruppe im Zusammenhang mit *Linked Data* weit über die Bibliothekswelt hinausgeht. Auch die Anforderungen neuer Zielgruppen müssen also verstanden werden und in die Datenauswahl und -modellierung mit einfließen. Erst wenn diese grundsätzlichen und konzeptionellen Fragen geklärt sind, können konkrete *Mappings* erarbeitet werden. Dabei bietet sich MARC 21 als gemeinsames einheitliches Ausgangsformat an.

Auch international gibt es Bestrebungen, eine Harmonisierung der Titeldatenmodellierungen herbeizuführen. Hierbei ist die *Bibliographic Metadata Task Group*[33] der *Dublin Core Metadata Initiative* federführend. Die Zusammenarbeit und Vernetzung ist hier äußerst wichtig, um parallele Entwicklungen zu beobachten und Synergieeffekte nutzen zu können. So wird auch die DINI-AG-KIM Titeldaten-Gruppe weiter verfolgen, welche Empfehlungen auf internationaler Ebene erarbeitet werden und eigene Impulse aus der nationalen Kooperation mit einbringen. Ziel der nationalen Arbeitsgruppe ist es, einen *Best Practice Guide* zu erarbeiten und so einen Quasistandard im Bereich bibliographischer Metadaten zu etablieren, der die Grundlage der Modellierung bibliographischer Daten in der Deutschen Digitalen Bibliothek sein könnte.

Diskussion

Insgesamt zeigt sich ein deutlicher Trend zur Standardisierung und Abstimmung im Bereich Ontologien. Im Bibliothekswesen sind beispielsweise die o.g. Arbeitsgruppen entstanden. Im Kulturbereich allgemein ist die Konvergenz von Ontologien und Modellen noch weniger stark ausgeprägt, jedoch zeichnet sich eine Tendenz zu EDM beziehungsweise CIDOC CRM ab.

---

31 https://wiki.d-nb.de/display/DINIAGKIM/Titeldaten+Gruppe
32 http://www.dini.de/ag/standards/
33 http://wiki.dublincore.org/index.php/Bibliographic_Metadata_Task_Group

In Hinblick auf ein LOD Konzept für die DDB sollte daher auf Vorhandenem aufgebaut werden. Nicht zuletzt, da die DDB als Aggregator für Europeana agieren soll, ist Kompatibilität mit den sich etablierenden Standards geboten. Auf ein einziges Format zu setzen, erspart Mehraufwand und minimiert Umwandlungsverluste, die im Zuge von Formattransformationen kaum vermeidbar sind. Mit Europeana liegt also eine Orientierung an EDM auf der Hand, und sei es nur in Form von *Vocabulary Alignments*.

Was die Normdaten betrifft stehen der DDB zwei Wege offen: erstens selbst Normdaten zu halten und diese als Linked Data anzubieten. In diesem Fall kann der Linked Data Dienst der DNB und insbesondere die Ontologie der GND als Blaupause dienen. Der zweite Weg wäre existierende Normdaten wie die GND zu nutzen und zu referenzieren. Für die Darstellung im DDB Portal könnten die Daten live über den Linked Data Dienst der DNB oder entsprechender Normdatendienste weiterer Institutionen abgerufen werden. Dieser letztere Weg entspräche dem Vernetzungsgedanken von LOD und des Semantic Web am besten.

Entitäten vernetzen

Die DDB wird eine große Anzahl von Sammlungen in sich vereinen. Sollen diese mehr sein als nur die Summe der Einzelteile, müssen neue Verknüpfungen hergestellt werden, die die Sammlungen zu einem großen Ganzen verschmelzen, denn Wissen lebt von Verknüpfungen, und neues Wissen entsteht durch das Herstellen von Bezügen. Betrachten wir folgende Aussagen:

1. Charles Lutwidge Dodgson (1832 - 1898) war ein englischer Mathematiker und Photograph. Er unterrichtete am Christ Church College in Oxford.
2. Lewis Carroll ist der Autor von „Alice in Wonderland".

Fügen wir nun die Verknüpfung ein, dass Lewis Carroll und Charles Lutwidge Dodgson ein und dieselbe Person sind, gewinnen wir Wissen, das über diese eine Verknüpfung hinausgeht: Wir können jetzt den Entstehungszeitraum von „Alice in Wonderland" eingrenzen, da wir nun die Lebensdaten von Carroll kennen. Wir wissen außerdem, dass der Buchautor Carroll Engländer war, dass er Mathematiker war, und wir wissen außerdem, dass Charles Lutwidge Dodgson Pseudonyme benutzt hat. Die Verknüpfung zwischen den beiden Namen bietet so auch in sich schon einen Mehrwert. Ein verknüpfter Datenbestand ist mehr als nur die Summe der Teildatenbestände.

Problemstellung

In der Praxis ist es leider oft sehr schwer, Verknüpfungen herzustellen. Dies hat mehrere Gründe: Zum einen wurden Datenbestände meist nicht in Hinblick auf eine externe Verknüpfung angelegt. Es existieren daher meist nur interne Verknüpfungen, die über IDs oder Schlüssel hergestellt werden, die nur innerhalb des spezifischen Datenbestands Bedeutung und Eindeutigkeit besitzen. Oft jedoch sind nicht einmal interne Verknüpfungen gegeben, insbesondere bei Daten aus vordigitaler Zeit. Man stelle sich alte Katalogkarten vor: Auf ihnen sind keine IDs für Autoren oder Schlagworte verzeichnet, lediglich Namen, also Zeichenketten ohne Anspruch auf Eindeutigkeit. Das war in jener Zeit sinnvoll, in der die Katalogkarten von Menschen und nicht von Maschinen benutzt wurden. Für die heutigen Anforderungen im *Semantic Web* sind Namen jedoch ein ernsthaftes Problem. Der Kern dieses Problems wird im normalen Sprachgebrauch kaschiert: Man sagt zum Beispiel ein Buch handle von „Michael Jackson". Tatsächlich ist die Aussage aber: Das Buch handelt von einer Person X, und X hat den Namen „Michael Jackson". Dieses X kann tatsächlich für eine Vielzahl von Personen stehen: Eben all jene, die den Namen „Michael Jackson" tragen. Die Mehrheit der Menschen wird bei „Michael Jackson" unmittelbar an den Musiker denken. Ein Whiskeykenner jedoch würde für jene Person X mit Namen „Michael Jackson" den britischen Whiskey Degustationsexperten Michael Jackson einsetzen[34], ein US-Historiker einen General und ein Einwohner Dublins einen Bischof.

Wenn vernetzt werden soll, kann also nicht alleine mit Namen gearbeitet werden, es sind Entitäten notwendig, die durch eindeutige Identifikationen bezeichnet werden. Die Entitäten ihrerseits müssen beschreibende Attribute erhalten und als eigene Datenbasis gepflegt werden. Zwei Unterprobleme ergeben sich in Bezug auf Entitäten: Erstens das Problem, zwei Entitäten als gleich oder in Bezug zueinander stehend zu erkennen, wie im Falle von Lewis Carroll und Charles Lutwidge Dodgson. Zweitens, das komplementär aufgestellte Problem gleich anmutende Entitäten auseinander zu dividieren, wie im Falle der zahlreichen Michael Jacksons.

Impulsgebende Projekte

Im Folgenden werden Projekte vorgestellt, in denen Daten verknüpft werden. Unterschieden werden dabei Projekte, die auf den menschlichen Intellekt setzten

---

34 http://d-nb.info/gnd/120744228

und Projekte, die Verknüpfungen mithilfe von Algorithmen erzeugen. Beide Herangehensweisen könnten in der DDB zu Einsatz kommen.

Intellektuelle Verknüpfung

Auf menschliche Arbeitskraft wird zurückgegriffen, wenn die Entitäten sehr wenig Kontext mit sich führen. Die Verknüpfung zwischen Lewis Carroll und Charles Lutwidge Dodgson ließe sich mit den im Beispiel angeführten Informationen nur schwerlich automatisch erzeugen. Eine intellektuelle Verknüpfung ist allerdings nur gangbar, wenn die Datenmenge begrenzt ist oder sehr viele freiwillige Helfer zur Verfügung stehen wie etwa in *Crowdsourcing*-Ansätzen[35]. Das emblematische Beispiel hierfür ist Wikipedia.

In der deutschsprachigen Wikipedia werden Artikel zu Personen seit 2005 mit externen Datenquellen verknüpft[36]. In einem Kooperationsprojekt zwischen Wikipedia und der Deutschen Nationalbibliothek wurden zunächst Einträge zu Personen in der Wikipedia von Wikipedia-Mitarbeitern intellektuell mit den dazugehörigen Einträgen in der Personennormdatei (PND)[37] verknüpft (Danowski 2007). Seit 2009[38] werden zusätzlich auch Verknüpfungen zu den Personendatenbanken der *Library of Congress*, der japanischen Nationalen Parlamentsbibliothek und dem *Virtual International Authority File (VIAF)* erfasst[39]. Seit der Einführung der Gemeinsamen Normdatei (GND) werden in der Wikipedia GND-Nummern anstelle von PND-Nummern erfasst.

Zur strukturierten Erfassung der verschiedenen Verknüpfungen in der Wikipedia wird eine Vorlage bereitgestellt[40], in die die Wikipedia-Autoren die Referenzen der verschiedenen Normdateien eintragen können. Durch die Verwendung einer Vorlage wird die Erstellung von Verknüpfungen erleichtert und ein einfacher maschineller Zugang zu den Normdatenverknüpfungen sichergestellt. Dadurch wird es zum einen möglich, die Normdatenverknüpfungen in den Wikipedia-Artikeln in einer standardisierten Form anzuzeigen und zum anderen können die Verknüpfungen so leicht automatisiert extrahiert werden, um bei-

---

35 *Crowdsourcing* setzt auf die Beteiligung einer großen Anzahl von Freiwilligen, welche eine große Aufgabe durch viele kleine Beiträge lösen. Ein klassisches Beispiel ist Wikipedia.
36 http://de.wikipedia.org/w/index.php?title=Hilfe:Personendaten&oldid=105294857#Zur_Geschichte_der_Personendaten
37 Die Personennormdatei ist mittlerweile in der Gemeinsamen Normdatei aufgegangen.
38 http://de.wikipedia.org/w/index.php?title=Hilfe:Personendaten&oldid=105294857#Zur_Geschichte_der_Personendaten
39 http://de.wikipedia.org/w/index.php?title=Vorlage:Normdaten&stableid=105715515
40 Ebd.

spielsweise Konkordanzen zwischen der Wikipedia und den verknüpften Norm-
datenquellen zu erstellen. Wikipedia stellt eine entsprechende Konkordanz im
BEACON-Format[41] bereit[42].

Zur Unterstützung bei der Verknüpfung wurde ein Tool entwickelt, das
anhand eines Wikipedia-Artikels automatisch passende Einträge in der Personennormdatei sucht. Der Benutzer muss dann nur noch bestätigen, dass der vor-
geschlagene Eintrag korrekt ist, um automatisch die Normdaten-Vorlage für den
Wikipedia-Artikel auszufüllen (Danowski 2007).

Der Fokus der Normdatenverknüpfung in der Wikipedia lag bisher bei Per-
sonen. Allerdings unterstützt die „Normdaten"-Vorlage auch die Erfassung von
Verknüpfungen anderer Entitätstypen wie etwa Geografika, Körperschaften oder
Sachbegriffe.

Algorithmische Verknüpfungen

Algorithmen können mit entsprechenden Kontextinformationen wie Publikati-
onslisten, biographischen Daten oder Identifikationsnummern erstaunlich gute
Ergebnisse bei der Verknüpfung kultureller Objekte liefern. Im Folgenden werden
drei Projekte vorgestellt, die algorithmisch Verknüpfungen erzeugen.

CONTENTUS
Im CONTENTUS-Projekt wurden neue Technologien für semantisch erschlos-
sene, multimediale Archive erforscht und entwickelt. Neben Schwerpunkten in
der automatischen Erschließung verschiedener Medientypen spielte auch die
Verknüpfung der dabei gewonnenen Metadaten untereinander und mit externen
Datenquellen eine wichtige Rolle. Ziel dieser Verknüpfung war die Integration
der verschiedenen Archivobjekte in einem gemeinsamen Wissensnetz.

Als zentrale Komponente, um dieses Ziel zu erreichen, wurde im Projekt-
verlauf die Nutzung von Entitäten identifiziert: Es zeigte sich im Projekt, dass
zwischen einzelnen Archivobjekten selten ein direkter Zusammenhang besteht,
sondern dass eine Verbindung zwischen zwei Objekten meist über eine Entität –
etwa einen Ort oder eine Person – entsteht. Aus diesem Grund lag ein Fokus der
Arbeiten im CONTENTUS-Projekt auf der Generierung von Metadaten, die Entitäten eindeutig referenzieren. Daneben sollten die von den Archivobjekten referenzierten Entitäten aber auch mit externen Datenquellen verknüpft werden, um auf
diese Weise zusätzliche Informationen im Wissensnetz zugänglich zu machen.

---

41 http://de.wikipedia.org/w/index.php?title=Wikipedia:BEACON&oldid=105449989
42 PND-Beacon-Datei: http://toolserver.org/~apper/dewp_pnd_beacon.txt

In CONTENTUS wurde ein automatisierter Abgleich zwischen den Normdateien der Deutschen Nationalbibliothek und Wikipedia für die in den Archivobjekten gefundenen Entitäten angestrebt. Während dies für Personen mit Hilfe der intellektuell durchgeführten Verknüpfung leicht möglich war, musste für Geografika ein eigenes Verfahren entwickelt werden. Dieses Verfahren basierte auf einem Vergleich der Ortsnamen sowie weiterer Charakteristika wie Homonymzusätzen („Frankfurt am Main" oder „Frankfurt/Oder") und übergeordneten geografischen Einheiten.

Unter Verwendung dieses Verfahrens konnten geographische Entitäten erfolgreich mit der Schlagwortnormdatei[43] und der deutschen Wikipedia verknüpft werden.

Culturegraph
Erklärtes Ziel der Plattform Culturegraph ist es, eine einheitliche, verlässliche und persistente Referenzierbarkeit von kulturellen Erzeugnissen zu ermöglichen. Dazu wurden im ersten Schritt in einem gemeinsamen Projekt der Deutschen Nationalbibliothek (DNB) und des Hochschulbibliothekszentrums des Landes Nordrhein-Westfalen (hbz) die Kataloge der deutschen Bibliotheksverbünde abgeglichen und statistisch ausgewertet. Die Ergebnisse sind als *Linked Open Data* abrufbar. In weiteren Projekten wird die Vernetzung von Normdaten vorangetrieben.

So werden beispielsweise im Projekt *Culturegraph Authorities* Rückverknüpfungen aus den Normdaten zu den Titeldatensätzen errechnet. In der Praxis kann dadurch der Normdatensatz als Sucheinstieg genutzt werden: Von einem Normdatensatz in Culturegraph – zum Beispiel „Bertold Brecht" – führen Verknüpfungen zu allen deutschen Bibliotheksverbünden sowie einer Zahl weiterer Institutionen, welche Medieneinheiten von Bertold Brecht vorhalten. Diese Verknüpfungen zu weiteren Institutionen wurden aus frei zugänglichen BEACON-Dateien[44] gelesen. BEACON-Dateien verzeichnen Konkordanzen von einem Datenbestand zur GND und werden in der Regel von der Institution erstellt und gepflegt, in deren Verantwortung auch der entsprechende Datenbestand liegt. Culturegraph spielt in diesem Fall also die Rolle des Integrators, welcher verteilt verfügbare Verknüpfungsinformationen sammelt und zentral anbietet.

In weiteren Entwicklungsschritten sollen Konkordanzen zu weiteren Datenbeständen regelmäßig errechnet und zur Datenanreicherung genutzt werden. Diese Anreicherung legt den Grundstein für neue intelligente Suchverfahren sowie Verfahren zur Qualitätssicherung.

---

43 Die Schlagwortnormdatei ist mittlerweile in der Gemeinsamen Normdatei aufgegangen.
44 http://de.wikipedia.org/wiki/Wikipedia:BEACON

Culturegraph setzt auf rein algorithmische Verknüpfungen. Daten werden auf einem Hadoop-Cluster[45] verarbeitet und anschließend auf www.culturegraph.org veröffentlicht. Die in diesem Rahmen entwickelte Software ist als Open Source veröffentlicht[46]. Damit stellt Culturegraph. nicht nur eine Webplattform dar, sondern auch eine frei verfügbare Werkzeugpalette für Metadatenverarbeitung und Vernetzung. Eine Nachnutzung auch im DDB-Kontext ist daher in vielerlei Hinsicht möglich.

VIAF

VIAF (Virtual International Authority File) ist ein Gemeinschaftsprojekt mehrerer Nationalbibliotheken, welches von dem weltweit tätigen Bibliotheksdienstleister OCLC technisch umgesetzt wird. Ziel ist die Errechnung einer Konkordanz zwischen den Personennormdateien der teilnehmenden Institutionen. Der Berechnung liegen dabei mit der entsprechenden Person verknüpfte Titeldaten zu Grunde. Neuberechnungen finden in regelmäßigen Intervallen statt. Zeitliche Stabilität der so erzeugten Personenidentifikationsnummern (VIAF Nummern) wird garantiert, indem die Information über ehemalige Konkordanzen weiterhin gespeichert wird und entsprechende Anfragen ausgelöst werden.

Diskussion

Betrachtet man die vorgestellte Projektauswahl, fällt auf, dass sich insbesondere die algorithmische Verknüpfungserstellung als eigenständige Tätigkeit etabliert, die nicht an die Urheber oder Lieferanten der Daten gebunden ist. Weder CONTENTUS noch VIAF noch Culturegraph.org sind Urheber von Daten in dem Sinne, in dem beispielsweise die Bibliotheken oder Bibliotheksverbünde Urheber von Metadaten sind. Diese Projekte und Dienste sind also vielmehr als Mehrwertdienste aufzufassen.

Auch die DDB ist selbst kein Urheber von Metadaten und die an die DDB gelieferten Daten werden in zunehmendem Maße bereits von den entsprechenden Lieferanten als LOD veröffentlicht. Welchen Mehrwert kann die DDB mit einem LOD-Dienst also liefern?

Ein wichtiger Aspekt ist der spartenübergreifende Ansatz der DDB. In diesem Sinne könnte die DDB als LOD-Knotenpunkt die LOD-Dienste der eigentlichen Metadatenurheber miteinander verbinden. In diesem Falle könnte sich die DDB

---

45 Open Source Software für das verteilte Verarbeiten großer Datenmengen auf einem Rechnercluster. Siehe http://hadoop.apache.org/
46 http://github.com/culturegraph

auf die Verknüpfungen konzentrieren und die Auslieferung der eigentlichen Daten den Urhebereinrichtungen überlassen. Ob dies durch Algorithmen erreicht wird oder durch Ansätze, die sich mehr an Projekten wie Wikipedia orientieren, bleibt zu erörtern. Angesichts der vielen Vernetzungsprojekte ist auch die gezielte Nachnutzung und Anpassung bereits vorhandener Verknüpfungsdaten eine Option, beispielsweise in Form von BEACON-Dateien, Anfragen an Culturegraph oder der Nutzung von Datenabzügen von VIAF.

Ausblick und zukünftige Herausforderungen

In diesem Artikel wurde eine Reihe von Projekten unter den Aspekten der Datenmodellierung und der Entitätsverknüpfung vorgestellt. Motivation war es, Impulse zu sammeln und die Koordinaten eines zukünftigen LOD-Konzeptes der Deutschen Digitalen Bibliothek abzustecken.

Es wurde aufgezeigt, dass es in zahlreichen Projekten bereits ein breites Spektrum von Antworten auf die Herausforderungen von *Linked Open Data* gibt. Auf vieles kann aufgebaut werden. Neben diesen Erkenntnissen bleiben jedoch auch offene Fragen. Fragen, die sich in den vorgestellten Projekten bisher nur schwach abzeichnen, jedoch mittelfristig an Bedeutung gewinnen werden.

Da ist zum einen die Frage der Provenienz von Daten[47]. Je mehr Daten gemischt und weiterverarbeitet werden, desto deutlicher stellt sich die Frage, wie Herkunft und eventuell mit den Daten verknüpfte Rechte mitgeführt werden können. Europeana löst diese Herausforderung in Bezug auf die Rechtefrage, indem nur Daten mit einer CC0-Lizenz angenommen werden. Daten also, für die „keine Rechte vorbehalten" werden. Dies umgeht die Lizenzfrage elegant, löst aber nicht das Problem der Datenherkunft. Daher ist es nicht immer ein geeigneter Ansatz. Sobald die tatsächliche Herkunft von Daten relevant wird, etwa um ihre Vertrauenswürdigkeit zu bestimmen, stößt die Lösung der Europeana an ihre Grenzen und die Frage der Datenherkunft kann nicht mehr umgangen werden.

Eine weitere Herausforderung wird die Orientierung am Endnutzer sein. Welche nützlichen LOD-Anwendungen können mit den Daten der DDB realisiert werden? Eine RDF- oder SPARQL-Schnittstelle ist lediglich eine Voraussetzung für neue innovative Anwendung, aber nicht das endgültige Ziel. Die Anwendungen selbst warten noch darauf, geschrieben zu werden. Dies wird im Bereich LOD sowohl die größte als auch spannendste Herausforderung sein. Die reichhaltigen

---

47 Mit dem Thema Provenienz beschäftigt sich im Detail der Artikel „Die Provenienz von Linked Data" im vorliegenden Sammelband.

Erfahrungen aus den hier beschriebenen Projekten sollen dabei helfen, das Rad nicht neu erfinden zu müssen, sondern alle Energien auf die neuen Herausforderungen zu konzentrieren.

Literaturverzeichnis

Danowski, Patrick; Pfeifer, Barbara: Wikipedia und Normdateien: Wege der Vernetzung am Beispiel der Kooperation mit der Personennormdatei. In: Bibliothek Forschung und Praxis 31 (2007), Nr. 2, S. 149–156; DOI: 10.1515/BFUP.2007.149.
Kett, Jürgen; Manecke, Mathias; Beyer, Sarah: Die Nationalbibliografie im Zeitalter des Internets. In: ZfBB 59(2012), 2, S. 72

Danksagung

Unser besonderer Dank gilt Herrn Dr. Jan Hannemann (Deutsche Nationalbibliothek) für seine umfangreichen Kommentare und Anregungen.

Klaus Ceynowa, Matthias Groß, Andreas Kahl, Gabriele Meßmer

Linked Open Data geht in die Fläche: Der B3Kat stellt seine Daten frei

Einleitung

Der Bibliotheksverbund Bayern (BVB) und der Kooperative Bibliotheksverbund Berlin-Brandenburg (KOBV) haben 2011 ihren gemeinsamen Verbundkatalog *B3Kat* als Open Data im Format MARCXML und als Linked Open Data im Format RDF/XML veröffentlicht. Enthalten sind die Beschreibungen zu über 23 Millionen Medien aus 180 wissenschaftlichen Bibliotheken in Bayern, Berlin und Brandenburg. Die Daten werden im Internet zur allgemeinen Nutzung unter der *CCO Public Domain Dedication* bereitgestellt. Damit handelt es sich um das umfangreichste Datenpaket, das bisher von deutschen Bibliotheken und Bibliotheksverbünden als Linked Open Data zugänglich gemacht wurde. Zusammen mit den Datenfreistellungen des Hochschulbibliothekszentrums des Landes Nordrhein-Westfalen und mehrerer Bibliotheken weiterer Bundesländer steht damit ein erheblicher Teil der bibliographischen Titel- und Bestandsdaten wissenschaftlicher Bibliotheken in Deutschland ohne Einschränkung zur Verfügung.

Im Folgenden werden die Motivation zur Freistellung der Daten bei den beteiligten Partnern sowie der konkrete Weg der Entscheidungsfindung und -umsetzung in den verantwortlichen Verbünden dargestellt. Weiterhin werden die technische Realisierung des Datenangebotes sowie die sich daraus ergebenden Nutzungs- und Selektionsmöglichkeiten beschrieben und die Resonanz auf das seit Dezember 2011 verfügbare Datenangebot skizziert.

Kooperative Datennutzung in Bibliotheken

Elektronische Bibliothekskataloge bieten ihren Benutzern den Nachweis der in der jeweiligen Bibliothek bzw. im jeweiligen Bibliotheksverbund vorhandenen Medien. Für Literaturrecherchen bieten sie in den Titelaufnahmen neben einer bibliographisch zuverlässigen Beschreibung zumeist Normdatenverknüpfungen und Sacherschließungselemente (Schlagwörter und Notationen) sowie zunehmend Links auf Kataloganreicherungen (Inhaltsverzeichnisse, Klappentexte etc.) an. Bei einer ständig wachsenden Anzahl von Aufnahmen ist bereits der direkte Zugang zu den Volldigitalisaten oder Volltexten durch entsprechende Hyperlinks gegeben.

Für die Katalogisierung reduziert sich durch die kooperative Erschließung im Verbund und die Nutzung von Fremddaten der Arbeitsaufwand erheblich. Viele Projekte im bibliothekarischen, wissenschaftlichen und auch kommerziellen Umfeld sind auf qualitativ hochwertige Metadaten angewiesen (z.B. Projekte der Deutschen Forschungsgemeinschaft, Google-Digitalisierung, WorldCat-Einbindung). Das „Give-and-Take" von Metadaten ist in und zwischen den deutschen Bibliotheksverbünden bereits seit langem selbstverständliche Praxis: Zum Beispiel können aus den Katalogisierungsdatenbanken der Verbünde via Z39.50 von Katalogisierern aus allen deutschsprachigen Verbünden Datensätze abgeholt und nachgenutzt werden.

Vom Bibliotheksverbund Bayern wurden in der Vergangenheit bereits größere Datenmengen als Batch-Lieferung an eine Vielzahl von Institutionen abgegeben, unter anderem:

– Datenbankabzug aus dem Katalog der Bayerischen Staatsbibliothek für DFG-geförderte Digitalisierungsprojekte: Reduzierte Datensätze im SISIS- und im MAB-Format. Die Daten werden halbjährlich neu selektiert und bereitgestellt.
– Heritage of the Printed Book (HPB)-Datenbank des Consortium of European Research Libraries (CERL): Komplette Datensätze des Altbestands der Bayerischen Staatsbibliothek aus dem Verbundkatalog.
– OCLC (WorldCat): Komplette Datensätze der Bayerischen Staatsbibliothek, der bayerischen Hochschulbibliotheken und der regionalen staatlichen Bibliotheken des Freistaates im MARC21-Standard-Format aus dem Verbundkatalog.
– OCLC (Virtual International Authority File): Alle Titeldatensätze des Bibliotheksverbundes Bayern, die eine Verknüpfung zu den Personennamen-Datensätzen der nationalen Gemeinsamen Normdatei (GND) haben.
– Europeana: Reduzierte Datensätze aller Digitalisate der Bayerischen Staatsbibliothek im Metadatenformat der Europeana, den Europeana Semantic Elements (ESE)[1] aus dem Verbundkatalog.
– Zentrales Verzeichnis Digitalisierter Drucke (zvdd): Reduzierte Datensätze aller Digitalisate im ESE-Format (Dublin Core) aus dem Verbundkatalog.
– Google und Wikipedia: MARCXML-Daten aus dem Katalog der Bayerischen Staatsbibliothek.

Die Kosten der Erschließungsleistung, die aus öffentlichen Mitteln in die Erstellung und Pflege bibliographischer Katalogdatenbanken investiert wurden und

---

[1] Das Europeana Semantic Elements (ESE) set basiert auf Dublin Core und ist um Europeana-spezifische Felder erweitert. Informationen s. hier: http://www.europeana.eu/schemas/ese/ (27.06.2012)

werden, sind bedeutend. Sie bemessen sich nicht nur am Personal, sondern auch am Transfer herkömmlicher Kartenkataloge in elektronische Kataloge (Retrokonversion). Ohne die praktizierten weitreichenden Kooperationen wäre der insgesamt erforderliche Aufwand noch um ein Vielfaches höher, um annähernd vergleichbare Ergebnisse bei Nachweis und Zugänglichkeit der Bibliotheksbestände zu erreichen. Die bibliographischen Daten der Bibliotheks- und Verbundkataloge stellen also einen hohen Wert dar. Je intensiver die Daten nachgenutzt und verknüpft werden, desto wertvoller werden sie. Es besteht also durchaus ein öffentliches Interesse daran, diese Daten, die den Zugang zu dem riesigen Corpus der in Bibliotheken verfügbaren wissenschaftlichen Literatur und Fachinformation (in gedruckter und digitaler Form) eröffnen, möglichst uneingeschränkt und in heterogenen Nutzungsszenarien wirksam werden zu lassen. Eine entsprechende „Öffnung" der Bibliotheks- und Verbundkataloge schafft damit die Möglichkeit für vielfältige „Metadatendienste" als vom klassischen Online-Katalog unabhängige Services für Forschung, Lehre und Studium.

Open Data und Open Catalog

Das kostenfreie Bereitstellen von sogenannten Roh-Daten für die Allgemeinheit zur von Rechten unbelasteten Weiternutzung wird in vielen Bereichen (Schwerpunkt Software und wissenschaftlich verwertbare Inhalte) seit längerem praktiziert. Diese Form der Open-Data-Bewegung ist Teil der Open-Access-Bewegung, die sich als Gegengewicht zur Kommerzialisierung von Wissen und Information positioniert.

Open Catalog ist ein relativ neuer Teilbereich der Open-Data-Bewegung. Dabei werden die bibliographischen Daten eines Kataloges - in der Regel inklusive Norm- und Lokaldaten - zum Komplettdownload zur Verfügung gestellt. Open Catalog ist damit eine Fortsetzung des im Bibliotheksbereich seit langem praktizierten Gedankens der Kooperation und des Datenaustausches zwischen Bibliotheken und Bibliotheksverbünden.

Die direkte Freigabe professionell erstellter Katalogdaten kann unter anderem folgende Ziele unterstützen:

– Sichtbarmachen lokaler bibliographischer Datensammlungen weltweit und direkt im World Wide Web (nicht versteckt im „Deep Web").
– Nutzbarmachen dieser Daten zu speziellen wissenschaftlichen Zwecken (z.B. Unterstützung bibliographischer Forschung).
– Aufwerten und Ergänzen etablierter Webangebote Dritter (z.B. Wikipedia).

- Bereitstellen der Grundlagen für neue oder neu zu entwickelnde Informationsdienstleistungen.
- Integration der Katalogdaten in das Semantic Web, verbunden mit der Möglichkeit, von Ergänzungen und Aufwertungen Dritter an den eigenen Daten zu profitieren.
- Bestreben, mit öffentlichen Mitteln erstellte Inhalte (Volltexte) kostenfrei zugänglich zu machen: Open Catalog leistet den bibliographischen Beitrag zum Open-Access-Gedanken. Damit kann unter anderem einfacher vermieden werden, dass Überschneidungen mit anderen Digitalisierungsprojekten entstehen.
- Förderung der Kooperation bibliothekarischer Einrichtungen national und international, zum Beispiel mit dem Ziel, eine kostenfreie, weltweit zugängliche Rechercheplattform zu schaffen.

Open Catalog: Modelle der Freistellung

Wenn Katalogdaten als Open Catalog zur Verfügung gestellt werden, sind vor allem die rechtlichen Rahmenbedingungen der Datenfreistellung zu klären. Es gibt dafür grundsätzlich zwei Modelle: die Bereitstellung der Daten unter einer bestimmten Lizenz oder die völlige Freigabe, das heißt der Verzicht auf jegliche Rechte an den Daten.

Eine Übersicht über Standard-Lizenzverträge findet sich auf den Seiten der Open Data Commons[2] und - angepasst an das deutsche Recht - auf den Seiten der Creative Commons Deutschland[3].

Beispiele für Lizenzen sind:
- *Attribution-Lizenz*
  Sie verlangt die Namensnennung des Urhebers der Daten.
- *Non-Commercial-Lizenz*
  Die Daten werden unter der Auflage freigegeben, keine kommerzielle Nutzung zu verfolgen, oder unter den Vorbehalt einer vorherigen Zustimmung gestellt.
- *Share-Alike-Lizenz*
  Die Daten müssen auch nach Veränderungen unter derselben Lizenz, unter der die Ausgangsdaten stehen, weitergegeben werden.

---

2 http://www.opendatacommons.org/licenses/ (27.06.2012)
3 Was ist CC? http://de.creativecommons.org/was-ist-cc/ (27.06.2012)

- *CCO Public Domain Dedication*
  Die Daten werden ohne Einschränkungen freigegeben.[4]

Im Unterschied zu den bereits bekannten Creative-Commons-Modellen handelt es sich bei der CC0 1.0 Universal Public Domain Dedication nicht um eine Lizenz im engen Sinn, sie sagt vielmehr aus, dass das mit CC0 versehene „Datum" gemeinfrei ist. Um dem Gedanken von Linked Open Data voll zu entsprechen, ist es grundsätzlich erforderlich, die Daten ohne Einschränkung zur Verfügung zu stellen.[5] Damit erspart man sich zudem jeglichen Verwaltungsaufwand zur lizenzrechtlichen Kontrolle der Anwender. Die Alternative ODC PDDL[6] wurde zum Zeitpunkt der Entscheidung noch nicht diskutiert. Es ist jedoch durchaus vorstellbar, in Zukunft die OpenDataCommons-Lizenzen zu verwenden, sollten kommende Entwicklungen zeigen, dass diese für Metadaten besser geeignet sind.

Open Catalog und Linked Data

Seinen vollen Nutzen entfaltet ein als Open Catalog verfügbar gemachter Bibliotheks- oder Verbundkatalog dann, wenn die zur freien Verwendung bereitgestellte Datenbasis zugleich als Linked Data für Nutzungsszenarien des Semantic Web aufbereitet wird.[7] Die heute gängige Informationsvermittlung, bei der sich der Nutzer Informationen besorgt, indem er z.B. eine Katalog- oder Suchmaschinenrecherche absetzt, wird im Semantic Web zunehmend dadurch abgelöst, dass kontextbezogen, also zu bestimmten Fragestellungen, weiterführende und ergänzende Informationen automatisiert angeboten werden. In dieses Semantic Web sollten unbedingt auch Katalogaufnahmen einbezogen werden, die auf die reichen Bestände von Bibliotheken in ihren umfassenden Wissensspeichern zielen. Traditionell enthalten die Katalogdaten bereits eine Reihe von Voraussetzungen für maschinenlesbare Verlinkungen (Verknüpfungen zwischen hier-

---

4 http://creativecommons.org/publicdomain/zero/1.0/ (27.06.2012)
5 Vgl. Tim Berners Lee: Linked Data. http://www.w3.org/DesignIssues/LinkedData.html (27.06.2012), besonders den Abschnitt „Is your linked open data 5 star?". Zur näheren Definition des Begriffes „frei" bzw. engl. „open" vgl.: Defining the open in open data, open content and open services. http://opendefinition.org/ (27.06.2012)
6 Open Data Commons: Public Domain Dedication and License: http://opendatacommons.org/licenses/pddl/
7 Zur Definition der Begriffe „linked data" und „open data" vgl. W3C Incubator Group: Library Linked Data Incubator Group final report. 2011. Kapitel 1 http://www.w3.org/2005/Incubator/lld/XGR-lld-20111025/#Scope_of_this_report (27.06.2012)

archischen Werken, Verknüpfungen zu Normdaten, z.B. Personennamen, Orten, Sachbegriffen). Durch Linked-Data-Verfahren können diese bereits vorhandenen Verlinkungen in ganz neue Szenarien einbezogen werden. Dies trifft insbesondere für Anwendungen zu, die nicht bibliotheksspezifisch sind, oder die die Daten mit Daten aus ganz anderen Bereichen zusammenführen.[8] Der Nutzer dieser Angebote kann zum Beispiel spezielle Fragestellungen (etwa nach Konzepten und Zusammenhängen) beantworten, und automatisch zusätzliche Informationen aus DBpedia oder speziellen Fachdatenbanken mit in die Abfrage einbeziehen. Er ist hierbei nicht auf die Abfragemöglichkeiten des OPACs (mit seinen vorkonfigurierten Suchmaschinen-Indices) beschränkt.

Solche Mashups mit anderen Angeboten im Semantic Web (z.B. mit Geolocation-Diensten oder Sozialen Netzwerken) können neue, intelligente Dienste ermöglichen. Zudem können die Nachnutzer der als Linked Data bereitgestellten offenen Daten ihre eigenen Angebote qualitativ verbessern. Wikipedia nutzt beispielsweise die Titeldaten der Bayerischen Staatsbibliothek zur Anreicherung der Literaturhinweise in der Online-Enzyklopädie. Das Beispiel DBpedia zeigt den Weg zu einer neuen Generation von Rechercheanwendungen und Dienstleistungen für Wissenschaftler und Bibliotheksbenutzer (sog. Intelligente Filtersuche). Antworten auf komplexe Fragestellungen werden hier von Linked-Data-Anwendungen generiert, indem strukturierte Informationen aus Wikipedia-Artikeln gezogen und zusammen mit anderen frei zugänglichen Daten zu einer neuen Datenbasis verbunden werden. Eine große Zahl von Anwendungsszenarien findet sich auf der „Use cases"-Seite der Library Linked Data Incubator Group des World Wide Web Consortium (W3C).[9]

Als Kernkomponente des semantischen Netzes gilt das Resource Description Framework (RDF), das als Datenmodell sogenannte Tripel verwendet. RDF-Tripel bestehen jeweils aus einem Subjekt (der beschriebenen Ressource), einem Prädikat (einer Eigenschaft) und einem Objekt (einer Zeichenkette oder einer verlinkten Ressource). Dabei werden Subjekt und Prädikat immer in Uniform Resource Identifiers (URI) ausgedrückt, das Objekt kann entweder als URI oder als Zeichenkette dargestellt werden. Das folgende Beispiel stellt ein solches Tripel dar:

- http://lod.b3kat.de/title/BV035280616 ist der URI des Subjekts, im konkreten Fall der Titel des Werkes *Geschichte Europas : von 1815 bis zur Gegenwart,*
- http://purl.org/dc/elements/1.1/creator ist der URI des Prädikats, hier die Verfasserangabe (creator) und

---

8 Ebd. Kapitel 3.1.1-3.1.3: http://www.w3.org/2005/Incubator/lld/XGR-lld-20111025/#Library_data_is_not_integrated_with_Web_resources (27.06.2012)

9 W3C: http://www.w3.org/2005/Incubator/lld/wiki/UseCases (27.06.2012)

– http://d-nb.info/gnd/124838464 ist der URI eines Objekts, hier der Link zum Normdatensatz des Verfassers *Rainer Liedtke* in der Gemeinsamen Normdatei (GND).

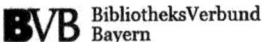

Geschichte Europas at lod.b3kat.de

http://lod.b3kat.de/title/BV035280616

Property	Value
isbd:P1006	▪ von 1815 bis zur Gegenwart
isbd:P1016	▪ Paderborn [u.a.]
geonames:countryCode	▪ DE
dcterms:creator	▪ \<http://d-nb.info/gnd/124838464\>
dcterms:description	▪ Rainer Liedtke
frbr:exemplar	▪ \<http://lod.b3kat.de/bib/DE-11/item/BV035280616\> ▪ \<http://lod.b3kat.de/bib/DE-12/item/BV035280616\> ▪ \<http://lod.b3kat.de/bib/DE-127/item/BV035280616\> ▪ \<http://lod.b3kat.de/bib/DE-188/item/BV035280616\> ▪ \<http://lod.b3kat.de/bib/DE-19/item/BV035280616\> ▪ \<http://lod.b3kat.de/bib/DE-20/item/BV035280616\> ▪ \<http://lod.b3kat.de/bib/DE-29/item/BV035280616\> ▪ \<http://lod.b3kat.de/bib/DE-355/item/BV035280616\> ▪ \<http://lod.b3kat.de/bib/DE-384/item/BV035280616\> ▪ \<http://lod.b3kat.de/bib/DE-473/item/BV035280616\> ▪ \<http://lod.b3kat.de/bib/DE-521/item/BV035280616\> ▪ \<http://lod.b3kat.de/bib/DE-703/item/BV035280616\> ▪ \<http://lod.b3kat.de/bib/DE-824/item/BV035280616\> ▪ \<http://lod.b3kat.de/bib/DE-Aug4/item/BV035280616\> ▪ \<http://lod.b3kat.de/bib/DE-Di1/item/BV035280616\> ▪ \<http://lod.b3kat.de/bib/DE-M352/item/BV035280616\>
dcterms:extent	▪ 301 S. Ill., Kt.
foaf:homepage	▪ \<http://worldcat.org/oclc/492091667\>
bibo:isbn	▪ 9783506765796 ▪ 9783825232054
dcterms:issued	▪ 2010 (xsd:int)
dcterms:language	▪ \<http://id.loc.gov/vocabulary/iso639-2/ger\>
rdagr1:placeOfPublication	▪ \<http://id.loc.gov/vocabulary/countries/gw\>
dcterms:publisher	▪ Schöningh
is owl:sameAs of	▪ \<http://lod.b3kat.de/isbn/9783506765796\> ▪ \<http://lod.b3kat.de/isbn/9783825232054\>
owl:sameAs	▪ \<http://d-nb.info/991844459\> ▪ \<http://www.culturegraph.org/about/DNB-991844459\>
dc:subject	▪ 900 (dcterms:DDC) ▪ 940 (dcterms:DDC) ▪ Geschichte 1815-2008
dcterms:subject	▪ \<http://d-nb.info/gnd/4015701-5\> ▪ \<http://dewey.info/class/900/about\> ▪ \<http://dewey.info/class/940/about\> ▪ \<http://lod.b3kat.de/rvk/NK1500\> ▪ \<http://lod.b3kat.de/rvk/NK1600\> ▪ \<http://lod.b3kat.de/rvk/NP1200\>
dcterms:title	▪ Geschichte Europas
rdf:type	▪ bibo:Book

Diese Seite zeigt Informationen aus dem SPARQL endpoint http://lod.b3kat.de/sparql.
As Turtle | As RDF/XML | Browse in Disco

Abbildung 1: Beispieltitel zur Illustration des RDF-Datenmodells.

Der B3Kat mit seinen 23 Millionen Katalogdatensätzen wurde auf diese Weise in mehr als 600 Millionen Tripel zerlegt, wobei bei Bedarf durch feinere Datenmodellierung noch wesentlich mehr Tripel erzeugt werden können.

Mit diesem universellen und vom W3C standardisierten[10] Datenmodell lassen sich die im Netz verstreut liegenden Informationen bündeln und zusammen verarbeiten. Nach einem Abgleich bzw. Mapping der den RDF-Tripeln zugrundeliegenden Ontologien können echte Mehrwerte erzielt werden (Semantic Enhanced Retrieval, Linked Data Enrichment), da die Abfragen dann nicht mehr auf eine bestimmte fachliche Domäne oder Community beschränkt sind.

Nicht zuletzt, um eine nahtlose und automatische Zusammenführung aus unterschiedlichsten Quellen zu ermöglichen, ist die oben beschriebene offene Lizenzierung möglichst großer Datenmengen notwendig.

Der B3Kat als Linked-Open-Data-Service

Der B3Kat, der 23 Millionen Datensätze aus 180 wissenschaftlichen Bibliotheken Bayerns, Berlins und Brandenburgs umfasst, ist der gemeinsame Verbundkatalog des Bibliotheksverbundes Bayern (BVB) und des Kooperativen Bibliotheksverbundes Berlin-Brandenburg (KOBV) und wird technisch vom BVB betrieben. Die Entscheidung zur Freistellung des B3Kat als Linked Open Data erfolgte bereits Anfang 2011 auf der Grundlage einer Empfehlung der gemeinsamen *Kommission für Erschließung und Metadaten (KEM)* von BVB und KOBV. Die Kommission hat ihre Empfehlung in acht Punkten zusammengefasst:

1. Bibliographische Metadaten können einen wesentlichen Beitrag für das sogenannte Semantic Web liefern.
2. Open Bibliographic Data erhöhen wesentlich die Sichtbarkeit von Bibliotheken und Bibliotheksbeständen.
3. Linked Open Data haben das Potential für innovative und bessere Informationsangebote.
4. Die bisher entstandenen Kosten, die in den Verbundkatalog eingeflossen sind, sind hoch, aber der Wert der Katalogdaten erhöht sich durch Linked Open Data.
5. Die bilaterale Abgabe von Katalogdaten an Dritte ist bisher schon üblich; mit Open Data würde diese Form der Kooperation mit vergleichsweise geringerem Aufwand konsequent fortgeführt und auf jedermann ausgeweitet.

---

10 W3C: Resource Description Framework (RDF): "Concepts and abstract syntax". http://www.w3.org/TR/rdf-concepts/ (27.06.2012)

6. Die Kommission empfiehlt deshalb, die Daten des B3Kat als Open Data bereitzustellen. In einem ersten Schritt können Datensätze und -elemente, für die eine endgültige rechtliche Klärung noch nicht vorliegt, ausgeklammert werden. Die einzelnen B3Kat-Teilnehmerbibliotheken sollten die Möglichkeit haben, ihre Bestände von der Freistellung auszunehmen.

7. Da offene Daten nur dann ihren vollen Wert entfalten, wenn sie uneingeschränkt zur Verfügung stehen, schlägt die Kommission vor, die Daten aus fachlicher Sicht ohne rechtliche Einschränkungen freizustellen.

8. Die Kommission empfiehlt des Weiteren, die Daten in Form von RDF-Tripeln und zusätzlich in einem klassischen Bibliotheksformat (vorzugsweise MARCXML) bereitzustellen.

Auf der Grundlage dieser Empfehlung wurde die Freistellung des B3Kat als Linked Open Data von den Gremien und Kommissionen im BVB und KOBV einhellig befürwortet und von der Verbundzentrale des BVB sowie dem Stabsreferat Informationstechnologie der Bayerischen Staatsbibliothek in zwei Teilprojekten bis zum Dezember 2011 umgesetzt. Im Teilprojekt 1 *Open Data* erfolgte die Bereitstellung des B3Kat im international standardisierten bibliothekarischen Format MARCXML zur freien Nachnutzung. Schon mit Blick auf die Metadatennutzung im Rahmen internationaler Bibliothekskooperationen und kommerzieller wie nicht-kommerzieller Webangebote (Google, Wikipedia etc.) schied das im deutschsprachigen Raum gebräuchliche Format MAB für diesen Zweck aus. Die MAB-Ausgangsdaten mussten deshalb zunächst möglichst komplett ins MARC-Format konvertiert und dann in MARCXML umgesetzt werden. Zusätzlich zu den bibliographischen Feldern wurden auch die Bibliothekskennzeichen der besitzenden B3Kat-Bibliotheken in die MARC-Datensätze übernommen.

Die Basislieferung mit circa 23 Millionen Titeldatensätzen wurde in drei Paketen auf einem Web-Server des BVB verfügbar gemacht, neue und geänderte Datensätze können kontinuierlich aus einem OAI-PMH-Repository abgeholt werden. Der MARCXML-Datenpool stellt zudem die datentechnische Ausgangsbasis für das Teilprojekt 2 *Linked Open Data* zur Umwandlung der Daten in das dort erforderliche Datenformat RDF/XML dar. Die Basislieferung wird halbjährlich neu bereitgestellt. Das Angebot ist unter www.bib-bvb.de/open-data.html abrufbar. Abbildung 2 zeigt die Optionen zur Nutzung und zum Download der B3Kat-Daten.

Von der Freistellung ausgenommen wurden und werden die URLs zu Kataloganreicherungen (Umschlagseiten, Tables of Content, Abstracts etc.), die von den Firmen Aux Amateurs de Livres und Casalini bezogen werden, sowie die Bestände einiger kleinerer Verbundbibliotheken, die aus verschiedenen Gründen eine Veröffentlichung nicht wünschen.

Im Teilprojekt 2 *Linked Open Data* erfolgte die Freistellung der als Open Data vorliegenden B3Kat-Verbunddatenbank als Linked-Open-Data-Service. Zu diesem Zweck wurden frei verfügbare Dateien erzeugt, die die Katalogdaten im RDF/XML-Format enthalten. Daneben wird eine hoch verfügbare und performante SPARQL-Schnittstelle[11] angeboten, die Abfragen auf diese Daten erlaubt.

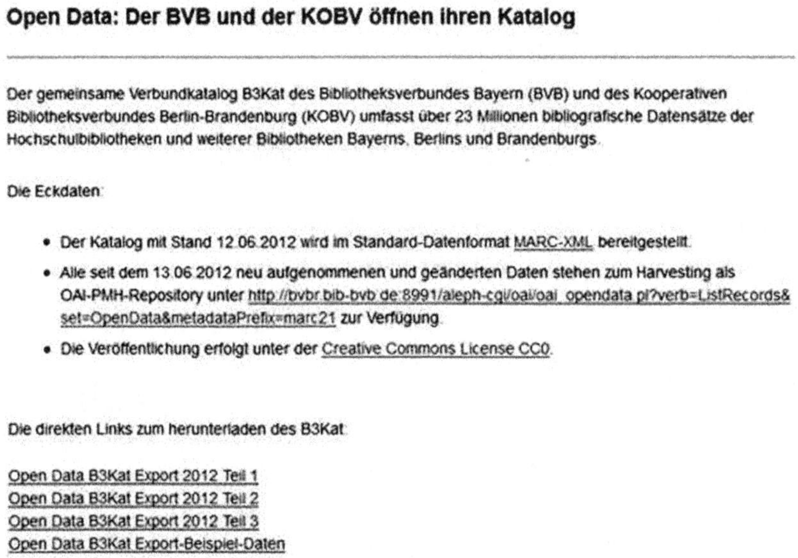

Open Data: Der BVB und der KOBV öffnen ihren Katalog

Der gemeinsame Verbundkatalog B3Kat des Bibliotheksverbundes Bayern (BVB) und des Kooperativen Bibliotheksverbundes Berlin-Brandenburg (KOBV) umfasst über 23 Millionen bibliografische Datensätze der Hochschulbibliotheken und weiterer Bibliotheken Bayerns, Berlins und Brandenburgs.

Die Eckdaten:

- Der Katalog mit Stand 12.06.2012 wird im Standard-Datenformat MARC-XML bereitgestellt.
- Alle seit dem 13.06.2012 neu aufgenommenen und geänderten Daten stehen zum Harvesting als OAI-PMH-Repository unter http://bvbr.bib-bvb.de:8991/aleph-cgi/oai/oai_opendata.pl?verb=ListRecords&set=OpenData&metadataPrefix=marc21 zur Verfügung.
- Die Veröffentlichung erfolgt unter der Creative Commons License CC0.

Die direkten Links zum herunterladen des B3Kat:

Open Data B3Kat Export 2012 Teil 1
Open Data B3Kat Export 2012 Teil 2
Open Data B3Kat Export 2012 Teil 3
Open Data B3Kat Export-Beispiel-Daten

Abbildung 2: B3Kat – Open Data Service.

Die Realisierung des B3Kat als Linked-Open-Data-Service erfolgte konkret in vier Arbeitsschritten:

- Vergabe persistenter *URIs* für jeden Katalogdatensatz. Dafür wurde die Verbund-ID als vergleichsweise bester verfügbarer Identifier ausgewählt. Um die allgemeine Zugänglichkeit der URIs zu erhöhen, wurden zusätzlich Links von auf ISBNs basierenden URIs zu den eigentlichen Titel-URIs erzeugt.
- Inhaltliche Zuweisung der Kategorien der Katalogdatensätze zu Eigenschaften (RDF-Prädikaten). Hier werden die wichtigsten MARC-Tags in RDF-Tripel gemappt. Für das Mapping wurde nach zwei Prinzipien vorgegangen. Erstens wurden möglichst etablierte *Ontologien* verwendet; zweitens wurden, wo immer möglich, Links auf andere Daten (z.B. Normdaten) der Ausgabe von

---

11 *SPARQL Protocol and RDF Query Language* ist die vom W3C entwickelte definierte Abfragesprache für RDF-Daten.

Verbalisierungen vorgezogen. So können die Daten sehr gut mit bereits in RDF vorliegenden Daten vernetzt werden. Zur Zeit werden unter anderem die Gemeinsame Normdatei (GND), WorldCat, Library of Congress Subject Headings (LCSH) und die Dewey Decimal Classification (DDC) verlinkt. Außerdem werden Links auf die entsprechenden Titelaufnahmen anderer Verbünde und auf culturegraph.org hinzugefügt.

– Auswertung der Bestandsnachweise der B3Kat-Bibliotheken und deren Abbildung in RDF, so dass automatisch abgefragt werden kann, welche Bibliotheken die beschriebenen Medien besitzen.

– Bereitstellung der Daten als Datei-Dumps für umfangreiche Analysen oder lastintensive Anwendungen, und in einem *Triplestore* über dessen SPARQL-Schnittstelle für Mashups und maschinelle Abfragen.

Das Angebot ist unter http://lod.b3kat.de abrufbar. Abbildung 3 zeigt die Möglichkeiten zur Nutzung des B3Kat als Linked Open Data, Abbildung 4 die verwendeten Ontologien.

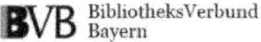

Willkommen beim LinkedOpenData-Service des B3Kat: lod.b3kat.de

Überblick

Auf dieser Seite haben Sie Zugriff auf die Beschreibungen zu über 23 Millionen Medien aus 180 wissenschaftlichen Bibliotheken in Bayern, Berlin und Brandenburg. Die Datenbasis umfasst etwa 600 Millionen RDF-Tripel oder 5,5GB als Download.

Der Linked-Open-Data-Service lod.b3kat.de besteht aus 3 Angeboten:

- Sehen Sie sich einen Beispieltitel an
- Download der gesamten Datenbasis
- SPARQL-Endpoint für Abfragen der gesamten Datenbasis

Updates der angebotenen Daten

- Daten-Update vom 4. Jan. 2012

Dokumentation zum Datenangebot

- B3Kat-Browsing-Guide
- B3Kat-Sparql-Guide
- URIs und Datenmodell
- Mapping der MARC-Felder auf RDF-Prädikate

Abbildung 3: B3Kat – Linked Open Data Service.

Entsprechend der Empfehlung der Kommission für Erschließung und Metadaten wird der B3Kat sowohl als Open Data wie auch als Linked Open Data unter der CC0 1.0 Universal Public Domain Dedication freigegeben und steht damit zur völlig uneingeschränkten Nachnutzung zur Verfügung, explizit auch in kommerziellen Anwendungsszenarien. Seit seiner Veröffentlichung im Dezember 2011 wurde der B3Kat als Open Data im MARCXML-Format mehr als 650 mal komplett oder in Teilen heruntergeladen, als Linked Open Data in RDF knapp 1300 mal.

Mapping der MARC-Felder auf RDF-Prädikate

Liste der zur Zeit verwendeten Ontologien

- rdf: http://www.w3.org/1999/02/22-rdf-syntax-ns#
- owl: http://www.w3.org/2002/07/owl#
- dc: http://purl.org/dc/elements/1.1/
- dcterms: http://purl.org/dc/terms/
- bibo: http://purl.org/ontology/bibo/
- frbr: http://purl.org/vocab/frbr/core#
- foaf: http://xmlns.com/foaf/0.1/
- geonames: http://www.geonames.org/ontology#
- marcrel: http://id.loc.gov/vocabulary/relators/
- rdagr1: http://rdvocab.info/Elements/

Weitere, hilfsweise verwendete Ontologien

- dcmitype: http://purl.org/dc/dcmitype/
  (Für die Medientypen (rdf:type) als RDF-Object verwendet)
- skos: http://w3.org/2004/02/skos/core#
  (Für die hilfsweise angelegten RVK-URIs, die mit dem Prädikat dc:subject verwendet sind. Nicht bei den eigentlichen Titeldaten.)

Abbildung 4: B3Kat-LOD-Projekt – verwendete Ontologien.

Inzwischen wird die SPARQL-Schnittstelle zum Beispiel von recensio.net[12], der Rezensionsplattform für die europäische Geschichtswissenschaft verwendet. Recensio-Redakteure müssen auf ihrer Plattform die Rezension selbst und die ISBN/ISSN des rezensierten Werkes eingeben. Die Metadaten für das rezensierte Werk werden in einem halbautomatischen Prozess aus dem Triplestore in die Recensio-Datenbank geladen.

Open Data Bayern und Open Catalog

Die Bereitstellung des B3Kat als Open Data und als Linked Open Data wurde vom bayerischen Staatsministerium für Wissenschaft, Forschung und Kunst mit Sondermitteln unterstützt und ist Teil der Open Data-Initiative der Bayerischen Staatsregierung. Das im Rahmen dieser Initiative im Herbst 2011 eröffnete Portal *OpenData Bayern*[13] bietet eine Vielzahl von Datensets und Applikationen staatlicher Behörden und Einrichtungen des Freistaates zur Nachnutzung an, unter anderem Geodaten, Umweltdaten und statistische Daten. Der B3Kat ist seit seiner

---

12 http://www.recensio.net (27.06.2012)
13 http://opendata.bayern.de (27.06.2012)

anderem Geodaten, Umweltdaten und statistische Daten. Der B3Kat ist seit seiner Freistellung als Linked Open Data ebenfalls über dieses Portal erreichbar. Die Open-Data-Inititiative der Bayerischen Staatsregierung ist explizit dem Gedanken der möglichst uneingeschränkten Nachnutzung von mit öffentlichen Mitteln erstellten Daten verpflichtet. Auf der Homepage von OpenData Bayern heißt es hierzu: „Frei zugängliche Daten bergen ein großes Innovationspotential, wenn sie auch außerhalb der Verwaltung genutzt werden können, z.B. für neue Analysen und Geschäftsmodelle, für journalistische Zwecke und in der Wissenschaft. Oder wenn Bürgerinnen und Bürger sie nutzen, um hieraus selbst neue Anwendungen und Dienste zu entwickeln. Nicht zuletzt tragen frei zugängliche Daten aber auch dazu bei, die öffentliche Verwaltung selbst transparenter zu machen."[14]

Abbildung 5: Preisverleihung durch Bundesinnenminister Dr. Hans-Peter Friedrich (Apps für Deutschland/Foto: Oliver Feist).

Das Angebot des B3Kat mit 23 Millionen Datensätzen als maschinenlesbarem Linked-Open-Data-Service stellt derzeit das umfassendste Open-Data-Projekt im deutschsprachigen Raum dar und wird so auch in der Öffentlichkeit wahrgenommen. Im Rahmen des ersten nationalen Programmierwettbewerbs „Apps für Deutschland" wurde das Angebot auf der CeBIT 2012 von Bundesinnenminister

---

14 http://opendata.bayern.de/ueber.html (27.06.2012)

Dr. Hans-Peter Friedrich in der Kategorie „Daten" mit dem 2. Preis ausgezeichnet. „Besonders erfreulich", so Daniel Dietrich von der Open Knowledge Foundation Deutschland, „war die Einreichung der Bibliotheksverbünde von Bayern, Berlin und Brandenburg. Sie zeigt, dass Länder- oder Behördengrenzen kein Hindernis sind, wenn der Nutzen für die Bürgerinnen und Bürger im Vordergrund steht."[15]

Fazit

Innerhalb der Bibliothekswelt wurden und werden bibliographische Daten in vielfältiger Weise ausgetauscht, nachgenutzt, miteinander abgeglichen und angereichert. Dies geschieht im Regelfall jedoch aufgrund von direkten, zumeist bilateralen Vereinbarungen. Die Bereitstellung von Datenselektionen ist aufgrund der zunehmenden Zahl von Anfragen und Nutzungsszenarien, aber insbesondere auch durch die speziellen Wünsche hinsichtlich Selektionskriterien und Datenformaten, ressourcenintensiv und für den Endanwender oft vergleichsweise unkomfortabel.

Für eine weit stärkere Sichtbarkeit der Bibliotheken und ihrer Bestände im Internet und eine bruchlose Einbindung in das schnell wachsende semantische Netz ist es notwendig, die Daten aus ihren „Datensilos" im Deep Web zu befreien und direkt, ohne Wechsel in proprietäre Anwendungen, zugänglich zu machen. Linked Data bietet ein sehr großes Potential, die qualitativ hochwertigen bibliographischen Metadaten für innovative und bessere Informationsangebote zu nutzen. Sehr erleichtert wird dies, wenn die Daten den Nachnutzern als Open Data zur Verfügung gestellt werden.

Mit der Bereitstellung des B3Kat als Linked Open Data unter der CC0 Public Domain Dedication haben die Bibliotheksverbünde BVB und KOBV die Möglichkeit genutzt, ihre reichhaltigen bibliographischen Datenbestände außerhalb der begrenzten Möglichkeiten klassischer Bibliothekssysteme in den vielfältigen Anwendungsszenarien des Semantic Web wirksam werden zu lassen. Die Vorteile dieses Angebotes – insbesondere die weltweite Verfügbarkeit der Daten und die verstärkte Homogenisierung der Metadatendienste – übersteigen dabei aus Sicht der am B3Kat teilnehmenden Bibliotheken bei weitem den „Preis", der für jede Freigabe von Daten als Linked Open Data zu zahlen ist: den „Kontrollverlust" über die eigenen Daten„assets" sowie die – zumindest tendenzielle – „Invisibility" des ursprünglichen Datenherstellers im Zuge iterierter Nachnutzungen.

---

15 http://apps4deutschland.de/ (27.06.2012)

Zitierte Webseiten

Alle Links wurden am 27. Juni 2012 aufgerufen.

Apps für Deutschland. Open-Data-Wettbewerb. http://apps4deutschland.de/
Creative Commons: CC0 1.0 Universal Public Domain Dedication. http://creativecommons.org/
    publicdomain/zero/1.0/legalcode
Creative Commons Deutschland: Was ist CC? http://de.creativecommons.org/was-ist-cc/
Defining the open in open data, open content and open services. http://opendefinition.org/
Europeana: Europeana Semantic Elements (ESE). http://www.europeana.eu/schemas/ese/
OpenData Bayern. http://opendata.bayern.de
Open Data Commons. Legal tools for open data. http://www.opendatacommons.org/licenses/
Open Data Commons: Public Domain Dedication and License: http://opendatacommons.org/
    licenses/pddl/
Recensio. http://www.recensio.net
Tim Berners Lee: Linked data. http://www.w3.org/DesignIssues/LinkedData.html
W3C Incubator Group: Library Linked Data Incubator Group final report. 2011. http://www.
    w3.org/2005/Incubator/lld/XGR-lld-20111025/
W3C: Resource Description Framework (RDF): concepts and abstract syntax. http://www.
    w3.org/TR/2004/REC-rdf-concepts-20040210/
W3C: Use cases / case studies. http://www.w3.org/2005/Incubator/lld/wiki/UseCases
W3C: SPARQL protocol for RDF. http://www.w3.org/TR/rdf-sparql-protocol/
W3C: SPARQL query language for RDF. http://www.w3.org/TR/rdf-sparql-query/

Maike Lins, Hans-Georg Becker

Open Data und Linked Data in einem Informationssystem für die Archäologie

Einleitung

Im Rahmen des Programms „Themenorientierte Informationsnetze" fördert die DFG seit dem Jahr 2008 das Projekt „*ArcheoInf* – Informationsnetz zur umfassenden Bereitstellung von digitalen Forschungsdaten archäologischer Feldprojekte (Ausgrabungen, Feldsurveys)". Neben den Universitätsbibliotheken Dortmund und Bochum, von deren Arbeit dieser Beitrag berichten wird, arbeiten das Archäologische Institut der Georg-August-Universität Göttingen, der Lehrstuhl für Software-Technologie der Technischen Universität Dortmund sowie der Fachbereich Geoinformatik/Geodäsie der Hochschule Bochum in diesem Projekt an der Entwicklung eines Informationssystems für die Archäologie.[1]

ArcheoInf will der Silohaltung archäologischer Primärdaten entgegenwirken und zielt auf eine Verfügbarmachung wissenschaftlicher Forschungsdaten im Netz – Ziel ist die Ermöglichung des Zugriffs auf Karten, Bilder, Texte, schlicht alle zu den beteiligten Projekten verfügbaren Informationen – über eine einzige Oberfläche und von jedem Ort der Welt erreichbar. Doch *ArcheoInf* geht noch einen Schritt weiter: Es sollen hier nicht die Projekte isoliert durchsuchbar sein, sondern in einer Weise miteinander verknüpft werden, dass projektübergreifend Informationen zu einem gesuchten Thema gefunden und verbunden werden können.

Bei der eben beschriebenen Zielsetzung des Projektes stehen somit *Open Access* und *Open Data* für Publikationen und Forschungsdaten im Vordergrund. Der vorliegende Beitrag gibt zunächst einen Überblick über die archäologische Arbeitsweise. Anschließend wird gezeigt, dass *Open Data* nicht nur als *Output* eines solchen Projektes entsteht, sondern dass es auch auf der Seite des *Inputs* seine Berechtigung haben kann. Schließlich wird noch gezeigt, wie die Forschungsdaten in diesem Projekt mit den vorhandenen bibliographischen Informationen verknüpft werden.

---

1 Bubke/Lins: Zentrum für archäologische Feldforschungsdaten (2012). 122.

Was haben Archäologen mit Open Data zu tun?

Neue digitale Möglichkeiten und Technologien eröffnen Wissenschaftlern und Forschenden aller Fachrichtungen früher ungeahnte Wege, mit wissenschaftlichen Daten umzugehen. Um die Nutzung der Daten, ihre Qualität und Zugänglichkeit langfristig zu sichern, ist die Entwicklung von dringend benötigten Lösungen[2] seit einigen Jahren in vollem Gange. Trotzdem existieren in vielen Fachbereichen noch keine Patentrezepte zur Verfügbarmachung und langfristigen Erhaltung wissenschaftlicher Primärdaten.

Sind Forschungsdaten einmal erhoben – das Folgende gilt fächerübergreifend – werden diese ausgewertet und die resultierenden Forschungsergebnisse mit der Publikation öffentlich gemacht. In der Regel folgt darauf die Ablage der Daten – und dort, wo sie deponiert werden, bleiben die Daten, in ihrem ursprünglichen Format und anschließend vielleicht über Jahre ungenutzt.[3]

Für wen sind diese Daten bei einer solchen Vorgehensweise verfügbar? In der Regel ist dies nur ein sehr eng begrenzter Kreis, manchmal lediglich beschränkt auf die Wissenschaftler, die die Daten erhoben haben. Ein Problem kann auch die Lesbarkeit älterer Daten darstellen, die, je nach Alter, eingesetzten Speichermedien und ursprünglich verwendetem Datenformat, nicht immer gewährleistet werden kann. Als nur ein Beissipiel mag hier der Fall der NASA dienen, die den Verlust der Aufzeichnungen aus mehreren Jahrzehnte der US-Raumfahrt zu beklagen hat: die zur Speicherung der Daten verwendeten Magnetbänder sind mit modernen Geräten nicht mehr zu lesen oder wurden bei dem Versuch, dies zu tun, mitsamt den enthaltenen Daten zum Teil unwiederherstellbar zerstört.[4]Welche Arten von wissenschaftlichen Primärdaten sind in der archäologischen Forschung zu erwarten? Zwei wichtige Methoden in der Arbeit der Archäologen sind der Survey und die Ausgrabung.

Der Survey oder die Flächenerkundung dient der Untersuchung der Dimensionen, des Typs und der Anlage eines potenziellen Fundplatzes. Die Mitarbeiter eines Surveys untersuchen die fragliche Fläche systematisch, wobei sie die Bodenoberfläche nach besonderen Merkmalen absuchen und Funde registrieren und sammeln. Von großer Bedeutung ist die genaue Vermessung des Geländes und anschließende Kartierung. Bei einem Survey ergibt sich eine große Zahl von Daten: Funde, Vermerke über Bodenmerkmale, Vermessungsdaten, die zunächst

---

2 Vgl. Deutsche Initiative für Netzwerkinformation e. V.: Positionspapier Forschungsdaten (2009). 5.

3 Bubke/Lins: Zentrum für archäologische Feldforschungsdaten (2012) 122.

4 Oßwald/Scheffel/Neuroth: Langzeitarchivierung von Forschungsdaten (2012). 13. Hammerschmitt: Die Uhr läuft (2002).

lediglich aufgenommen, aber erst an einem späteren Punkt der Arbeit ausgewertet werden.

Die Ausgrabung, die nicht selten auf Basis der Erkenntnisse, die durch einen Survey gewonnen werden konnten, durchgeführt wird, spielt in der Feldarbeit der Archäologen eine zentrale Rolle – sie ist die Hauptmethode, um in der Archäologie Daten zu erheben.[5] Das Freilegen der von Erd- oder Steinschichten überdeckten Funde und Befunde führt notwendigerweise zu einer Zerstörung des Befundes und muss deshalb mit äußerster Genauigkeit dokumentiert werden. Es fallen Daten in Form von Zeichnungen, Fotos, Messdaten über Größe eines Fundstückes, Lage und Ausrichtung sowie erste Beschreibungen oder sogar Interpretationen eines Stückes in Textform an. Neben diese Daten kommen weiterhin Karten und nicht zuletzt auch bibliographische Metadaten hinzu.

Die forschenden Archäologen organisieren diese Forschungsdaten in Datenbanken unterschiedlichster Ausprägung, die in der Regel nach Abschluss der Forschungen und nach der Publikation der resultierenden Ergebnisse bei den leitenden Mitarbeitern verbleiben. Andere Interessierte haben üblicherweise außerhalb der Publikationen keine Möglichkeit, auf diese Daten zuzugreifen oder die Forschungsergebnisse gar zu überprüfen.

Einer Übertragung oder Auswertung der Daten von anderer Seite werden zudem auch deshalb Steine in den Weg gelegt, da in den Projekten kaum Standards Anwendung finden – dies hat der Verlauf des Projekts *ArcheoInf* deutlich bestätigt.

Auch informatische Anforderungen finden keine Berücksichtigung: in den von den Archäologen selbst erstellten Datenbanken sind die Daten oft widersprüchlich oder uneindeutig, nicht mit anderen Systemen austauschbar oder stehen unverbunden nebeneinander.[6]

Die Infrastruktur von *ArcheoInf*

Die Grundlage des Projekts *ArcheoInf* bildeten von Beginn an die von den Partnerprojekten gelieferten Datenbanken.

Die Arbeit des Projekts gliedert sich in verschiedene Gruppen, die jeweils an Einzelelementen des Gesamtsystems *ArcheoInf* arbeiten, um diese dann in einem letzten Schritt zu integrieren und als Ganzes nutzbar zu machen. Die Mitarbeitergruppen bearbeiten die Teile Thesaurus und Ontologie, Mediator, Geoserver und Dokumentenrepositorium.

---

5 Renfrew/Bahn: Basiswissen Archäologie (2009). 292. 83.
6 Bubke/Lins: Zentrum für archäologische Feldforschungsdaten (2012). 124.

Wesentlicher Bestandteil des *ArcheoInf*-Informationssystems ist der Mediator. Dieser erfüllt als Knotenpunkt die Schnittstellenrolle zu den übrigen Komponenten: Geoinformationssystem, Forschungsdaten- und Dokumentenrepositorium. Abbildung 1 veranschaulicht diese Architektur.

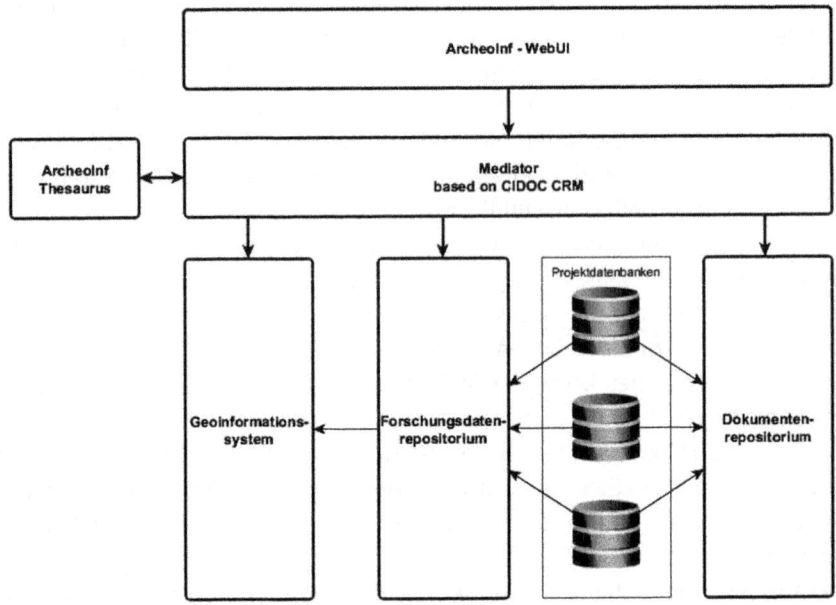

Abbildung 1: Architektur des *ArcheoInf*-Informationssystem

Die Kommunikation des Mediators mit den darunter liegenden Strukturen ermöglicht ein Netz aus *CIDOC CRM*-kompatiblen Ontologien. Unterstützt wird diese Struktur durch einen als Bindeglied zwischen den Erschließungsbegriffen in den Projektdatenbanken erstellten Thesaurus. Letzterer wurde von Beginn an in *SKOS* formuliert und so *Semantic Web*-fähig entwickelt.

Die ursprüngliche Idee, in *ArcheoInf* sämtliche Quellen, also die Projektdatenbanken, auf das *CIDOC CRM* abzubilden und somit eine semantische Interoperabilität im Sinne des *Linked Data* zu erreichen, konnte im Projekt bisher aufgrund der schlechten Datenlage bereits abgeschlossener Projekte nicht zufriedenstellend erreicht werden. Es folgte somit die Entscheidung für eine „Datenbergung" und Aufbereitung der Daten sowie die Speicherung in einem separaten Forschungsdatenrepositorium.

Ein wichtiger Teil der in den Projektdatenbanken enthaltenen Daten sind bibliographische Angaben. Diese Angaben stehen in der Regel in engster Beziehung zu den in den jeweiligen Projekten erforschten Fragestellungen und sind teilweise innerhalb der gepflegten Datenbanken mit den entsprechenden aufgenommenen Fundstücken verknüpft. Die hier zu findenden bibliographischen Metadaten reichen von der Angabe ganz allgemeiner thematisch relevanter Fachliteratur bis zu Texten, aus denen detailliert nachgewiesene Stellen- und Abbildungsverweise vorliegen. Im Projekt *ArcheoInf* wird ein Dokumentenrepositorium aufgebaut, in dem diese Daten und – wo möglich auch Volltexte – bereitgestellt werden.

Das Dokumentenrepositorium soll als integraler Bestandteil des *ArcheoInf*-Gesamtsystems die Arbeit der forschenden Archäologen und jedes Recherchierenden erleichtern, indem hier Literaturnachweise bereitgehalten werden, die sehr speziell auf die eingebunden Forschungsdaten ausgerichtet sind und so äußerst präzise und treffende Suchergebnisse ermöglichen sollen. Die Tatsache, dass durch die Archäologen vielfach auch Literatur aufgenommen wird, die dem Bereich der grauen oder nur regional verfügbaren Literatur zuzuordnen ist und durch eine Suche in anderen Rechercheinstrumenten nicht problemlos gefunden werden kann, bereichert die Inhalte des Repositoriums in besonderem Maße.

Die dem Mediator zugrunde liegenden Strukturen wurden mit Technologien des *Semantic Web* – sprich *Triple Stores* – realisiert. Da eine Recherche innerhalb dieser *Stores* derzeit weder performant genug noch mittels *SPARQL* oder ähnlichen Abfragesprachen dem Nutzer des Systems zumutbar ist, wird – zumindest bei der Literaturrecherche – zwischen den Mediator und die Webapplikation eine Zwischenschicht mit Suchmaschinentechnologie gezogen. Um diese bis zur Fertigstellung des Gesamtsystems entwickeln zu können, wurde eine *Django*-Webapplikation mit darunter liegender Suchmaschine (Apache Solr) entwickelt. Als Metadatenformat für diese Schicht dient das *Metadata Object Description Schema* (*MODS*). Für die Darstellung der bibliographischen Informationen innerhalb des Mediators wurde die *FRBRoo*-Erweiterung des *CRM* ausgewählt.

Nachdem nun erläutert worden ist, welchen Mehrwert das *ArcheoInf*-Dokumentenrepositorium seinen Benutzern vor allem in Verbindung mit dem Gesamtrecherchesystem bietet, stellt sich natürlich die Frage, wieso ein mit den bibliographischen Angaben der Projekte versorgtes Projekt die Einbindung von *Open Library Data* in Erwägung zieht.

Open Library Data als Quelle für das Repositorium

Die Aufnahme offener Daten war in den Anfängen des Projektes zunächst nicht in den Fokus der Arbeit einbezogen und resultierte aus dem Bemühen, bestimmte, unerwartet auftretende Schwierigkeiten der Datengewinnung zu überwinden und dem Projekt neuen Wert zu verschaffen.

Die Erfahrungen der *ArcheoInf*-Mitarbeiter während des Projektverlaufs haben einen deutlichen Bedarf der forschenden Archäologen nach modernen, technisch aktuellen und spezifisch auf die archäologischen Bedürfnisse ausgerichteten Möglichkeiten der Datenhaltung und -verwaltung gezeigt. Gleichzeitig sind – aufgrund des fehlenden Angebots – die verwendeten Werkzeuge für die Haltung der eigenen Daten in vielen Fällen selbst entwickelte Instrumente, die den Anforderungen an eine Datenbank in keiner Weise entsprechen. So ist es nicht nur äußerst zeitaufwendig, verfügbare Daten für eine Bereitstellung für die *ArcheoInf*-Recherche aufzubereiten und bereitzustellen – diese Arbeiten waren in der verfügbaren Projektlaufzeit nicht zu leisten – es hat sich auch insgesamt als sehr problematisch erwiesen, die Daten vergangener Feldforschungsprojekte für die Aufnahme in das System zu erhalten. Und ist die Zahl der erfassten Forschungsdaten schon als gering zu bezeichnen, so ist die Zahl der mit diesen mitgelieferten bibliographischen Metadaten umso geringer.

Für die Arbeitsgruppe, die das Rechercheportal aufbaut, hat sich so die Erschwernis ergeben, eine Infrastruktur zu entwickeln, die Anforderungen bezüglich der Nachhaltigkeit erfüllt, während relevantes Datenmaterial jedoch nicht zur Verfügung steht. Das Literaturrechercheinstrument konnte somit anfangs nicht ausreichend mit Daten gefüllt werden.

Um potentiellen Benutzern eine lohnenswerte Recherche in unserem System zu ermöglichen und nicht zuletzt auch, um das System hinreichend testen zu können, haben wir uns entschlossen, weitere verfügbare Quellen zur Erweiterung der Inhalte zu nutzen. Welche Quellen kommen an dieser Stelle eher in Frage als die Inhalte der *Open Library Data Cloud*?

Archäologisch relevante Quellen in der Open Library Data Cloud

Bei Beginn der Arbeiten an der Integration offener Daten in das Dokumentenrepositorium Anfang 2011 wurden aus der Menge der zu der Zeit verfügbaren offenen Daten eine Anzahl von möglichen Quellen identifiziert.

Eine gute Übersicht bot hier zur ersten Orientierung die Plattform *the Data Hub*, wo die *Open Knowledge Foundation* gleichsam einen Katalog von freigegebenen Daten bereitstellt. Die eingetragenen Datensets werden begleitet von ergänzenden Beschreibungen zu Formaten, freigebenden Institutionen, thematischer Ausrichtung der Daten und dergleichen mehr.[7]

---

7 Open Knowledge Foundation: About - the Data Hub (2012).

Eine Gruppenzuordnung erleichtert das Auffinden der für den eigenen Bedarf relevanten Datenbestände, in unserem Fall ist dies die Gruppe *Bibliographic Data*.[8]

Hier identifizierten wir zunächst als in Frage kommende Bestände die von den folgenden Einrichtungen zur Verfügung gestellten Daten:

- British National Bibliography der British National Library[9]
- Universitäts- und Stadtbibliothek Köln[10]
- Library of Congress[11][12]
- Universitätsbibliothek Tübingen
- Open Library[13]

Bei der britischen Nationalbibliographie, sowie bei der *Open Library* und bei der Quasi-Nationalbibliothek *Library of Congress* war das Vorliegen auch archäologische relevanter Daten aufgrund des umfassenden Sammlungsziels ohnehin zu erwarten, bei den Universitätsbibliotheken war entscheidendes Kriterium bei der Auswahl das Vorhandensein eines archäologischen Fachbereichs, um mit relevanter Literatur rechnen zu können.

Die seither tatsächlich bearbeiteten und zur Integration vorbereiteten Datenbestände, auf die bezogen wir hier unser Vorgehen darstellen möchten, sind die BNB, die USB Köln und, da aktuell freigegeben und verfügbar, außerdem die gemeinschaftlich freigegebenen Katalogdaten von BVB und KOBV, der B3Kat.[14]

Unser Vorgehen umfasst in groben Umrissen das Herunterladen, die Filterung der Datenmenge nach archäologisch relevanten Daten, die Umwandlung in das benötigte Metadatenformat, die Indexierung und den Import in das Dokumentenrepositorium und schließlich perspektivisch die Verknüpfung der Forschungsdaten mit den bibliographischen Daten.

Die Arbeit mit den Daten

Nachdem die Auswahl der für *ArcheoInf* relevanten Quellen getroffen wurde, besteht die Notwendigkeit, die Daten zu analysieren und in das von uns verwen-

---

8 Open Knowledge Foundation: Bibliographic Data - the Data Hub (2012).
9 Lowery: The British National Bibliography (2012).
10 Universitäts- und Stadtbibliothek Köln: Universitäts- und Stadtbibliothek Köln (2012).
11 Library of Congress: Library of Congress Home (2012.
12 Universitätsbibliothek Tübingen: Universitätsbibliothek - Home (2012).
13 OpenLibrary: Welcome to Open Library (2012).
14 Siehe zum B3Kat den Beitrag von Ceynowa et. al in diesem Band.

dete *MODS*-Format zu konvertieren. Der letzte Schritt nutzt die bereits in den Universitätsbibliotheken Bochum und Dortmund etablierten Verfahren zur Indexierung von *MODS*-Daten in eine Suchmaschine.

Wie im Metadatenumfeld üblich, gilt auch hier: *MODS* ist nicht gleich *MODS*. Wir haben uns insbesondere bei der Abbildung der bibliographischen Hierarchien eine gemeinsame Struktur von „Titelaufnahme" und der zugehörigen „Über- und Unterordnungen" überlegt. Im Gegensatz zu der in unseren Systemen üblichen Aufteilung der einzelnen Hierarchien in separate Datensätze, ist es bei *MARC* und somit auch bei *MODS* üblich, alle Elemente in einem Datensatz zu führen. *MODS* verwendet hierfür *relatedItem*-Elemente, die verschiedene Formen annehmen können. Dazu zählen *host*, *series* und *constituent*. Wir haben uns für folgende Aufteilung entscheiden:[15]

```
<mods>
<!-- Band eines mehrbändig begrenzten Werks (mbW)/Volume/Jahrgang/
einbändiges Werk nicht Teil eines mbW (1) -->
<relatedItem type="series">
    <!-- fortlaufendes Sammelwerk (2) -->
</relatedItem>
<relatedItem type="constituent">
    <!-- Band/Heft/Beitrag/Artikel (3) -->
    <relatedItem type="constituent">
        <!-- Beitrag/Artikel (4) -->
    </relatedItem>
</relatedItem>
</mods>
```

Tabelle 1: Beispiele für Hierarchien im *MODS*-Datensatz.

	Beispiel 1	Beispiel 2	Beispiel 3	Beispiel 4
(1)	Monographie	Monographie	LNCS[14]-Band	Jahrgang einer Zeitschrift
(2)	--	Reihe/Serie	LNCS	Zeitschrift
(3)	--	--	Beiträge	Heft
(4)	--	--		Artikel

---

15 Bei den Publikationstypen folgen wir den Ausführungen in Gantert/Hacker: Bibliothekarisches Grundwissen (2008). Vgl. dazu auch den Beitrag „FRBR, Serials und CIDOC CRM" in diesem Band.
16 LNCS = Lecture Notes in Computer Science ist eine Reihe von Konferenzbänden.

In **Tabelle 1** wird dies durch Beispiele veranschaulicht. Die Vorteile dieser Struktur liegen in der Übertragbarkeit auf das in Suchmaschinen übliche flache Datenschema und – wie wir später noch sehen werden – in der „sauberen" Übertragbarkeit auf die Work-Entitäten der *FRBRoo*.

Mapping British National Bibliography (BNB)

Die Wahl für das erste zu bearbeitende Dataset fiel auf die Open-Data-Bestände, die die *British National Library* zur Verfügung stellt. Nachdem bereits früher Daten der *British Library* für Forschungszwecke – zum damaligen Zeitpunkt aber zu restriktiven Bedingungen[17] – bereitgestellt worden waren, erfolgte die neuerliche Freigabe im Jahr 2010 unter einer *Creative Commons Zero* Lizenz[18].

Bei der *British National Bibliography* handelt es sich um den Teilbestand des Katalogs der *British Library*, der die in Großbritannien und Irland seit 1950 erschienenen Publikationen umfasst.[19] Für britische und irische Verlage besteht eine Abgabepflicht ihrer Publikationen, so dass mit den BNB-Daten ein umfassender Bestand von etwa 3 Millionen Titeldaten verfügbar gemacht worden ist.[20]

Aufgrund des Sammlungsprofils der BNB stand bereits vor dem Beginn unserer Arbeit an den Daten fest, dass hier eine große Zahl von für unsere Zwecke nutzbaren Daten zu erwarten wäre. Eine ungefähre Einschätzung der zu erwartenden Menge an archäologisch und damit für unsere Zwecke verwertbaren Daten wurde zunächst durch eine Recherche im Online-Katalog der BNB[21] ermittelt. Die Suche nach einschlägigen Schlagwörtern sowie den relevanten Klassifizierungen ergab eine zu erwartende Treffermenge von weit mehr als 4000 archäologisch relevanten Titeln.

Bei den zu Beginn der Bearbeitung verfügbaren Datensätzen[22] handelte es sich um einfache *RDF/XML*-Repräsentationen, die unter der Verwendung der

---

17 Flimm: JISC gibt die Britische Nationalbibliographie als Open Data unter CC0 frei (2012).
18 Informationen zu Creative Commons Lizenzen: Creative Commons: Creative Commons Deutschland (2012).
19 Details und Ausnahmen siehe: McKinley: The British National Bibliography Exclusions Policy (2012).
20 Lowery: The British National Bibliography (2012).
21 The British Library: Explore the British Library (2012).
22 Die vorliegende Beschreibung bezieht sich auf eine ältere Datenversion. Die Katalogdaten der BNB liegen aktuell auf Basis eines geänderten Datenmodells vor. Das neue British Library Data Model setzt, neben den oben genannten, zahlreiche weitere verbreitete Ontologien sowie die eigens erstellten British Library Terms ein, die Klassen und Beziehungen der ausgewählten Schemata ergänzt. Die British Library hat zudem eigene URIs geprägt, so etwa für Autoren/

folgenden Vokabulare erstellt wurden: *Dublin Core*[23], *ISBD*[24], *SKOS*[25], *OWLT*[26], *RDFS*[27].

Zur Vorbereitung der Konvertierung des Ausgangsformats in das Zielformat *MODS* entschieden wir uns zunächst für die Erstellung einer Konkordanz, um später eine genaue Abbildung der BNB-XML-Elemente auf die *MODS*-Struktur zu erreichen. Hierzu nutzten wir einige ausgewählte Beispieldatensätze, die eine Höchstzahl der zu erwartenden Inhalte und auch häufiger zu erwartende Hindernisse enthielten. Im Mittelpunkt dieser Arbeit stand vor allem die Analyse und Verarbeitung der in den einzelnen Elementen angegebenen bibliographischen Daten, die in dieser Form nicht den Anforderungen an die Inhalte der *MODS*-Elemente entsprachen.

Als Beispiel soll hier die Titelangabe aus einem der ausgewählten Datensätze dienen. Es ist deutlich zu erkennen, dass später getrennt aufzuführende Angaben im Sinne einer bibliographischen Hierarchie in einem Element zusammengefasst sind und für die weitere Verarbeitung getrennt werden müssen.

```
<dcterms:title>
Ancient Naukratis. Vol.2, The survey at Naukratis and Environs. Pt.1, The survey at Naukratis
</dcterms:title>
```

Ähnliches gilt für andere Elemente, etwa das die Person beschreibende:

```
<dcterms:contributor>
 <rdf:Description>
  <rdfs:label>
   Coulson, William D. E., 1942-2001.
  </rdfs:label>
```

Beitragende (Personen und Organisationen), verschiedener Kategorien von Schlagworten und Klassifikationen, Überordnungsbeziehungen und Ereignisse im Kontext der Publikation Einen Überblick über das Datenmodell findet sich unter: British Library Data Model - Book (2012). bzw. British Library Data Model - Serials (2012)... Ein Beispieltitel ist hier verfügbar: : British National Bibliography (BNB) - Linked Open Data / Example resource RDF - ttl/json/html - default html - Datensatz - Ressource - the Data Hub (2012). In der Folge der genannten Änderungen musste das Mapping in das ArcheoInf-Zielformat stark angepasst werden. Die oben beschrieben Vorgehensweise kann aber weiterhin beispielhaft verdeutlichen, welche Probleme und Schwierigkeiten im Konvertierungsprozess auftreten können.

23 DCMI Metadata Terms (2012).

24 The Registry: ISBD Elements (2012).

25 SKOS Simple Knowledge Organization System Namespace Document - HTML Variant, 18 August 2009 Recommendation Edition (2011).

26 OWL Time ontology (2006).

27 RDFS (2004).

```
  </rdf:Description>
</dcterms:contributor>
```

Ebenso die Angabe von Überordnungen:

```
<dcterms:isPartOf>
 <rdf:Description>
  <rdfs:label>Oxbow monograph ; 60</rdfs:label>
 </rdf:Description>
</dcterms:isPartOf>
```

Diese Bestandteile sollen im Ergebnisdatensatz die folgende Struktur aufweisen:

```
<mods version="3.0"
   xsi:schemaLocation="http://www.loc.gov/mods/v3
   http://www.loc.gov/standards/mods/v3/mods-3-0.xsd">
 <titleInfo>
  <title>Ancient Naukratis</title>
 </titleInfo>
 <relatedItem type="series">
        <titleInfo>
         <title>Oxbow monograph</title>
        </titleInfo>
 </relatedItem>
 <part>
  <detail type="volume">
   <number>60</number>
  </detail>
 </part>
 <relatedItem type="constituent">
  <titleInfo>
   <title>The survey at Naukratis and Environs</title>
   <partNumber>Pt.1</partNumber>
   <partName>The survey at Naukratis</partName>
  </titleInfo>
  <part>
   <detail type="volume">
    <number>2</number>
   </detail>
  </part>
  ...
  <name>
   <namePart>Coulson, William D. E.</namePart>
   <namePart type="date">1942-2001</namePart>
   <role>
```

```
<roleTerm type="text" authority="marcrelator">
 contributor
</roleTerm>
<roleTerm type="code" authority="marcrelator">
 ctb
</roleTerm>
</role>
</name>
</relatedItem>
</mods>
```

Nach der Analyse der Datenstruktur bestand die besondere Herausforderung bei der Weiterverarbeitung der freigegebenen Daten nun darin, die in den BNB-Datensätzen vorliegenden Zeichenketten im Rahmen der Erstellung eines *XSLT-Stylesheets*[28] zuverlässig so zu trennen, dass die benötigten Bestandteile im Endformat im jeweils korrekten Element zu finden sind. Dies wiederum erforderte eine genaue Prüfung der übrigen Datensätze, um ein Set von verlässlichen Kriterien zur Trennung der einzelnen Bestandteile zu ermitteln. Insbesondere die Trennung des Titels in seine verschiedenen Einheiten einschließlich der Aufschlüsselung der in den vorliegenden Angaben dargestellten Verhältnisse der Über- und Unterordnungen und der korrekten Abbildung im Metadatenformat *MODS* stellten hierbei eine Herausforderung dar.

In den *RDF/XML*-Daten der BNB fehlte zudem ein eindeutiger Bezeichner, der die verzeichneten Publikationen zweifelsfrei als bestimmte Dokumententypen erkennen ließ. Ohne Unterschied waren alle Publikationen – ob *Proceedings*, Monographie, Teilband eines mehrbändigen Werkes und dergleichen mehr – mit dem Label *monographic* versehen. Der Charakter eines Titels als konkreter Publikationstyp ist deshalb ausschließlich und soweit möglich aus den angegebenen Informationen zu Titel sowie gegebenenfalls Über- und Unterordnungen zu entnehmen.

Auch die Personenangaben ließen an dieser Stelle keine weiteren Schlussfolgerungen zu, da die Daten dort ebenfalls keine näheren Spezifizierungen der Rollen der angegebenen Personen enthielten. Die einheitliche Bezeichnung aller Beteiligten mit *dcterms:contributor* und ohne weitere Definition erlaubte es uns weder, den Publikationstyp näher zu bestimmen, noch den Beitragenden in unserem Zielformat eine genauer bezeichnete Rolle zuzuweisen.

Am Ende der Bearbeitung der BNB-Daten im Rahmen des *Mappings* stand schließlich die Entscheidung darüber, wie die Menge der verfügbaren Daten nach solchen Titeln gefiltert werden sollte, die für die Verwendung in einem archäolo-

---

28 XSL Transformations (XSLT) (2003).

gischen Informationssystem geeignet sein würden. Neben der Verschlagwortung durch die *Library of Congress Subject Headings* sind die Titel der BNB durch die *Dewey Decimal Classification* klassifiziert. Die Wahl fiel hier schnell auf eine Filterung der Daten anhand von Klassifikationen, da es auf diese Weise möglich ist, mit einer relativ geringen Menge von Filterkriterien eine maximale Anzahl an relevanten Daten bei einer äußerst geringen Anzahl an unbrauchbaren Daten zu erhalten. Eine Filterung über Schlagwörter würde sich an dieser Stelle als deutlich arbeitsintensiver erweisen.

Das Filterverfahren mit Hilfe von Klassifikationen wurde auch bei den später bearbeiteten Datenbeständen beibehalten und entsprechend der jeweils verwendeten Klassifikationssysteme angepasst.

Mapping USB Köln

Die Inhalte des Bibliothekskatalogs der Universitäts- und Stadtbibliothek Köln wurden der Öffentlichkeit zu Beginn des Jahres 2010 in Kooperation mit dem Hochschulbibliothekszentrum des Landes Nordrhein-Westfalen (hbz) zur freien Nutzung zur Verfügung gestellt. Mit mehr als 3 Millionen Titelaufnahmen[29] und einem der größten archäologischen Institute Deutschlands an der Philosophischen Fakultät der Universität zu Köln war auch in diesen Daten ein nennenswerter Bestand an für unsere Zwecke verwendbaren Titelaufnahmen zu vermuten.

Die Kölner Daten liegen in einem Metadatenformat vor, das auf den Kategorien des MAB2 beruht und dessen Struktur in einem eigens erstellten Wiki-Artikel dokumentiert ist.[30] Hier findet sich eine kurze Erläuterung des Aufbaus des Formats sowie eine Aufstellung der verwendeten Kategorien und der zugehörigen Inhalte. Die hier vorliegende Schlüssel-Wert-Struktur bedingte einige Anpassungen in unserer Vorgehensweise.

Die Bearbeitung der Kölner Daten gestaltete sich zunächst so, dass auch hier eine Anzahl von Datensätzen ausgewählt wurde, die alle zu erwartenden Publikationstypen repräsentierten. Diese wurden anschließend im Hinblick auf die tatsächlichen Inhalte der verwendeten Kategorien untersucht und in einem entsprechenden Modell-*MODS*-Datensatz abgebildet.

---

29 Universitäts- und Stadtbibliothek Köln: Open Bibliographic Data an der Universitäts- und Stadtbibliothek Köln (2011). Daneben sind in den freigegebenen Daten 1.5 Millionen Personenaufnahmen, 156 Tausend Körperschaftsaufnahmen, 40 Tausend Notationen sowie 243 Tausend Schlagworte enthalten.
30 Metadaten-Format – OpenBib Wiki (2012).

Als Hürde erwiesen sich auch hier die Abbildungen der bibliographischen Hierarchien. Konkret meint dies beispielsweise die Aufnahme der einzelnen Bände mehrbändiger Werke, die jedoch wiederum als Ganzes (d. h. alle Teile des mehrbändigen Werkes) Teil einer ungezählten Reihe bilden, wobei jeder Teilband einen eigenen Teil einer gezählten Reihe darstellt.[31] Die Aufnahme der jeweiligen Teilbände einschließlich sowohl der Angabe der Bandnummer der gezählten Reihe als auch des übergeordneten Titels einschließlich der Angabe der diesem zugeordneten ungezählten Reihe in getrennten Datensätzen erforderten zum Zwecke der späteren korrekten Darstellung in unserem Zielformat *MODS* ein Ansprechen der verschiedenen Datensätze, um die einzelnen Bestandteile zu einem Datensatz zusammenzuführen.

Als verbindendes Element und als eindeutiger Bezeichner erwiesen sich die Identifikationsnummern der einzelnen Datensätze. Diese ermöglichten den Zugriff auf die Informationen, die wir zur Vervollständigung unserer *MODS*-Datensätze benötigten. (s. u. Konvertierung)

Ein weiterer Unterschied zu den zuvor bearbeiteten Daten stellte die Tatsache dar, dass sich in den herunterzuladenden Beständen neben der Datei,[32] die die Titeldaten des Katalogs der USB enthält, weitere gesondert bereitgestellte Dateien finden, die Informationen zu Normdaten enthalten. Diese Normdaten sind wiederum mit Identifikationsnummern versehen, die in den Titeldatensätzen verwendet werden, um auf die benötigten Daten, wie etwa Schlagwörter oder Personennamen, Bezug zu nehmen. Um später in den für *ArcheoInf* verwendeten Daten Namen sowie Schlagwörter als sprechenden Text darstellen zu können, muss zusätzlich ein Zugriff auf die Normdaten-Dateien der USB erfolgen, um diesen die den *ID*s zugeordneten Inhalte zu entnehmen und in die *MODS*-Daten zu überführen und dort anzuzeigen.

---

31 Bsp. Schweitzer, Marcell u. Franz Xaver Bea: Allgemeine Betriebswirtschaftslehre. 1 Grundfragen. 5. Aufl. Stuttgart: Fischer 1990 (=Uni-Taschenbücher 1081). und Schweitzer, Marcell u. Franz Xaver Bea: Allgemeine Betriebswirtschaftslehre. 2 Führung. 4. Aufl. Stuttgart, Stuttgart: Fischer; Lucius & Lucius 1989 (=Uni-Taschenbücher 1082)., wobei der übergeordnete Titel Schweitzer, Marcell: Allgemeine Betriebswirtschaftslehre. Hrsg. von Franz Xaver Bea u. Erwin Dichtl (Hrsg). Stuttgart: Lucius & Lucius (=Grundwissen der Ökonomik. Betriebswirtschaftslehre)., Teil der ungezählten Reihe Grundwissen der Ökonomik. Betriebswirtschaftslehre ist.
32 Neben dem Gesamtbestand der USB Köln sind auch Teilbestände gebildet worden, die sich einzeln herunterladen lassen. Für unsere Zielsetzung war es sinnvoll, die Daten zu verwenden, die den gesamten Bestand umfassen. Vgl. zu den Teilbeständen: Universitäts- und Stadtbibliothek Köln: Open Bibliographic Data an der Universitäts- und Stadtbibliothek Köln (2011).

Mapping B3Kat

Die Freigabe der Daten des B3Kat, des gemeinsamen Katalogs der Bayerischen Staatsbibliothek, des Bibliotheksverbundes Bayern und des Kooperativen Bibliotheksverbund Berlin-Brandenburg als *Linked Open Data* zum Ende des Jahres 2011 war für uns Grund genug, uns nach Beendigung der Arbeit an den oben beschriebenen Paketen direkt der Bearbeitung dieses Angebotes zuzuwenden. Die Datenmenge von mehr als 23 Millionen Medien[33] sowie die vertretenen Bestände ließen einen entsprechend umfangreichen Teil an für *ArcheoInf* verwertbaren Daten vermuten.[34]

Ganz gemäß den Anforderungen an *Linked (Open) Data* wird in den Daten des B3Kat eine große Zahl an Links zu den entsprechend relevanten Datenbeständen verwendet.[35] Dies wiederum erforderte bei unserem Mapping zu *MODS* den Zugriff auf die jeweils dort verlinkten Bestände, um – ähnlich, wie es oben bei den Daten der USB Köln der Fall war – in der *ArcheoInf*-Literaturrecherche für die Benutzersicht den Inhalt in Textform abbilden zu können. Für die Einrichtung des Zugriffs auf das entsprechende Element in den verlinkten Dokumenten wurde dieses zunächst aufgerufen und – sofern verfügbar – das zugehörige *RDF/XML*-Dokument in Autopsie auf seine Struktur hin analysiert. Anschließend wurde unter Verwendung eines *XSLT-Stylesheets* eine Regel für die Ansprache des benötigten Elements und die Ausgabe des zu verwendenden Wertes erstellt. Im Falle etwa eines Autors bedeutet dies, dass auf die *RDF/XML*-Repräsentation des GND-Datensatzes zugegriffen wird um den Inhalt des Elements *gnd:preferredNameForThePerson* ausgeben zu können.

Im Falle von Autoren- oder Herausgeberangaben erwies sich dieses Vorgehen als vergleichsweise unkompliziert, da alle hier angegebenen Links auf den Datenpool der GND verweisen und die Struktur dieser Daten zuverlässig einheitlich ist. Nach der Einführung der GND-Ontologie im April 2012 waren allerdings einige Anpassungen des ursprünglichen *Mappings* erforderlich.

Eine umfangreichere Bearbeitung war bei den Schlagwortangaben bzw. bei den Angaben der Klassifikationen vonnöten – es sollten hier sowohl die Schlagwörter der GND als auch die Notationen der RVK übernommen werden. Die Übernahme der Klassifikationen der *DDC* erwies sich als unproblematisch, da diese hier in Textform angegeben sind. Bei der Ausgabe der Schlagworte der GND war

---

33 Bayerische Staatsbibliothek: URIs und Datenmodell - Dokumentation des LinkedOpenData-Service lod.b3kat.de (2012).

34 Zur Freigabe der Daten des B3Kat siehe den Beitrag in diesem Band.

35 Bayerische Staatsbibliothek: URIs und Datenmodell - Dokumentation des LinkedOpenData-Service lod.b3kat.de (2012).

in erster Linie die unterschiedliche Struktur der *RDF*-Repräsentationen der personenbezogenen bzw. sachbezogenen Schlagwörter zu beachten und das Mapping entsprechend anzupassen. In Bezug auf die Daten der GND erwies sich hier in den Anfängen der Arbeit die Tatsache als Hindernis, dass nicht alle verzeichneten Schlagwörter auch als *RDF*-Repräsentationen erfasst waren.

Im Gegensatz zu den Daten der *British Library* eröffneten die B3Kat-Daten uns die Möglichkeit, auch die Rolle der angegebenen Personen in einigen Fällen näher zu bezeichnen. Neben *dc:creator* findet *bibo:editor* Verwendung, das uns erlaubt, die Herausgeber etwa von Sammelwerken auch als solche zu bestimmen und anzuzeigen.

Gleiches gilt hier auch für die Angaben zum Publikationstyp. Neben der Angabe *<rdf:type rdf:resource="http://purl.org/ontology/bibo/Book"/>* sind hier auch zu finden: *<rdf:type rdf:resource="http://purl.org/ontology/bibo/Proceedings"/>* sowie *<rdf:type rdf:resource="http://purl.org/ontology/bibo/Thesis"/>*, was uns gestattet, auch auf der Ebene des Publikationstyps in unserer Anzeige eine nähere Spezifizierung vorzunehmen.

Konvertierung

Um nun die Quelldaten in das *MODS*-Format umzuwandeln, sind verschiedene Programme entstanden. Mit dem Ziel, die Anzahl dieser Programme möglichst klein zu halten, wurde verstärkt auf die Verarbeitung von *XML*-Formaten mittels der *XSLT*-Technologie gesetzt. Durch diese Technologie ist es möglich, *XML*-Daten durch die Verwendung von *XML*-basierten *Stylesheets* in andere (*XML*-) Formate umzuwandeln (vgl. Abbildung 2). Aufgrund der großen Datenmengen und der Arbeitsspeicher-intensiven Verarbeitung der *XML*-Daten, kommen bei uns *Streaming*-Mechanismen des *SaxonEE*-Prozessors[36] zur Anwendung.

Für die Daten der USB Köln ist ein *Preprocessing* notwendig, da die Daten aus dem lokalen Bibliothekssystem *SunRise* – wie oben beschrieben – in einem textbasierten, Schlüssel-Wert-Schema vorliegen. Ferner sind dort für die Abbildung der bibliographischen Hierarchien *IDs* abgelegt, die für eine weitere Verarbeitung aufgelöst bzw. die in den zugehörigen Datensätzen vorliegenden Informationen ausgelesen werden müssen. Hierzu wurde in der UB Dortmund ein Java-Programm geschrieben, welches auf mehrere parallele Prozesse verteilt, die Daten in *MODS* umwandelt.[37]

---

36 Web-Seite: The SAXON XSLT and XQuery Processor (2012).
37 Weitere Informationen zu den Mappings und zu den Konvertern folgen auf der Open Data-Webseite der UB Dortmund: Universitätsbibliothek Dortmund: Offene bibliographische Daten an

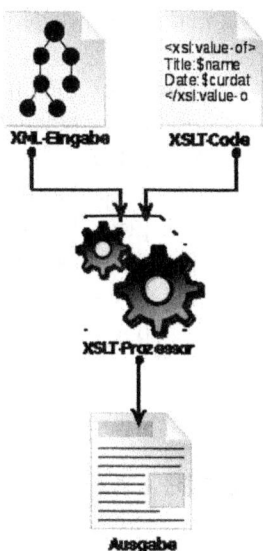

XML-Eingabe   **XSLT-Code**

XSLT-Prozessor

Ausgabe

Abbildung 2: Vereinfachte Darstellung der Funktionsweise von XSLT.[38]

Indexierung

Die auf diese Weise erzeugten *MODS*-Daten werden im finalen Schritt für zwei Arten der Indexierung nochmals umgewandelt. Für den Anwendungsfall Suchmaschine werden die *MODS*-Daten in das für Apache Lucene/Solr[39] notwendige Importformat umgewandelt. Darin werden die Hierarchien des *MODS*-Datensatzes auf entsprechende Felder übertragen. Für die Titelangaben der Beispiele aus **Tabelle 1** gilt beispielsweise: *title* für (1) aus Beispiel 1 und 2, für (3) aus Beispiel 3 und (4) aus Beispiel 4; *serialstitle* für (2) aus Beispiel 2 und 3; *journaltitle* für (2) aus Beispiel 4; ...

Für die Ebene des Mediators wenden wir das Verfahren aus dem Beitrag „FRBR, Serials und CIDOC CRM" in diesem Band an. Durch die Übertragung der mit dem Verfahren des vorigen Abschnitts erzeugten *MODS*-Daten in ein *FRBRoo*-konformes *RDF-XML*, wird die Anbindung der bibliographischen Daten an das *CIDOC CRM* erreicht. Hierbei sind die in den vorigen Abschnitten erzeugten MODS-Datensätze Instanzen des *E31 Document* aus dem *CIDOC CRM*. Diese

---

der Universitätsbibliothek Dortmund (2012).

38 Wikipedia: XSL Transformations (XSLT) (2003).

39 Apache Lucene - Apache Solr (2012).); verwendet wird derzeit Version 3.5.

beschreiben bibliographische Objekte der Form *Manifestation*, welche wiederum als *F3 Manifestation Product Type* vom *CRM* abgeleitet ist.[40]

Bei der Konvertierung der *MODS*-Daten nach *RDF* wird die *CIDOC CRM* und *FRBRoo*-Darstellung des Projektes *Erlangen CRM*[41] verwendet. Dabei werden die Hierarchien der *MODS*-Datensätze aus den Beispielen aus **Tabelle 1** wie folgt auf die *FRBRoo-Work*-Entitäten abgebildet: *F14 Individual Work* für (1) aus Beispiel 1 und 2; *F17 Aggregation Work* für (1) aus Beispiel 3 und (3) aus Beispiel 4; *F18 Serial Work* für (2) aus den Beispielen 2,3 und 4; *F15 Complex Work* für (1) aus Beispiel 4.

In beiden Fällen wird vor der Konvertierung die weiter oben beschriebene Filterung der Daten nach fachlichen Bereichen der Klassifikationen *DDC*, RVK und Basisklassifikation durchgeführt.

Verbindung von bibliographischen Daten zu Forschungsdaten

Nachdem nun die Aggregation und Indexierung von Daten diskutiert wurde, wird noch der Aspekt der Verbindung von bibliographischen Daten zu Forschungsdaten betrachtet. Bei der Erfassung von Forschungsdaten kommt es nicht selten vor, dass auch Literaturstellen mit diesen verknüpft werden. Mögliche Szenarien sind dabei Nachweise zu Quellen, die zu einer Einordnung eines Objektes führen, oder Publikationen zum gleichen Forschungsthema. Solche Verknüpfungen sind auch in den in *ArcheoInf* vorliegenden Daten der archäologischen Feldforschungsprojekte vorhanden und müssen somit ebenfalls in die Modellierung des Mediators einfließen.

Das *CRM* lässt mindestens drei Ebenen der Verknüpfung von bibliographischen Daten und Forschungsdaten zu:

1. Referenzierung von einer Publikation zu einem Objekt
2. Zuordnung über die Verwendung inhaltserschließender Konzepte
3. Referenzierung von objektbeschreibenden Dokumenten

Die Zuordnung von Publikationen zu (Forschungs-)objekten geschieht über das Ereignis *E13 Attribute Assignment*, zu dem es in der *CRM*-Spezifikation heißt: „This class comprises the actions of making assertions about properties of an

---

40 Näheres in „Titelaufnahmen und Linked Data" aus der Dokumentation der Linked Open Data-Plattform der UB Dortmund:Universitätsbibliothek.
41 Schiemann/Oischinger: Erlangen CRM / OWL - An OWL DL 1.0 implementation of the CIDOC Conceptual Reference Model (CIDOC CRM) (2011).

object or any relation between two items or concepts." Dabei referenziert ein *E89 Propositional Object*, zu dem auch die *F19 Publication Works* zählen, ein anderes Objekt in dem Sinne, dass sich die Publikation auf dieses Objekt bezieht. Abbildung 3 stellt dies schematisch dar.

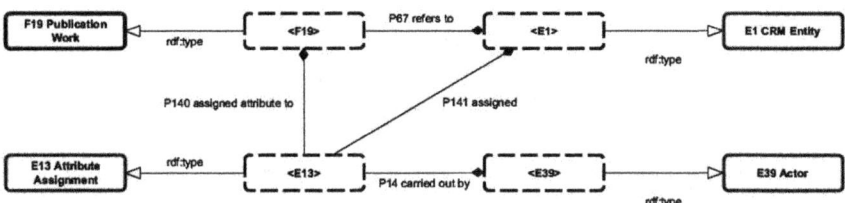

Abbildung 3: direkte Relationierung von Publikationen und (Forschungs-)Objekten.

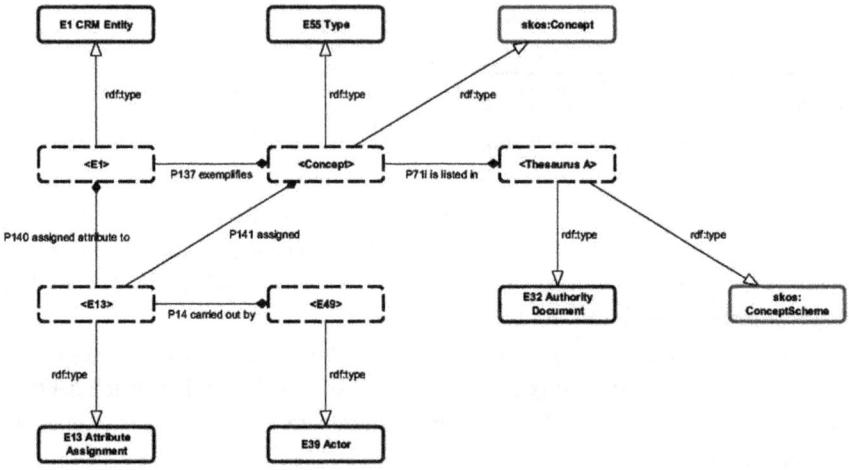

Abbildung 4: Inhaltliche Erschließung eines (Forschungs-)Objektes.

Eine Spezialisierung dieser Möglichkeit stellt die inhaltliche Zuordnung von Konzepten zu einem Objekt dar. Hierbei werden beispielsweise Begriffe aus Thesauri oder Klassifikationselemente den Objekten zugeordnet. Dies gilt für alle Arten von Objekten innerhalb des *CRM*. Allerdings kann dies auf zwei verschiedene Weisen geschehen. Zum einen kann die Aussage getroffen werden, dass ein Objekt ein Exemplar eines Konzepts ist (*P137 exemplifies*; z.B. „Object BM000098044 of the Clayton Herbarium [...] exemplifies Spigelia marilandica[...]"[42]; vgl. Abbildung 4). Zum anderen kann die Aussage getroffen werden, dass ein *E89 Propositio-*

---

42 Vgl. Crofts/Doerr: Definition of the CIDOC Conceptual Reference Model (2011). 72.

nal Object – also auch hier wieder Publikationen – von einem Konzept handelt. Hierzu wird *P129 is about* verwendet (vgl. Abbildung 5).

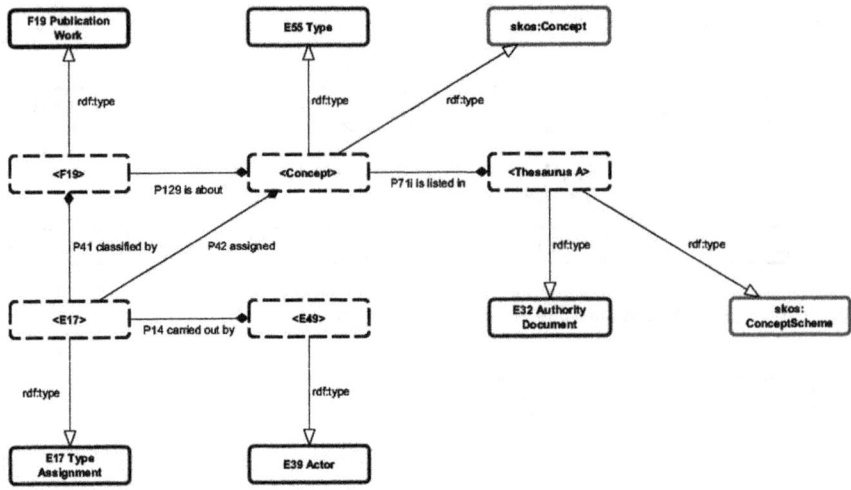

Abbildung 5: Inhaltliche Erschließung einer Publikation.

Über die gemeinsame Verwendung einer Instanz eines *E32 Authority Documents* – welches auch zeitgleich eine Instanz von *skos:Concept* sein kann – lassen sich somit Forschungsobjekte und die damit verbundenen Forschungsdaten mit bibliographischen Daten und Objekten verknüpfen.

Die dritte Variante ist eine eher technische. Hierbei wird davon ausgegangen, dass es zwar eine Verbindung gibt, sich diese aber nicht auf inhaltlicher Ebene darstellt, sondern nur die Metadatendokumente miteinander verbunden sind (vgl. Abbildung 6).

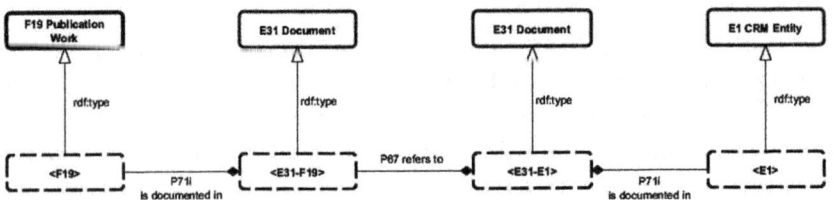

Abbildung 6: Zuordnung von Objekten über ihre Metadatendokumente.

Hierbei werden, wie bei dem Verhältnis zwischen *MODS*-Datensatz zur *Manifestation* (s.u. Indexierung), den Forschungsobjekten beschreibende *E31 Document-*

Objekte zugeordnet und diese dann mit den Metadatendokumenten (in unserem Fall den *MODS*-Datensätzen) verknüpft.

Fazit

Der vorliegende Beitrag hat gezeigt, dass *Linked Open Library Data* im Kontext einer Forschungsdatenumgebung eine zentrale Rolle spielen kann. *Linked Open Library Data* macht es möglich, die im Projekt *ArcheoInf* entwickelte Infrastruktur trotz der (politischen) Probleme bei der Datenakquise fortzuentwickeln und überdies die Inhalte des Informationssystems anzureichern.[43]

Über die Verwendung des *CIDOC-CRM* und dessen Erweiterung *FRBRoo* können die mit Forschungsdaten verknüpften bibliographischen Metadaten der *Linked Data Cloud* bzw. der *Open Data Community* wieder zur Verfügung gestellt werden. Für diese Zwecke ist es unabdingbar, dass die Daten offen im Sinne der *Open Knowledge Definition* zur Verfügung gestellt werden.[44]

Literaturverzeichnis

About - the Data Hub. http://thedatahub.org/about (28.6.2012).

Apache Lucene - Apache Solr. http://lucene.apache.org/solr / (1.7.2012).

Universitätsbibliothek Bochum; Universitätsbibliothek Dortmund: ArcheoInf Dokumentenrepositorium. http://archeoinf.ub.rub.de/ (1.7.2012).

Bayerische Staatsbibliothek: LinkedOpenData-Service des B3Kat: lod.b3kat.de. http://lod.b3kat.de/doc (28.6.2012).

Bayerische Staatsbibliothek: URIs und Datenmodell - Dokumentation des LinkedOpenData-Service lod.b3kat.de. http://lod.b3kat.de/doc/uris.html (28.6.2012).

Bibliographic Data - the Data Hub. http://thedatahub.org/group/bibliographic (28.6.2012).

British Library Data Model - Book. http://www.bl.uk/bibliographic/pdfs/bldatamodelbook.pdf (11.10.2012).

British Library Data Model - Serial. http://www.bl.uk/bibliographic/pdfs/bldatamodelserial.pdf (11.10.2012).

British National Bibliography (BNB) - Linked Open Data / Example resource RDF - ttl/json/ html. http://thedatahub.org/de/dataset/bluk-bnb/resource/13aaf04d-8920-478a-908a-7b0dd858be51 (15.10.2012).

---

43 Eine Webapplikation zur Suchmaschine des Projektes ist unter Universitätsbibliothek Bochum/Universitätsbibliothek Dortmund: ArcheoInf Dokumentenrepositorium (2012). erreichbar; der Zugang zum Triple Store der FRBRoo-RDF-Daten befindet sich unter http://data.archeoinf.tu-dortmund.de (29.06.2012).

44 Open Definition der Open Knowledge Foundation: Smith: Open Definition.

Creative Commons: Creative Commons Deutschland. http://de.creativecommons.org/ (28.6.2012).

DCMI Metadata Terms. http://purl.org/dc/terms/ (28.6.2012).

Flimm, Oliver: JISC gibt die Britische Nationalbibliographie als Open Data unter CC0 frei - OpenBibBlog. http://blog.openbib.org/2010/11/18/jisc-gibt-die-britische-nationalbibliographie-als-open-data-unter-cc0-frei/ (28.6.2012).

Library of Congress: Library of Congress Home. http://www.loc.gov/index.html (28.6.2012).

sMetadaten-Format – OpenBib Wiki. http://wiki.openbib.org/index.php?title=Metadaten-Format (28.6.2012).

OWL Time ontology. http://www.w3.org/2006/time# (28.6.2012).

RDFS. http://www.w3.org/2000/01/rdf-schema# (28.6.2012).

SKOS Simple Knowledge Organization System Namespace Document - HTML Variant, 18 August 2009 Recommendation Edition. http://www.w3.org/2004/02/skos/core# (28.6.2012).

The British Library: Explore the British Library. http://bnb.bl.uk/ (28.6.2012).

Universitätsbibliothek Tübingen: Universitätsbibliothek - Home. http://www.uni-tuebingen.de/ nc/einrichtungen/universitaetsbibliothek/home.html (28.6.2012).

Universitäts- und Stadtbibliothek Köln: Open Bibliographic Data an der Universitäts- und Stadtbibliothek Köln. http://opendata.ub.uni-koeln.de/ (28.6.2012).

XSL Transformations (XSLT). http://www.w3.org/TR/xslt/ (1.7.2012).

Bekiari, Chryssoula, Martin Doerr u. Patrick Le Bœuf: Definition of Object-Oriented FRBR. http://www.cidoc-crm.org/docs/frbr_oo/frbr_docs/FRBRoo_V1.0.2.pdf (1.7.2012).

Crofts, Nick, Martin Doerr u. a.: Definition of the CIDOC Conceptual Reference Model. http://www.cidoc-crm.org/docs/cidoc_crm_version_5.0.2.pdf (1.7.2012).

Crofts, Nick, Martin Doerr u. a.: Definition of the CIDOC Conceptual Reference Model. http://www.cidoc-crm.org/docs/cidoc_crm_version_5.0.4.pdf (2.7.2012).

Bubke, Karolin u. Maike Lins: Zentrum für archäologische Feldforschungsdaten. das Projekt ArcheoInf. In: Die Bibliothek als Erfolgsfaktor. die Universitätsbibliothek Bochum nach 50 Jahren ; 1962 - 2012. Hrsg. von Erdmute Lapp. Bochum: Schürmann + Klagges 2012. S. 122–127. http://repo.ub.rub.de/bibliographie/110791991/Festschrift.pdf (1.07.2012).

Deutsche Initiative für Netzwerkinformation e. V.: Positionspapier Forschungsdaten. Arbeitsgruppe «Elektronisches Publizieren». http://edoc.hu-berlin.de/series/ dini-schriften/2009-10/PDF/10.pdf (28.6.2012).

Gantert, Klaus u. Rupert Hacker: Bibliothekarisches Grundwissen. 8. Aufl. München: Saur 2008.

Hammerschmitt, Marcus: Die Uhr läuft. Die NASA hat Probleme mit den Innovationszyklen in der IT-Industrie. http://www.heise.de/tp/artikel/12/12538/1.html (29.10.2012).

Lowery, John: The British National Bibliography. http://www.bl.uk/bibliographic/natbib.html (28.6.2012).

McKinley, Cynthia: The British National Bibliography Exclusions Policy. http://www.bl.uk/ bibliographic/exclude.html (28.6.2012).

OpenLibrary: Welcome to Open Library (Open Library). http://openlibrary.org/ (28.6.2012).

Oßwald, Achim, Sabine Scheffel u. Heike Neuroth: Langzeitarchivierung von Forschungsdaten. Einführende Überlegungen. In: Langzeitarchivierung von Forschungsdaten. Eine Bestandsaufnahme. Hrsg. von Heike Neuroth. Boizenburg: vwh Hülsbusch 2012. S. 13–21. http:// nbn-resolving.de/urn:nbn:de:0008-2012031401 (29.10.2012).

Renfrew, Colin, Paul Bahn u. Helmut Schareika: Basiswissen Archäologie. Theorien, Methoden, Praxis. Darmstadt: WBG (Wiss. Buchges) 2009.

Schiemann, Bernhard, Martin Oischinger u. a.: Erlangen CRM / OWL - An OWL DL 1.0
implementation of the CIDOC Conceptual Reference Model (CIDOC CRM). http://
erlangen-crm.org/ (29.6.2012).
Smith, Sam: Open Definition. http://opendefinition.org/ (1.7.2012).
The Registry: ISBD Elements. http://iflastandards.info/ns/isbd/elements/ (28.6.2012).
Universitätsbibliothek Dortmund: Offene bibliographische Daten an der Universitätsbibliothek
Dortmund. http://data.ub.tu-dortmund.de/projekte/offene-daten/ (11.5.2012).
Universitäts- und Stadtbibliothek Köln: Universitäts- und Stadtbibliothek Köln. http://www.
ub.uni-koeln.de/ (26.6.2012).
Wikipedia: XSL Transformation. http://de.wikipedia.org/w/index.php?title=XSL_Transforma-
tion&stableid=99612251 (1.7.2012).

Definition: Offenes Wissen[1]

Version v.1.1

Terminologie

Der Begriff Wissen beinhaltet:
1. Inhalte wie Musik, Filme, Bücher
2. Jegliche Art von Daten, ob wissenschaftlicher, historischer, geographischer oder anderer Art
3. Regierungs- und andere Verwaltungsinformationen

Software ist trotz ihrer zentralen Bedeutung von dieser Definition ausgenommen, da sie bereits adäquat durch frühere Arbeiten abgedeckt ist.

Der Ausdruck **Werk** wird hier verwendet mit Bezug auf eine übertragbare Wissenseinheit.

Der Begriff **Sammlung** wird benutzt, um eine Vielzahl von zueinander gehörenden Werken zu bezeichnen. Eine Sammlung kann natürlich auch selbst als Werk angesehen werden.

Der Begriff **Lizenz** bezieht sich auf die rechtliche Bedingung, unter der ein Werk verfügbar gemacht wird. Wenn keine Lizenz angegeben ist, sollte dies als Verweis auf die normalerweise üblichen Konditionen, unter denen das Werk verfügbar ist, interpretiert werden (z.B. Copyright oder Urheberrecht).

Definition

Ein Werk ist offen, wenn die Art und Weise seiner Verbreitung folgende Bedingungen erfüllt:

---

1 Veröffentlicht von der Open Knowledge Foundation als „The Open Definition", deutsche Übersetzung von Christian Hauschke & Ulrich Herb mit Unterstützung der deutschen OKF Community. http://opendefinition.org/okd/deutsch/.

1 Zugang

Das Werk soll als Ganzes verfügbar sein, zu Kosten, die nicht höher als die Reproduktionskosten sind, vorzugsweise zum gebührenfreien Download im Internet. Das Werk soll ebenso in einer zweckmäßigen und modifizierbaren Form verfügbar sein.

Kommentar: Dies lässt sich als "soziale" Offenheit bezeichnen – es ist einem nicht nur erlaubt, ein Werk zu nutzen sondern auch praktisch möglich. "Als Ganzes" untersagt die Beschränkung der Zugangsmöglichkeiten auf indirektem Weg, zum Beispiel durch eine Beschränkung des gleichzeitigen Zugriffs auf einige wenige Elemente einer Datenquelle.

2 Weiterverbreitung

Die Lizenz darf niemanden hindern, das Werk entweder eigenständig oder als Teil einer Sammlung aus verschiedenen Quellen zu verschenken oder zu verkaufen. Die Lizenz darf keine Lizenzzahlungen oder andere Gebühren für Verkauf oder Verbreitung erfordern.

3 Nachnutzung

Die Lizenz muss Modifikationen oder Derivate erlauben, ebenso wie deren Weiterverbreitung unter den Lizenzbedingungen des ursprünglichen Werks.

Kommentar: Man beachte, dass diese Klausel nicht die Verwendung "viraler" Lizenzen oder von Share-Alike-Lizenzen verhindert, die die Weiterverbreitung abgeleiteter Werke unter den Lizenzbedingungen der ursprünglichen Werke verlangen.

4 Keine technischen Einschränkungen

Das Werk muss in einer Form zur Verfügung gestellt werden, die keine technischen Hindernisse für die Durchführung der oben genannten Nutzungen beinhaltet. Dies kann durch die Bereitstellung des Werks in einem offenen Datenformat erreicht werden, dessen Spezifikation öffentlich und frei verfügbar ist und das keine finanziellen oder anderen Hindernisse bezüglich der Nutzung auferlegt.

5 Namensnennung

Die Lizenz kann als Bedingung für Weiterverbreitung und Nachnutzung des Werkes die Nennung der Namen seiner Urheber und Mitwirkenden verlangen. Sollte diese Bedingung gestellt werden, darf sie nicht behindernd wirken. Zum Beispiel sollte, sofern eine Namensnennung verlangt wird, dem Werk eine Liste derjenigen Personen beigefügt sein, deren Namen zu nennen sind.

6 Integrität

Die Lizenz kann als Bedingung für die Verbreitung des Werkes in modifizierter Form verlangen, dass das Derivat einen anderen Namen oder eine andere Versionsnummer als das ursprüngliche Werk erhält.

7 Keine Diskriminierung von Personen oder Gruppen

Die Lizenz darf keine Einzelpersonen oder Personengruppen diskriminieren.

Kommentar: Um maximalen Nutzen aus Open-Knowledge-Prozessen zu ziehen, sollte die größtmögliche Vielfalt an Personen und Gruppen gleichermaßen berechtigt sein, zum offenen Wissen beizutragen. Daher verbieten wir allen Open-Knowledge-Lizenzen, Personen von diesen Prozessen auszuschließen.

Kommentar: Diese Klausel ist aus Artikel 5 der Open-Source-Definition übernommen.

8 Keine Einschränkung der Einsatzzwecke

Die Lizenz darf niemanden daran hindern, das Werk zu einem beliebigen Zweck einzusetzen. Zum Beispiel darf die Nutzung des Werkes für kommerzielle Zwecke oder zur Genforschung nicht ausgeschlossen werden.

Kommentar: Hauptabsicht dieser Klausel ist es, Lizenzfallen vorzubeugen, die eine kommerzielle Verwendung von Open Source verhindern. Wir wollen, dass kommerzielle Nutzer sich unserer Community anschließen, und nicht, dass sie sich ausgeschlossen fühlen.

Kommentar: Diese Klausel ist aus Artikel 6 der Open-Source-Definition übernommen.

9 Lizenzvergabe

Die rechtlichen Bedingungen, denen ein Werk unterliegt, müssen bei der Weiterverteilung an alle Empfangenden übergehen, ohne dass diese verpflichtet sind, zusätzliche Bedingungen zu akzeptieren.

Kommentar: Diese Klausel soll verhindern, dass Wissen durch indirekte Mechanismen wie Geheimhaltungs-/Vertraulichkeitserklärungen unzugänglich gemacht wird.

Kommentar: Diese Klausel ist aus Artikel 7 der Open-Source-Definition übernommen.

10 Die Lizenz darf nicht an eine spezifische Sammlung gebunden sein

Die rechtlichen Bedingungen, denen ein Werk unterliegt, dürfen nicht davon abhängen, ob das Werk Teil einer spezifischen Sammlung ist. Wenn das Werk der Sammlung entnommen und innerhalb deren Lizenzbestimmungen verwendet oder verbreitet wird, müssen alle Parteien, an die das Werk weiterverteilt wird, sämtliche Rechte erhalten, mit denen auch die ursprüngliche Sammlung ausgestattet war.

Kommentar: Diese Klausel ist aus Artikel 8 der Open-Source-Definition übernommen.

11 Die Lizenz darf die Verbreitung anderer Werke nicht einschränken

Die Lizenz darf anderen Werken, die mit dem lizensierten Werk gemeinsam weitergegeben werden, keine Beschränkungen auferlegen. Die Lizenz darf beispielsweise nicht dazu verpflichten, dass alle Werke, die auf demselben Medium enthalten sind, offen sind.

Kommentar: Verbreiter offenen Wissens haben das Recht, ihre eigene Wahl zu treffen. Man beachte, dass "Share-Alike"-Lizenzen konform sind, da ihre Bestimmungen nur gelten, wenn die betroffene Einheit ein einziges Werk darstellt.

Kommentar: Diese Klausel ist aus Artikel 9 der Open-Source-Definition übernommen.

Übersetzung des englischen Originals durch Christian Hauschke & Ulrich Herb mit freundlicher Unterstützung der deutschen OKF Community.

Prinzipien zu offenen bibliographischen Daten[1]

Einleitung

Produzenten bibliographischer Daten wie Bibliotheken, Verlage, Universitäten, Wissenschaftler oder soziale, webbasierte Literaturverwaltungsplattformen spielen eine wichtige Rolle bei der Entwicklung menschlichen Wissens. Damit ihre Arbeit der Gesellschaft in vollem Umfang zugutekommt, ist es zwingend erforderlich, bibliographische Daten zu öffnen, das heißt für alle zur beliebigen Nutzung frei verfügbar zu machen.

Bibliographische Daten

Um den Geltungsbereich der Prinzipien festzulegen, wird in diesem ersten Teil der zugrundeliegende Begriff bibliographischer Daten erläutert.

Kerndaten

Bibliographische Daten bestehen aus bibliographischen Beschreibungen. Eine bibliographische Beschreibung beschreibt eine bibliographische Ressource (Artikel, Monographie etc. – ob gedruckt oder elektronisch) zum Zwecke

1. der Identifikation der beschriebenen Ressource, d.h. des Zeigens auf eine bestimmte Ressource in der Gesamtheit aller bibliographischen Ressourcen und
2. der Lokalisierung der beschriebenen Ressource, d.h. eines Hinweises, wo die beschriebene Ressource aufzufinden ist.

---

1 Zur englischen Originalversion (zugänglich unter http://openbiblio.net/principles/) haben unter anderen beigetragen: Karen Coyle, Mark MacGillivray, Peter Murray-Rust, Ben O' Steen, Jim Pitman, Adrian Pohl, Rufus Pollock, William Waites. Die Originalversion wurde am 3. Februar 2011 publiziert. Die deutsche Übersetzung stammt von Adrian Pohl und wurde am 3. Februar 2011 veröffentlicht. Lizenziert ist der Text der Übersetzung unter der CC0 Public Domain Dedication (http://creativecommons.org/publicdomain/zero/1.0/).

Traditionellerweise erfüllte eine Beschreibung beide Zwecke gleichzeitig, indem sie Information lieferte über: Autor(en) und Herausgeber, Titel, Verlag, Veröffentlichungsdatum und -ort, Identifizierung des übergeordneten Werks (z.B. einer Zeitschrift), Seitenangaben.

Im Web findet Identifikation statt mittels Uniform Resource Identifiers (URIs) wie z.b. URNs oder DOIs. Lokalisierung wird durch HTTP-URIs ermöglicht, die auch als Uniform Resource Locators (URLs) bezeichnet werden. Alle URIs für bibliographische Ressourcen fallen folglich unter den engen Begriff bibliographischer Daten.

Sekundäre Daten

Eine bibliographische Beschreibung kann andere Informationen enthalten, die unter den Begriff bibliographischer Daten fallen, beispielsweise Nicht-Web-Identifikatoren (ISBN, LCCN, OCLC etc.), Angaben zum Urheberrechtsstatus, administrative Daten und mehr; diese Daten können von Bibliotheken, Verlagen, Wissenschaftlern, Online-Communities für Buchliebhaber, sozialen Literaturverwaltungssystemen und anderen produziert sein.

Darüber hinaus produzieren Bibliotheken und verwandte Institutionen kontrollierte Vokabulare zum Zwecke der bibliographischen Beschreibung wie z. B. Personen- und Schlagwortnormdateien, Klassifikationen etc., die ebenfalls unter den Begriff bibliographischer Daten fallen.

Vier Prinzipien

Wir empfehlen ausdrücklich die Übernahme und Umsetzung der folgenden Prinzipien:

1. Wenn bibliographische Daten oder Sammlungen bibliographischer Daten veröffentlicht werden, sind die Wünsche und Erwartungen des Herausgebers im Hinblick auf Fragen der Nachnutzung und Wiederverwendung einzelner bibliographischer Beschreibungen, der gesamten Sammlung sowie Teilmengen der Sammlung klar und explizit anzugeben. Diese Angabe sollte präzise und unwiderruflich sein sowie auf einer angemessenen und anerkannten rechtlichen Erklärung in der Form eines „Waivers" (Verzichtserklärung) oder einer Lizenz basieren.
   Die Veröffentlichung bibliographischer Daten erfolge mit einer expliziten und tragfähigen rechtlichen Erklärung.

2. Viele weithin anerkannte Lizenzen sind weder bestimmt noch geeignet für bibliographische Daten oder Sammlungen bibliographischer Daten. Eine Auswahl von „Waivern" und Lizenzen, die für die Anwendung auf Daten konzipiert und geeignet sind, ist beschrieben unter http://opendefinition. org/licenses/#Data. Creative-Commons-Lizenzen (mit Ausnahme der CC0), GFDL, GPL, BSD etc. sind NICHT geeignet für Daten und von ihrer Nutzung wird DRINGEND abgeraten.

    Benutze eine für Daten geeignete anerkannte Lizenz oder einen Waiver.

3. Von der Benutzung von Lizenzen, die eine kommerzielle Nachnutzung verhindern oder eine Produktion derivativer Werke beschränken, indem die Nutzung für bestimmte Zwecke oder durch bestimmte Personen oder Organisationen ausgeschlossen wird, wird DRINGEND abgeraten. Solche Lizenzen machen es unmöglich, Datenbestände effektiv zu integrieren und nachzunutzen. Außerdem verhindern sie die Entstehung kommerzieller Dienste, die eine Aufwertung der Daten leisten sowie kommerzieller Aktivitäten, die zur Erhaltung der Datenmengen beitragen können.

    Um eine effektive Nutzung und Verbesserung der Daten durch andere zu erreichen, sollten die Daten offen im Sinne der Open Definition (http:// opendefinition.org/) sein – insbesondere der Ausschluss kommerzieller Nutzung sowie andere einschränkende Klauseln sollten unterlassen werden.

4. Darüber hinaus empfehlen wir – insbesondere öffentlich finanzierte – bibliographische Daten und Sammlungen bibliographischer Daten explizit in die Public Domain durch die Nutzung der Public Domain Dedication and Licence oder des Creative Commons Zero Waivers zu geben. Dadurch werden die Nachnutzungsmöglichkeiten maximiert, ganz im Sinne des allgemeinen Ethos des Teilens im Bereich öffentlich geförderter Gedächtnisinstitutionen.

    Wo möglich, empfehlen wir, bibliographische Daten mittels PDDL oder CC0 explizit in die Public Domain zu geben.

Addendum

Eine unvollständige Liste bibliographischer Daten.

Kerndaten: Namen und Identifikatoren von Autor(en) und Herausgeber(n), Titel, Verlagsinformation, Veröffentlichungsdatum und -ort, Identifizierung des übergeordneten Werks (z.B. einer Zeitschrift), Seitenangaben, URIs.

Sekundäre Daten: Formatangaben, Nicht-Web-Identifikatoren (ISBN, LCCN, OCLC-Nummer etc.), Angaben zu Urheber- und Lizenzstatus, Angaben finanzieller Förderer, Angaben zum Trägermedium, Umfang- und Größenangaben, admi-

nistrative Daten (letzte Änderung des Datensatzes etc.), relevante Links (zu Wiki-
pedia, Google Books, Amazon etc.), Inhaltsverzeichnis, Links zu digitalisierten
Auszügen eines Textes (Inhaltsverzeichnis, Register, Literaturverzeichnis etc.),
Adresse und andere Kontaktdetails zum Autor/den Autoren, Coverabbildungen,
Abstracts, Rezensionen, Zusammenfassungen, Schlagwörter, Stichwörter, Notati-
onen, nutzergenerierte Tags, Exemplardaten (Signatur etc.).

Empfehlungen zur Öffnung bibliothekarischer Daten

v.1.0 veröffentlicht am 31. Oktober 2011

1 Präambel

Bibliotheken und andere Informationseinrichtungen arbeiten täglich in vielfältiger Weise mit Daten unterschiedlicher Verwendungszwecke und Bestimmung. Sie agieren als Datenproduzenten, Datenlieferanten, Datennutzer und Aggregatoren. Um den größtmöglichen Nutzen der durch öffentliche Einrichtungen produzierten Daten zu gewährleisten, ist es geboten, sie offen im Internet zu publizieren.

2 Gegenstand

In Informationseinrichtungen werden verschiedene Formen von Daten produziert, die Gegenstand einer Datenfreigabe sein können. Es ist zu betonen, dass eine Datenfreigabe nur durchgeführt werden kann, unter der Voraussetzung, dass
1. es sich bei den jeweiligen Daten nicht um personenbezogene oder anderweitig sensible Daten handelt,
2. die jeweilige Einrichtung im Besitz der Datenbankrechte bzw. ggf. der Urheberrechte ist, um die Daten freizugeben.

Unter bibliothekarischen Daten sind sowohl bibliographische Daten gemäß den „Prinzipien zu offenen bibliographischen Daten" als auch darüber hinausgehende Daten zu verstehen, die in Ausübung bibliothekarischer Tätigkeit erstellt werden.

Zur Verwaltung der Dienstleistungen einer Bibliothek fallen zudem weitere Daten an, die - insofern es sich um nicht personenbezogene oder anderweitig sensible Daten handelt - ebenfalls freigegeben werden können. Zu diesen Daten zählen beispielsweise Exemplardaten, Erwerbungsdaten, anonymisierte Ausleihdaten, statistische Daten.

3 Prinzipien

Die DINI-AG KIM empfiehlt bibliothekarischen Einrichtungen im deutschsprachigen Raum und der gesamten Welt die Freigabe bibliothekarischer Daten. Folgende Prinzipien sind dabei zwingend einzuhalten:

- *Offener Zugang* zu den Daten, d.h. die Daten müssen offen und kostenlos als Gesamtheit im Web zugänglich sein.
- *Offene Standards*, d.h. die Daten müssen in einem offen dokumentierten und nicht-proprietären Format vorliegen. Es sind Webstandards zu bevorzugen, die von einer möglichst breiten Anwenderbasis verstanden werden.
- *Offene Lizenzen*, d.h. die Daten müssen (als Einzeldatum und als Sammlung) unter einer offenen Lizenz im Sinne der Open Definition publiziert werden. Dabei empfielt die DINI-AG KIM die Verwendung eines Public-Domain-Waivers wie der CC0 Public Domain Dedication oder der Public Domain Dedication and License (PDDL), um die bestmögliche rechtliche Interoperablität der Daten zu garantieren.

Darüber hinaus empfehlen wir die Berücksichtigung folgender Prinzipien:

- *Dokumentation*: Eine strukturierte Beschreibung der Daten soll veröffentlicht werden. Bestenfalls sollen die Daten in einem zentralen Verzeichnis (wie z.B. thedatahub.org)nachgewiesen werden.
- *Rohdaten*: Die Daten sollen möglichst so zugänglich gemacht werden, wie sie im Informationskreislauf der Bibliotheken anfallen. Jede weitere Filterung oder Aufbereitung wird auf diejenigen verlagert, die von den Informationen später Gebrauch machen.
- *Aktualität*: Daten sollen innerhalb eines angemessenen Zeitraums nach ihrer Erstellung oder Änderung veröffentlicht werden. Was angemessen ist, kann je nach Art der Daten variieren.
- *Strukturiert*: Die Daten sollen in einem strukturierten Format publiziert werden, das einfache maschinelle Verarbeitung ermöglicht.
- *Nicht-diskriminierend*: Der Zugriff auf die Daten soll für alle möglich sein, einzige akzeptable Hürde ist der Zugang zum Internet. Das heißt, dass keine Registrierung erforderlich sein soll.
- *Nachhaltigkeit*: Die Bereitstellung der Daten soll mit der Entwicklung eines Nachhaltigkeitskonzepts verbunden sein, das eine dauerhafte Archivierung und den Zugriff auf ältere Versionen der Daten sicherstellt.

Selten wird die Einhaltung sämtlicher Prinzipien von Anfang an gewährleistet sein. Allerdings sind die ersten drei Prinzipien notwendige Bedingungen, um überhaupt von offenen bibliothekarischen Daten zu sprechen. Es wird ausdrücklich empfohlen, zunächst auch Rohdaten zu veröffentlichen, die womöglich nicht in einem öffentlich dokumentierten Format vorliegen und/oder nicht strukturiert oder regelmäßig aktualisiert werden. Mittelfristig soll aber an der Einhaltung sämtlicher Prinzipien gearbeitet werden.

4 Verwandte Materialien

- Prinzipien zu offenen bibliographischen Daten: http://openbiblio.net/principles/de
- A 4-star classification-scheme for linked open cultural metadata: http://openbiblio.net/2011/06/17/4-stars-for-metadata/
- Discovery Open Metadata Principles: http://discovery.ac.uk/businesscase/principles/
- Definition: Offenes Wissen: http://opendefinition.org/okd/deutsch/
- Open Bibliographic Data Guide: http://obd.jisc.ac.uk/
- Tim Berners-Lee: Linked Data: http://www.w3.org/DesignIssues/LinkedData.html
- Linked Open Data star scheme by example: http://lab.linkeddata.deri.ie/2010/star-scheme-by-example/
- Ten Principles for Opening Up Government Information: http://wiki.opendata-network.org/Ten_Principles_for_Opening_Up_Government_Information
- Working Paper: Open Government Data: http://opus.bsz-bw.de/fhhv/volltexte/2011/331/pdf/Open_Government_Data_2010.pdf
- Open Definition: conformant data licenses: http://opendefinition.org/licenses#Data

Entstanden im Rahmen der Gruppe Lizenzen der DINI-AG KIM.

Beitragende: Patrick Danowski, Kai Eckert, Christian Hauschke, Adrian Pohl und andere.

Glossar

Zusammengestellt von Adrian Pohl.[1]

API steht für „Application Programming Interface", dt. „Schnittstelle für die Anwendungspro-grammierung". Im Allgemeinen ist eine API die Schnittstelle eines Softwaresystems, die anderen Programmen eine Anbindung an das System ermöglicht.
Im Kontext des -> World Wide Web und von Linked Open Data sind insbesondere *Web-APIs* relevant. Web-APIs sind Schnittstellen, die dem -> *REST*-Paradigma für Webanwendungen folgen. Web-APIs erlauben den Aufbau von sogenannten *Mashups*, das sind Webanwendungen, die selbst aus einer Kombination anderer Webanwendungen resultieren.

BEACON ist ein einfaches Dateiformat. Mit BEACON werden Links auf Webseiten angegeben, die Informationen enthalten zu in Normdateien verzeichneten Dingen. Derzeit wird das Format vor allem für Personen genutzt, die mittels ihres Identifikators in der Gemeinsamen Normdatei (GND) identifiziert werden. Es eignet sich in seiner jetzigen Form aber auch zur Verwendung für Körperschaften und Schlagwörter sowie grundsätzlich auch für weitere Normdaten.[2]

Bibliographische Daten bestehen aus bibliographischen Beschreibungen. Eine bibliogra-phische Beschreibung beschreibt eine bibliographische Ressource (Artikel, Monographie etc. – ob gedruckt oder elektronisch), um sie a) eindeutig zu identifizieren und b) auffindbar zu machen. Traditionellerweise erfüllt eine Beschreibung beide Zwecke gleichzeitig, indem sie Information liefert über: Autor(en) und Herausgeber, Titel, Verlag, Veröffentlichungsdatum und -ort, Identifizierung des übergeordneten Werks (z.B. einer Zeitschrift), Seitenangaben. Eine eindeutige Identifikation bibliographischer Ressourcen findet heute häufig über -> URIs statt, weil zunehmend entsprechende Identifikatoren wie DOIs oder URNs verwendet werden.

Blank Nodes sind Knoten eines RDF-Graphen, die keinen -> URI als Identifier haben und damit nicht webweit referenziert werden können. Sie werden beispielsweise für anonyme Ressourcen (analog der logischen Existenzaussage „es gibt mindestens ein x, das …") verwendet oder für bekannte Ressourcen, denen noch kein URI zugewiesen wurde. Wenn möglich sollten Blank Nodes vermieden werden, da sie die Nutzbarkeit von RDF-Daten einschränken.

CC0-> Public Domain Dedication

Content Negotiation ist ein -> HTTP-Mechanismus, der es ermöglicht, zwischen verschiedenen Repräsentationen einer Ressource auszuwählen. Verschiedene Repräsentationen können sich etwa anhand der Sprache oder des gelieferten Formats unterscheiden. Linked-Data-Services stellen beispielweise Daten in verschiedenen -> RDF-Serialisierungen (-> Turtle, N3, RDF/XML, JSON-LD) bereit, so dass Datennutzer das von ihnen bevorzugte Format wählen können.

---

1 Der Ersteller des Glossars bedankt sich bei Louise Rumpf (Universitätsbibliothek Bamberg), deren umfangreiche Vorschläge zur Verbesserung des Glossars sehr wertvoll waren.
2 Mit leichten Überarbeitungen übernommen von http://de.wikipedia.org/w/index.php?title=Wikipedia:BEACON&oldid=114357945.

Cool URI. Der Ausdruck „Cool URIs" wurde von Tim Berners-Lee in seinem Text „Cool URIs don't change" geprägt. Cool URIs sind demnach -> URIs, die über die Zeit stabil sind. Der an Berners-Lee anknüpfende Text „Cool URIs for the Semantic Web" nennt zusammenfassend drei Anforderungen für Cool URIs: Einfachheit, Stabilität und Handhabbarkeit („simplicity, stability and manageability"). Darüber hinaus wird gefordert, HTTP-URIs zu verwenden („Be on the web") und eindeutig zu sein, indem Dinge und Dokumente, die sie beschreiben, unterschiedliche URIs bekommen.

FRBR steht für „Functional Requirements for Bibliographic Records" und ist ein Datenmodell zur Strukturierung des „bibliographischen Universums". Die „funktionalen Anforderungen für bibliographische Datensätze" wurden als Entity-Relationship-Modell entwickelt, das grundlegende Entitäten, Beziehungen und Attribute enthält, die für eine Beschreibung bibliographischer Ressourcen verwendet werden.

Die wichtigsten Entitäten sind in der Gruppe 1 der FRBR enthalten, die das Ergebnis einer schöpferischen, intellektuellen oder künstlerischen Tätigkeit darstellen (-> WEMI). Die Gruppe 2 enthält die Entitäten Personen (person) und Körperschaften (corporate body). Gruppe 3 widmet sich mit den Entitäten concept, object, event und place schließlich der inhaltlichen Erschließung.

Freie Software (englisch „free software") ist Software, die sicherstellt, dass die Endbenutzer (Privatpersonen, Organisationen, Firmen) die Freiheit haben, die Software zu verwenden, zu untersuchen, zu kopieren, weiterzugeben und zu modifizieren. Es geht daher nicht um den Preis der Software, sondern um die Freiheiten der Endnutzer; z. B. werden die Freiheitsrechte, die Software zu untersuchen und zu modifizieren, bei Freier Software immer durch Verfügbarkeit des Quellcodes garantiert.[3]

Freie Inhalte / Open Content. Als freie Inhalte (englisch „free content"), auch Open Content genannt, bezeichnet man Inhalte, deren kostenlose Nutzung und Weiterverbreitung urheberrechtlich erlaubt ist. Dies kann nach Ablauf von gesetzlichen Schutzfristen zutreffen, womit ursprünglich geschützte Werke gemeinfrei werden. Alternativ werden Inhalte als frei bezeichnet, wenn der Urheber oder Inhaber der vollumfänglichen Nutzungsrechte ein Werk unter eine freie -> Lizenz gestellt hat.[4]

Graph. Ein Graph im Allgemeinen ist eine abstrakte Struktur, die eine Menge von Objekten zusammen mit den zwischen diesen Objekten bestehenden Verbindungen repräsentiert. Die mathematischen Abstraktionen der Objekte werden dabei Knoten des Graphen genannt, die Verbindungen zwischen Knoten heißen Kanten. Ein Beispiel für einen Graphen ist der Plan eines U-Bahn-Netzes.

Ein -> RDF-Graph im Speziellen ist ein benannter gerichteter Graph. „Gerichtet" ist der Graph, weil die Richtung der Kanten durch Pfeile gekennzeichnet ist. „Benannt" ist der Graph, weil die Kanten typisiert sind, das heißt mit URIs versehen werden. Tripel-Subjekte und -Objekte bilden die Knoten eines RDF-Graphen, RDF-Prädikate sind in einem RDF-Graphen die Kanten.

Der Beispiel-RDF-Graph in graphischer Darstellung (nach Konvention werden Ressourcen durch Ellipsen und Literale durch Rechtecke symbolisiert) benutzt folgende -> Namensraum-Präfixe:

---

3 Mit leichten Überarbeitungen übernommen von http://de.wikipedia.org/w/index. php?title=Freie_Software&oldid=112515943.

4 Quelle: http://de.wikipedia.org/w/index.php?title=Freie_Inhalte&oldid=112075189

```
@prefix dc: <http:/purl.org/dc/elements/1.1/> .
@prefix dct: <http:/purl.org/dc/terms/> .
@prefix dnb: <http:/d-nb.info/gnd/> .
@prefix gnd: <http:/d-nb.info/standards/elementset/gnd#> .
prefix lobid: <http:/lobid.org/resource/> .
@prefix rda: <http:/rdvocab.info/Elements/> .
@prefix rdf: <http:/www.w3.org/1999/02/22-rdf-syntax-ns#> .
```

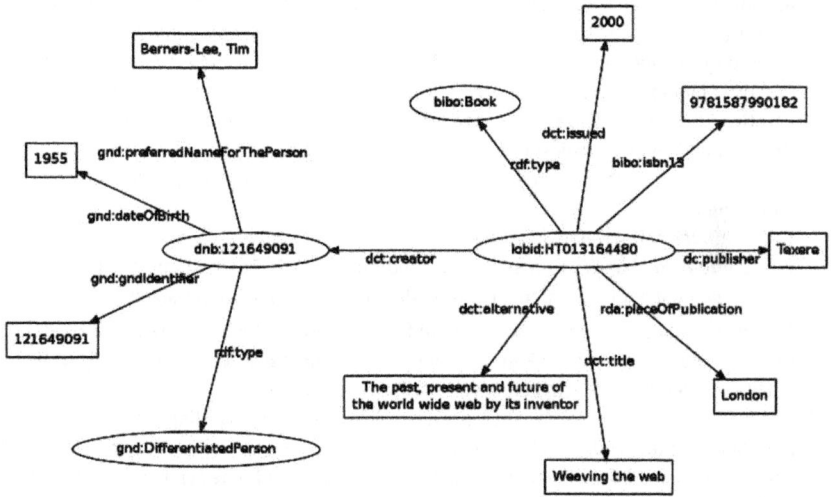

HTTP. Das Hypertext Transfer Protocol (HTTP) ist ein Protokoll zur Übertragung von Daten im -> Word Wide Web. Web-Agenten (z. B. Web-Browser) kommunizieren über dieses Protokoll mit Web-Servern.

Klasse. RDF-Klassen werden in einem -> Vokabular definiert. Ihnen können Dinge unter Verwendung der -> Property rdf:type zugewiesen werden. Ein Vokabular kann zudem Relationen festlegen, die Klassen mit anderen Klassen und mit Properties haben.

Linked Data. Während -> *Open Data* keine Datenformate vorgibt, solange es sich um offen dokumentierte Formate handelt, geht es bei Linked Data um die Etablierung von Best Practices für im Web integrierte Daten. Diese Best Practices werden im Rahmen des ->*World Wide Web Consortium (W3C)* entwickelt.

Die vier von Tim Berners-Lee formulierten Linked-Data-Prinzipien lauten:
1. Benutze URIs als Namen für Dinge.
2. Benutze HTTP-URIs, damit Menschen die Namen nachschlagen können.
3. Wenn jemand eine URI nachschlägt, liefere nützliche Informationen auf Basis der Standards (RDF, SPARQL).
4. Verlinke zu anderen URIs, so dass mehr Dinge entdeckt werden können.

Linked Data baut also auf den bestehenden Web-Standards Uniform Resource Identifiers (-> URI) und Hypertext Transfer Protocol (-> HTTP) auf und ergänzt diese durch das

Datenmodell -> RDF zur Repräsentation von Information, -> SPARQL zu Abfrage von RDF-Daten und RDFS sowie OWL zur Schaffung von ->Vokabularen/Ontologien.

Linked Open Data sind offene Daten (-> *Open Data*), die gemäß Linked-Data-Prinzipien (-> Linked Data) unter Nutzung der entsprechenden offenen -> W3C-Standards bereitgestellt werden.

Literale sind Unicode-Zeichenketten, die mit einem Datentyp versehen sind und optional mit einem Sprachcode markiert werden können. In einem RDF-Tripel sind Literale allein in Objektstellung erlaubt.

Lizenz. Allgemein ist eine Lizenz (v. lat. licet, „es ist erlaubt") eine Erlaubnis, Dinge zu tun, die ansonsten verboten sind. Durch einen Lizenzvertrag erteilt der Inhaber eines geschützten Rechts (z. B. eines Urheberrechts) dem Lizenznehmer ein definiertes Nutzungsrecht. Besonders bekannte Lizenzverträge im World Wide Web sind die Musterverträge von Creative Commons. Da es - insbesondere in Europa - Probleme mit der Anwendung von Creative-Commons-Lizenzen auf Daten und Datenbanken gibt, wurden verschiedene Open-Data-Lizenzen entwickelt, u. a. von Open Data Commons.

Es gibt unter anderem folgende Lizenztypen, die sich in den Nutzungsbedingungen unterscheiden:

1. *Attribution*. Der Name des Urhebers muss genannt werden.
2. *Share-Alike*. Das Werk muss nach Veränderungen (z.B. Bearbeitungen, Zusammenführungen mit anderen Daten etc.) unter der gleichen Lizenz weitergegeben werden.
3. *Non-Commercial*. Das Werk darf nicht für kommerzielle Zwecke verwendet werden.

Darüber hinaus gibt es die -> Public Domain Dedication, bei deren Nutzung sämtliche Rechte - soweit möglich - an einem Werk aufgegeben werden.

LOD-Cloud. Die Summe aller im Web publizierten und untereinander verlinkten RDF-Datenquellen wird als LOD-Cloud bezeichnet. In der Regel werden auch die nicht-offen lizenzierten Linked-Data-Quellen dazugezählt, weshalb der Name „Linked-Data-Cloud" treffender wäre.

Illustriert wird die LOD-Cloud durch die von Richard Cyganiak und Anja Jentzsch seit 2007 erstellte Graphik, auf der Linked-Data-Quellen im Netz und ihre Verlinkungen untereinander dargestellt werden. Siehe die Abbildungen der Linked-Data-Cloud in Abschnitt 2.1 des Beitrags von Pohl/Danowski in diesem Sammelband.

Named Graph. Ein Named Graph ist ein -> RDF-Graph (d. h. eine Menge von Tripeln), der durch einen URI identifiziert ist. Dies ermöglicht es, den Graphen zu referenzieren, ihn separat zu bearbeiten und weiterzuverwenden. Momentan wird am -> W3C daran gearbeitet, Named Graphs zu einem offiziellen Standard zu erheben. Für den Datenaustausch zwischen verteilten Quellen und für Provenienzinformationen sind Named Graphs sehr nützlich.

Namensraum. Der Namensraum ist im Kontext von Linked Data ein -> HTTP-URI, der wiederkehrender Bestandteil von URIs einzelner Dinge (etwa der Elemente eines Vokabulars) ist. Zum Beispiel haben die Elemente des Dublin-Core-Element-Set den Namensraum http://purl.org/dc/elements/1.1/. Namensräume werden von dem Besitzer der jeweiligen Domain kontrolliert.

In RDF-Serialisierungen wie -> Turtle oder RDF/MXL können häufiger verwendete Namensräume durch ein Präfix (z.B. dc:) abgekürzt werden, um den Umfang des Dokuments zu verkürzen und/oder die Lesbarkeit zu erleichtern. So steht dc:creator für den URI http://purl.org/dc/elements/1.1/creator, wenn dc: als Präfix für den Namensraum http://purl.org/dc/elements/1.1/ festgelegt wurde. (Siehe auch -> Turtle, -> Reasoning und -> Graph für den beispielhaften Gebrauch von Präfixen für Namensräume.) Unter prefix. cc können gebräuchliche Namensraum-Präfixe insbesondere von Vokabularen nachgeschlagen werden.

Ontologie/Vokabular. In der Tatsache, dass die Prädikate zur Beschreibung der Beziehung zwischen Subjekt und Objekt selbst URIs sind (-> RDF), liegt ein grundlegender Unterschied zwischen Linked Data und dem World Wide Web. Zwar basiert auch das Web auf Links, allerdings sind diese nicht typisiert. Das heißt, in einem HTML-Dokument steht zwar, dass dieses Dokument auf ein anderes verlinkt, welcher Art diese Verlinkung ist, bleibt allerdings allenfalls für Menschen nachvollziehbar. Ob auf das Dokument zum Zweck eines Hinweises, einer Rezension etc. verlinkt wird, ist nicht explizit angegeben. Im Linked-Data-Netz ist dies anders, hier ist jede Verlinkung typisiert (siehe das Werk-Autor-Beziehungs-Beispiel unter ->RDF).

Ontologien und Vokabulare definieren sogenannte Properties, die als Prädikate in RDF-Tripeln benutzt werden können sowie deren Beschreibungen und Beziehungen untereinander. Darüber hinaus legt ein Vokabular Klassen fest, denen Dinge zugeordnet werden können, und deren Hierarchien (Unter- und Überklassen). Auf Basis einer Menge von Tripeln und der darin verwendeten Ontologien können implizite Informationen explizit gemacht werden, d.h. weitere Tripel generiert werden (-> Reasoning).

Open Data / Offene Daten. Open Data ist ein sehr weiter Begriff, der sich auf den Teil von -> Open Knowledge bezieht, der aus strukturierten, möglichst maschinell prozessierbaren Daten besteht. Entwicklungen hin zu Open Data gibt es bereits in vielen verschiedenen Bereichen, u. a. veröffentlichen Regierungen und öffentliche Verwaltungen Daten in Open-Data-Portalen (Open Government Data), Wissenschaftler publizieren Forschungsdaten wie z. B. Klimadaten oder Genome unter offenen Lizenzen (Open Science Data) und Bibliotheken veröffentlichen ihre Titel-, Norm-, Bestandsdaten etc. (Open Library Data).

Open Knowledge ist ein Oberbegriff für verschiedene spezifischere Konzepte wie zum Beispiel -> Freie Inhalte / Open Content, -> Open Data / Offene Daten, Open Government Data (Offene Informationen der Regierung und öffentlichen Verwaltung).

Eine Definition von „Open Knowledge" liefert die Open Knowledge Definition (<http://opendefinition.org/okd/>) der Open Knowledge Foundation, die folgende zentrale Bedingungen an offenes Wissen stellt:

- *Offener Zugang* zum Wissen, d.h. es muss offen und kostenlos als Gesamtheit (vorzugsweise im Internet) zugänglich sein.
- *Offene Standards*, d.h. das Wissen muss in einem offen dokumentierten und nichtproprietären Format vorliegen.
- *Offene Lizenzen*, d.h. die Daten müssen (als Einzeldatum und als Sammlung) unter einer offenen Lizenz publiziert werden. Als einzige Einschränkungen sind erlaubt: die Forderung nach einer Attribution der Quelle sowie die Share Alike, womit eine Lizenzierung abgeleiteter Werke unter denselben Bedingungen gefordert wird.

Property. Properties beschreiben die Relation zwischen Subjekt und Objekt eines RDF-Tripels, wobei sie als Prädikat dieses Tripels fungieren. Properties und ihre Relationen zu -> Klassen und anderen Properties werden in einem -> Vokabular definiert.

Provenienz meint die Herkunft eines bestimmten Dinges - eines Kunstwerks, eines Dokuments oder von Daten. Provenienzinformationen geben Aufschluss über Entitäten und Prozesse, die an der Produktion oder Auslieferung einer Ressource beteiligt waren oder sie anderweitig beeinflusst haben. Die Provenienz liefert die entscheidende Grundlage, um die Authentizität zu bewerten und Vertrauen und Reproduzierbarkeit zu ermöglichen. Provenienzinformationen sind eine Form von Metadaten und können selbst zu wichtigen Datensätzen mit eigener Provenienz werden. (Vgl. in diesem Band: Eckert, Die Provenienz von Linked Data.)

Public Domain Dedication. Mit einer Public Domain Dedication - oftmals auch als „Waiver" bezeichnet - können Anwender ihre eigenen Werke in die Gemeinfreiheit überführen, d. h. eventuell an dem Werk bestehende geistige Eigentumsrechte abgeben. Wenn dies - wie in Deutschland - rechtlich nicht möglich ist, fungiert eine Public Domain Dedication i. d. R. als Lizenzvertrag ohne einschränkende Lizenzbedingungen. Die Creative Commons Public Domain Dedication (CC0) und die Public Domain Dedication and License von Open Data Commons sind die bekanntesten Waiver.

RDF. Das Resource Description Framework (RDF) ist ein Datenmodell zur Repräsentation von Information in der elementarsten Form: als einzelne Aussage. RDF-Aussagen bestehen aus drei Teilen, aus diesem Grund spricht man auch von einem RDF-Tripel. Die drei Teile werden ‚Subjekt', ‚Prädikat' und ‚Objekt' genannt. Die Aussage „Dieser Text wurde verfasst von Adrian Pohl." besteht aus Subjekt („Dieser Text"), Prädikat („wurde verfasst von") und Objekt („Adrian Pohl"). In RDF lässt sich das Ganze wie folgt ausdrücken.

```
<> <http:/purl.org/dc/elements/1.1/contributor> „Adrian Pohl" .
```

Dies ist eine gültige RDF-Repräsentation der obigen Aussage. Das Subjekt „<>" bezieht sich auf das Dokument, in dem das Tripel vorkommt, die Prädikat-URI steht für die creator-Property des Dublin Core Element Sets und „Adrian Pohl" ist selbst keine URI, sondern ein sogenanntes -> Literal.

Literale dürfen in RDF-Tripeln nur im Objekt vorkommen. Subjekt und Prädikat müssen -> URIs sein. Um die Aussage des obigen Tripels eindeutig zu machen, sollte statt einem Namensliteral ein URI für die entsprechende Person (z.B. <http://d-nb.info/gnd/14326723X>) angegeben werden.

RDF ist ein abstraktes Modell, das in verschiedenen Formaten (Serialisierungen) ausgedrückt werden kann. Bekannte RDF-Serialisierungen sind NTriples und RDF/XML sowie für menschliche Lesbarkeit besser geeignete Serialisierungen wie ->Turtle und Notation3 (N3). RDF-Tripel können auch graphisch dargestellt werden: Nach Konvention werden Ressourcen, die Subjekt oder Objekt eines Tripels sind, durch Ellipsen und Literale durch Rechtecke symbolisiert (vgl. -> Graph).

RDFa (für „RDF in Attributes") ist eine -> W3C-Empfehlung, die das Einbetten von RDF-Aussagen in Webseiten ermöglicht. Gemeinsam mit Mikroformaten und Microdata zählt es zu den gebräuchlichsten Methoden, (X)HTML-Seiten mit maschinenlesbaren Zusatzinformationen aufzuwerten.

Reasoning oder Inferencing (Inferenzieren) bezeichnet den Vorgang, auf Basis bestehender RDF-Daten neue Verlinkungen zu generieren. Die Grundlage bilden die den verwendeten Klassen und Properties zugrundeliegenden ->*Vokabulare/Ontologien*. Mit Reasoning wird gewissermaßen implizites Wissen, das in der Kombination von einer Datenbasis und den darin genutzten Ontologien liegt, explizit gemacht.

Im Folgenden ein einfaches Beispiel, geschrieben in der -> Turtle-Syntax.

Wir haben eine Datenbasis bestehend aus dem Tripel:

```
<http://viaf.org/viaf/85312226> a <http:/xmlns.com/foaf/0.1/Person> .
```

Mit diesem Tripel wird das durch http://viaf.org/viaf/85312226 identifizierte Ding der
Klasse foaf:Person zugeordnet. Im FOAF-Voklabular wird die Klasse :Person wie folgt
definiert:
.
```
@prefix owl: <[http:/www.w3.org/2002/07/owl#]> .
@prefix foaf: <[http:/xmlns.com/foaf/0.1/]> .
foaf:Person
    a rdfs:Class, owl:Class ;
    rdfs:label „Person" ;
rdfs:subClassOf
<http:/www.w3.org/2000/10/swap/pim/contact#Person>,
<http:/www.w3.org/2003/01/geo/wgs84_pos#SpatialThing>, foaf:Agent .
```
Das FOAF-Vokabular sagt unter anderem über foaf:Person aus, dass es sich um eine
->*Klasse* (rdfs:Class, owl:Class) handelt, die mit dem menschenlesbaren Etikett „Person"
versehen ist (rdfs:label). Für das Reasoning ist hier allerdings allein die Aussage mit
der Property rdfs:subClassOf relevant. Damit wird ausgesagt, dass jede Instanz der
Klasse foaf:Person automatisch auch eine Instanz der drei aufgezählten Klassen ist.
Somit können wir auf Basis des FOAF-Vokabulars und unserer Datenbasis folgende Tripel
inferieren, wodurch die Datenbasis vervierfacht wird:
```
<http://viaf.org/viaf/85312226> a <http:/www.w3.org/2000/10/
swap/pim/contact#Person>, <http:/www.w3.org/2003/01/geo/wgs84_
pos#SpatialThing>, foaf:Agent .
```
Ressource / Repräsentation. Der Begriff ,Ressource' wird sehr allgemein definiert (vgl. etwa
RFC 3986). Eine Ressource (engl. resource) ist all jenes, was durch einen -> URI identifiziert
werden kann. Neben Webseiten, Services, Fotos und anderen Dingen, die über -> HTTP
abgerufen werden können, gehören auch raumzeitliche Dinge dazu wie Personen und Orte
sowie abstrakte Dinge. Somit wird der Ausdruck „Ressource" verwendet wie die Ausdrücke
„Ding" oder „Entität".
Die *Repräsentation* einer Ressource im Web ist das, was zurückgeliefert wird, wenn ich
auf den URI der Ressource zugreife. Repräsentationen derselben Ressource können sich
sowohl im Laufe der Zeit als auch zu einem konkreten Zeitpunkt unterscheiden (vgl. ->
Content Negotiation).

REST ist ein Paradigma für Software-Architekturen in verteilten Systemen wie dem World Wide
Web, die *HTTP* oder ähnliche Protokolle nutzen. Jede *Ressource* wird dabei mit einem *Cool
URI* angesprochen, weshalb Cool URIs stark mit dem REST-Ansatz verknüpft sind. REST
vereinheitlicht Schnittstellen auf eine überschaubare und standardisierte Menge von
Aktionen (für HTTP-basierte Schnittstellen sind dies GET, POST, PUT, DELETE).

Semantic Web. Die Idee des Semantic Web steckte bereits in Tim Berners-Lees Vorschlag für
das -> World Wide Web.
Es geht dabei darum, nicht nur ganze Dokumente im Web zu veröffentlichen, sondern auch
Daten in Form einzelner Aussagen (Tripel).
„Semantisch" soll dieses Web sein, weil Ontologien es Maschinen erlauben sollen,
auf Basis bestehender Informationen durch automatisierte Schlussfolgerungen neue
Informationen zu generieren, die in den Daten bisher nicht enthalten sind. Da allerdings
von Menschen generierte Daten immer fehlerhaft sind, handelt es sich hier um eine
Utopie, weshalb oft der weniger verheißungsvolle Ausdruck „Linked Data" bevorzugt wird,

der den Vernetzungscharakter betont und die semantische Ebene der Schlussfolgerungen und Wissensgenerierung außen vor lässt.

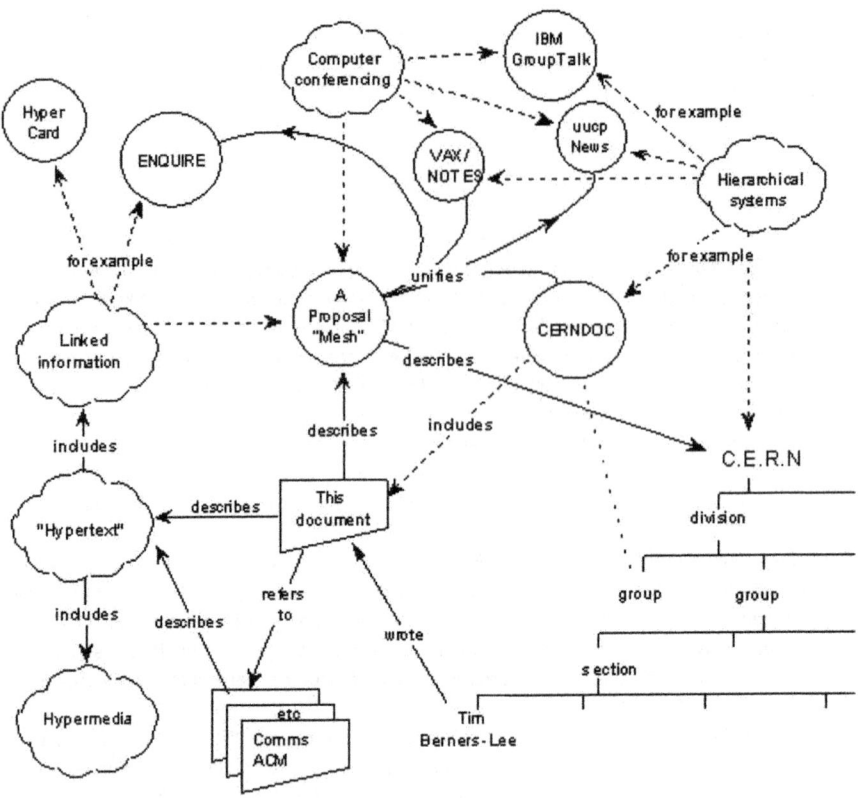

SKOS steht für „Simple Knowledge Organization System" und ist das standardmäßig genutzte ->Vokabular für die RDF-Repräsentation von Thesauri und anderen Dokumentations-sprachen. SKOS beinhaltet Relationen wie „broader", „narrower" und „related terms" und ermöglicht die Spezifikation bevorzugter und alternativer Ausdrücke für die Präsentation z.B. einer Klassifikationsstelle in verschiedenen Sprachen.

SPARQL. Das Akronym „SPARQL" steht für „SPARQL Protocol And RDF Query Language". Bei SPARQL handelt es sich um die Abfragesprache für ->*Triple Stores*.

Triple Store. Ein Triple-Store ist eine Datenbank, die auf ->RDF-Tripeln basiert, im Gegensatz z.B. zu einer relationalen Datenbank, die auf einer Tabellenstruktur aufgebaut ist.

Turtle ist ein einfaches, menschenlesbares RDF-Format. Die wesentlichen Merkmale seien hier kurz dargestellt.

Die Deklaration von *Präfixen* am Anfang eines Turtle-Dokuments erlaubt es, URIs im weiteren Verlauf des Dokuments abzukürzen. Präfixe werden wie folgt deklariert:

```
@prefix foaf: <http://xmlns.com/foaf/0.1/> .
```

```
@prefix dcterms: <http:/purl.org/dc/terms/> .
```
Nach Definition dieser Präfixe kann man die in der Deklaration genannte Vokabular-URI im Folgenden „unterschlagen" und durch das jeweilige Präfix ersetzen. Beispiel („<>" verweist immer auf das Dokument, in dem das Tripel gespeichert ist):
```
<> dcterms:contributor <http:/d-nb.info/gnd/14326723X> .
```
Neben URIs lassen sich auch Tripel mit gleichem Subjekt vereinfachen, indem das Subjekt nur einmal genannt wird. Zu diesem Zweck findet das Semikolon Einsatz, um diese gekürzten Tripel aufzulisten. Zum Beispiel:
```
<http://d-nb.info/gnd/14326723X>
    a foaf:Person ;
    foaf:name „Adrian Pohl" .
```
Ebenso können Tripel vereinfacht werden, die das gleiche Subjekt und Prädikat aufweisen. Die verschiedenen aufgezählten Objekte werden durch Kommas getrennt. Zum Beispiel:
```
<> dcterms:contributor <http:/d-nb.info/gnd/14326723X>, <http://
d-nb.info/gnd/1026364728> .
```

URI. Ein Uniform Resource Identifier (URI) ist ein Identifikator, der im RFC 3986 definiert ist und einem vorgegebenen Schema folgt. Allseits bekannte URIs sind URLs, DOIs oder URNs. Beispiele für URIs sind:
- http://de.wikipedia.org/wiki/Uniform_Resource_Identifier
- ftp://example.org/resource.txt
- pohl@hbz-nrw.de
- urn:isbn:0-06-251586-1
- file:///home/adrian/bsp.txt

Für ->Linked Data wird allein die Benutzung von URIs empfohlen, die auf dem HTTP-Protokoll basieren (HTTP-URIs). Diese HTTP-URIs werden somit auch zur Identifikation raum-zeitlicher Dinge wie Personen, Bauwerken etc. oder abstrakten Dingen wie Klassifikationsstellen, Konzepten etc. genutzt und nicht nur zur Identifikation von Online-Ressourcen wie etwa HTML-Seiten.

Waiver -> Public Domain Dedication

WEMI oder „WEMI-Modell" bezieht sich auf die Entitäten der Gruppe 1 in *FRBR*. Das Akronym „WEMI" steht dabei für die Anfangsbuchstaben dieser vier Entitäten, die das Ergebnis einer schöpferischen, intellektuellen oder künstlerischen Tätigkeit darstellen:
- **W**ork (dt. Werk): Ein Werk, beispielsweise ein Roman als abstraktes Objekt (z. B. *Die Leiden des jungen Werther* von Goethe)
- **E**xpression (dt. Expression): Der Ausdruck eines Werkes, beispielsweise eine Übersetzung (z. B. die Übersetzung des *Werther* von Pierre Leroux)
- **M**anifestation (dt. Manifestation): Eine manifestierte Ausgabe einer Expression, beispielsweise eine Auflage eines Buches (z. B. die in Paris im Jahr 1841 erschienene Leroux'sche Übersetzung)
- **I**tem (dt. Exemplar): Ein konkretes raum-zeitliches Ding, beispielsweise ein Exemplar eines Buches (z. B. das Exemplar mit der Signatur „Yv 7991/1" in der Staatsbibliothek zu Berlin)[5]

---

5 Mit leichten Anpassungen übernommen von http://de.wikipedia.org/w/index.php?title=Functional_Requirements_for_Bibliographic_Records&oldid=113340752.

World Wide Web. Das World Wide Web (kurz Web oder WWW aus dem Englischen für: „Weltweites Netz") ist ein über das Internet abrufbares System von elektronischen Hypertext-Dokumenten, die durch Hyperlinks miteinander verknüpft sind und über die Protokolle HTTP bzw. HTTPS übertragen werden.
Zur Nutzung des World Wide Web wird ein Webbrowser benötigt, welcher die Daten vom Webserver holt und zum Beispiel auf dem Bildschirm anzeigt. Der Benutzer kann den Hyperlinks im Dokument folgen, die auf andere Dokumente verweisen, gleichgültig, ob sie auf demselben Webserver oder einem anderen gespeichert sind. Dadurch ergibt sich ein weltweites Netz aus Webseiten. Das Verfolgen der Hyperlinks wird oft als Internetsurfen bezeichnet.
Das WWW wird im allgemeinen Sprachgebrauch oft mit dem Internet gleichgesetzt, obwohl es jünger ist und nur eine von mehreren möglichen Nutzungen des Internets darstellt. Andere Internet-Dienste wie E-Mail, IRC und Telnet sind nicht in das WWW integriert.[6]

World Wide Web Consortium (W3C). Das World Wide Web Consortium (kurz W3C) ist das Gremium zur Standardisierung der das World Wide Web betreffenden Techniken. Es wurde am 1. Oktober 1994 am MIT Laboratory for Computer Science in Cambridge (Massachusetts) gegründet. Das W3C ist eine Mitgliedsorganisation. Mitglieder sind Softwarefirmen, Telekommunikationsunternehmen, Hochschulen, Forschungseinrichtungen, Normungsorganisationen und öffentliche Einrichtungen. (Zu den W3C-Mitgliedern gehören: Microsoft, IBM, Google, Apple, Samsung, Deutsche Telekom, ebay und aus der Bibliothekswelt: OCLC, Library of Congress, Deutsche Nationalbibliothek, hbz.)
Gründer und Vorsitzender des W3C ist Tim Berners-Lee, der auch als der Erfinder des World Wide Web bekannt ist. Das W3C entwickelt technische Spezifikationen und Richtlinien mittels eines ausgereiften, transparenten Prozesses, um maximalen Konsens über den Inhalt eines technischen Protokolls, hohe technische und redaktionelle Qualität und Zustimmung durch das W3C und seiner Anhängerschaft zu erzielen.[7]

---

6 Quelle: http://de.wikipedia.org/w/index.php?title=World_Wide_Web&oldid=111959628
7 Mit leichten Anpassungen übernommen von http://de.wikipedia.org/w/index.php?title=World_Wide_Web_Consortium&oldid=112632072.